DIREITO E POLÍTICA URBANA

A IMPLEMENTAÇÃO DO PLANO DIRETOR DE SÃO PAULO (2002-2014)

MARIANA LEVY PIZA FONTES

Diogo R. Coutinho
Prefácio

DIREITO E POLÍTICA URBANA

A IMPLEMENTAÇÃO DO PLANO DIRETOR DE SÃO PAULO (2002-2014)

Belo Horizonte
FÓRUM
CONHECIMENTO JURÍDICO
2025

FÓRUM
CONHECIMENTO JURÍDICO

Luís Cláudio Rodrigues Ferreira
Presidente e Editor

Coordenação editorial: Leonardo Eustáquio Siqueira Araújo
Thaynara Faleiro Malta
Revisão: Aline Almeida
Capa: Walter Santos
Diagramação: Luís Otávio Ferreira

Rua Paulo Ribeiro Bastos, 211 – Jardim Atlântico – CEP 31710-430
Belo Horizonte – Minas Gerais – Tel.: (31) 99412.0131
www.editoraforum.com.br – editoraforum@editoraforum.com.br

Técnica. Empenho. Zelo. Esses foram alguns dos cuidados aplicados na edição desta obra. No entanto, podem ocorrer erros de impressão, digitação ou mesmo restar alguma dúvida conceitual. Caso se constate algo assim, solicitamos a gentileza de nos comunicar através do e-mail editorial@editoraforum.com.br para que possamos esclarecer, no que couber. A sua contribuição é muito importante para mantermos a excelência editorial. A Editora Fórum agradece a sua contribuição.

Dados Internacionais de Catalogação na Publicação (CIP) de acordo com ISBD

F683d Fontes, Mariana Levy Piza

Direito e política urbana: a implementação do plano diretor de São Paulo (2002-2014) / Mariana Levy Piza Fontes. Belo Horizonte: Fórum, 2025.

276 p. 14,5x21,5cm.
ISBN impresso 978-85-450-0947-4
ISBN digital 978-85-450-0939-9

1. Direito urbanístico. 2. Estatuto da Cidade. 3. Planejamento territorial. 4. Plano diretor. 5. Implementação de políticas públicas. 6. Estudo de caso - São Paulo. I. Título.

CDD: 344.046
CDU: 349.44

Ficha catalográfica elaborada por Lissandra Ruas Lima – CRB/6 – 2851

Informação bibliográfica deste livro, conforme a NBR 6023:2018 da Associação Brasileira de Normas Técnicas (ABNT):

FONTES, Mariana Levy Piza. *Direito e política urbana*: a implementação do plano diretor de São Paulo (2002-2014). Belo Horizonte: Fórum, 2025. 276 p. ISBN 978-85-450-0947-4.

Para minha irmã Lia Rangel Cortes
(in memoriam), *pela nossa amizade.*

AGRADECIMENTOS

Ao professor Diogo Rosenthal Coutinho, orientador da tese da qual esta obra é oriunda, minha eterna admiração. Pelas palavras de incentivo, pelo apoio incondicional, pelas leituras, comentários e sugestões a todas as muitas versões deste texto. A tese não seria a mesma se não fosse sua dedicação em fazer da pesquisa acadêmica um processo coletivo e compartilhado: uma rede tecida a muitas mãos.

Foram os debates públicos e horizontais que iluminaram o difícil caminho da produção de conhecimento científico no atual contexto no Brasil. Não tenho como deixar de mencionar o papel central na discussão e elaboração da tese desempenhado pelo Grupo Direito e Políticas Públicas da Faculdade de Direito da Universidade de São Paulo, pela Rede de Estudos Empíricos em Direito, pela Rede de Pesquisa Propriedades em Transformação e pela Law and Development Research Network. Obrigada, professor, por me conduzir por esse universo de maneira tão generosa.

Aos pesquisadores e pesquisadoras que integram o Grupo Direito e Políticas Públicas da Faculdade de Direito da Universidade de São Paulo, agradeço pela cooperação em todas as etapas do trabalho, pela leitura atenta, pelos debates infinitos, pelas melhores críticas e conselhos: Alexandre Ferreira, Beatriz Kira, Carolina Saito, Clara Mota, Clarissa Mesquita, Frederico Haddad, Henrique Almeida de Castro, Henrique Lago da Silveira, Juliana Oms, Maria Carolina Foss, Marcelo Chilvarquer, Mateus Piva Adami, Pedro de Paula, Pedro Salomon Mouallem, Raquel de Mattos Pimenta e Ricardo Paixão.

Ao Instituto de Estudos Latino-Americanos da Universidade Livre de Berlim (Das Lateinamerika-Institut der Freien Universität Berlin — LAI), pelo período que permaneci como pesquisadora visitante sob supervisão do professor Sergio Costa, a quem agradeço a oportunidade, a abertura para o diálogo multidisciplinar e as análises sempre certeiras. Foram fundamentais as contribuições ao texto da tese-livro e as indicações bibliográficas sugeridas pelos professores e pesquisadores do LAI durante os colóquios: Belén Diaz, Fábio Pitta, Fábio Santos, Elis de Aquino, Krista Lillemets, Raquel Rojas Scheffer,

Renata Motta e tantos outros. Destaco também o trabalho de Marcela Osses, que garantiu de forma cuidadosa todo o apoio necessário à minha estadia em Berlim.

Ao Berlin Law and Society Institute da Faculdade de Direito da Universidade Humboldt e a Law and Development Research Network, pelos debates e reflexões conjuntas na busca por um diálogo teórico e metodológico entre as pesquisas jurídicas e outras áreas das ciências humanas. À professora da Friedrich-Schiller-Universität Jena, Maria Backhouse, por incentivar as aproximações entre Brasil e Alemanha no campo científico.

Ao Deutscher Akademischer Austauschdienst (DAAD), pelo apoio financeiro via bolsa de estudos Winterkurz durante o período na Alemanha.

Aos professores, funcionários e alunos da Faculdade de Direito da Universidade de São Paulo, pelo acolhimento e aprendizado conjunto. À professora Maria Paula Dallari Bucci, pelas contribuições no âmbito do direito e das políticas públicas, bem como aos professores Rafael Mafei, Virgílio Afonso da Silva, Luís Fernando Massonetto e Samuel Barbosa, pelos comentários e sugestões.

À professora Raquel Rolnik e ao professor Eduardo Marques, que compuseram a banca de qualificação, pelos aportes cruciais no campo do urbanismo e da ciência política. A tese-livro não seria a mesma sem os seus ensinamentos sobre a cidade e suas políticas.

Ao professor Nabil Bonduki, pelas anotações fundamentais ao projeto de pesquisa. Pela leitura atenta e crítica, Débora Ungaretti, Paula Santoro e Simone Gueresi.

À Prefeitura de São Paulo, foco primordial da pesquisa empírica, que forneceu todas as informações e documentos necessários à elaboração da tese-livro. Agradeço aos funcionários pela paciência e disponibilidade para me auxiliar na coleta de dados e no desarquivamento dos processos administrativos e, em especial, aos integrantes da Secretaria de Desenvolvimento Urbano, e de seu Departamento de Uso do Solo (DEUSO) e Departamento de Urbanismo (DEURB). O agradecimento estende-se à equipe da Secretaria de Governo; da Secretaria de Finanças; da Secretaria de Habitação; da Secretaria de Negócios Jurídicos; da Secretaria Municipal de Gestão e da Procuradoria Geral do Município de São Paulo. Agradeço também aos funcionários da empresa pública SP Urbanismo, das Bibliotecas da Procuradoria Municipal e da Secretaria de Desenvolvimento Urbano. Impossível reconstituir o processo de implementação do plano diretor sem a devida transparência na gestão pública, condição essencial para os estudos sobre a cidade de São Paulo.

Agradeço, ademais, à Câmara Municipal de São Paulo, ao Tribunal de Justiça do Estado de São Paulo, à Defensoria Pública do Estado de São Paulo, ao Ministério Público do Estado de São Paulo e à Hemeroteca da Biblioteca Mário de Andrade, pelos subsídios indispensáveis para a dimensão empírica do trabalho.

Não poderia também deixar de reconhecer a contribuição extraordinária dos entrevistados, que dedicaram um tempo precioso para dar vida, corpo e alma ao cotidiano da Administração Pública e que concordaram em conversar, expor e refletir sobre os dilemas reais que envolvem a aplicação da legislação urbanística em São Paulo.

A todos que me apoiaram diretamente na execução da pesquisa. Pela edição, revisão e diagramação, Luciana Messeder, Nathalia Muller e Franciéle Garcês. Ao Andrew Fox, Cláudia Cavalcanti, Valeuska de Vassimon, Luana Mincoff Menegon, Christopher Mack, Fabiano Almeida, pela tradução de textos e documentos. À Irene Maestro, pelo apoio no levantamento jurisprudencial. À Maria Claudia Levy e à Goma Oficina, pelas imagens. Aos funcionários da Biblioteca Central da Universidade do Estado de Santa Catarina pelo período de escrita.

Aos colegas e aos pesquisadores, pelos encontros e conversas em torno da tese-livro, Álvaro dos Santos Pereira, Alex Magalhães, Ana Carolina Chasin, Anderson Kazuo Nakano, Bruno Soares Vieira, Camila Nastari, Débora Paim, Fernando Guilherme Bruno Filho, Guadalupe Almeida, Gisela Leonelli, Guilherme Varella, Hélio Wicher Neto, Henem Kim, Henrique Frota, Julia Moretti, Letícia Lindemberg Lemos, Letícia Osório, Mariana Mencio, Marília Rolemberg Lessa, Renata Antão, Renata Gonçalves, Weber Sutti e Wilson Levy.

Às lições dos mestres Carlos Ari Sundfeld, Edesio Fernandes e Nelson Saule Junior, por todos esses anos.

No percurso da tese-livro, vali-me ainda dos aprendizados sobre as cidades, a gestão pública e a sociedade civil trazidos pela minha atuação profissional em uma série de organizações e instituições. Agradeço ao Fórum Nacional de Reforma Urbana, ao Instituto Polis, à Faculdade de Direito da Pontifícia Universidade Católica, ao Ministério da Justiça, ao Ministério das Cidades, ao Instituto de Pesquisa Econômica Aplicada, à Faculdade de Direito da Fundação Getúlio Vargas, à Plataforma por um Novo Marco Regulatório da Sociedade Civil e ao Grupo de Institutos, Fundações e Empresas. Agradeço em especial ao André Degenszajn, Iara Rolnik, José Marcelo Zacchi, Aline Viotto e Aline Gonçalves de Souza, pelo apoio mútuo nas mudanças de rota.

Ao Instituto Brasileiro de Direito Urbanístico, seus associados e associadas, que tem se dedicado à construção e à concretização da legislação urbanística brasileira nas diversas regiões do país. Agradeço em especial às mulheres com as quais compartilhei a gestão de 2018-2019 — Adriana Lima, Betânia Alfonsin, Cristiane Benedetto, Fernanda Costa, Lígia Maria Silva Melo de Casemiro, Rosane Tierno e Sabrina Durigon Marques —, pela parceria. Por me fazer acreditar que vale a pena seguir na luta contra os retrocessos na política urbana e ataques à democracia do país.

À Comissão de Direito Urbanístico da Ordem dos Advogados do Brasil da Subseção de São Paulo e, particularmente, à Lilian Pires e à Mariana Chiesa Gouveia Nascimento, pelo espaço de articulação e reflexão conjunta no âmbito do direito urbanístico.

Esta tese-livro não existiria também sem a presença e a ajuda da família e dos amigos.

Ao Paulo Somlanyi Romeiro, parceiro de todas as horas, dias e anos. Seguimos juntos também no doutorado, na beira do abismo, felizes em meio a formulários, prazos e as mais sinceras e calorosas discussões sobre o direito e o urbano.

À Patrícia de Menezes Cardoso, minha dupla de aventuras pelos territórios físicos e espirituais por todos os cantos e recantos do Brasil e além-mar. Pela política dentro do governo e fora dele.

Ao meu irmão Rodrigo, pela alegria. Pelo nosso lindo reencontro, por me apresentar Berlim e fazer o inverno parecer fácil. À Luise Pebbles, a alemã mais brasileira que eu já conheci, agradeço todo o carinho e afeto na minha chegada. Aos que dividiram comigo o dia a dia na Alemanha, Julie Obert, Christopher Kragl, Marcelo Felix de Souza, Carolina Cunha, Laura Sobral, Renato Flit e Maria Shirts.

Aos que me acompanharam nas andanças: Antônio Biondi, Bianca Santana, Bianca dos Santos, Carolina Haber, Erika Sanchez, Fábio Maleronka Ferron, Fernanda Polacow, Janayna Albino, Juliana Montoia de Lima, Laís Figueiredo Lopes, Ligia Ximenes, Lourdes Maria Rangel, Marta Delellis, Mariana Mazzini, Pedro Abramovay, Maria Soledad Domec, Sônia Maria Levy Alvarez, Rodrigo Savazoni, Thiago Rangel Cortes e tantos outros. Pelos momentos felizes, Júlia Rangel Savazoni e Francisco Rangel Savazoni.

Aos amigos de Florianópolis: Marcelo Leão, Marcia Paraiso, Ralf Cabral Tambke, Lia Vainer Schucman e Mariani Baasch. Pelos encontros e pelas distâncias, antes e durante a pandemia.

Ao meu irmão Filipe, por segurar todas as ondas e apostar na diversão em suas mais variadas formas. Ao meu irmão Pedro, pelos tempos na ilha e pelo exemplo como pesquisador e cientista.

Ao meu pai, João Roberto Egydio Piza Fontes, minha grande referência e inspiração. Por me ensinar a gostar dos livros e acreditar no direito. Pelas melhores conversas, por todo o apoio e compreensão.

À minha mãe, Maria Cecília Levy Piza Fontes, meu porto seguro, pelas festas, encontros e delícias todas. Por me ensinar a olhar para a cidade e caminhar por todos os lugares.

Agradeço, por fim, ao Alfredo Manevy, pela vida, os sonhos e o amor. E, óbvio, por ler e comentar a tese, que deu origem a este livro, do começo ao fim.

LISTA DE ABREVIATURAS E SIGLAS

ABECIP	–	Associação Brasileira das Entidades de Crédito Imobiliário e Poupança
ABES	–	Associação Brasileira de Engenharia Sanitária e Ambiental
ADIN	–	Ação Direta de Inconstitucionalidade
ABRASD	–	Associação Brasileira de Pesquisadores em Sociologia do Direito
AEIS	–	Área Especial de Interesse Social
AIU	–	Área de Interesse Urbanístico
APROV	–	Departamento de Aprovação de Edificações da Prefeitura de São Paulo
BNH	–	Banco Nacional de Habitação
CA	–	Coeficiente de Aproveitamento
CAIEPS	–	Comissão de Análise Integrada de Projetos de Edificações e de Parcelamento do Solo
CBIC	–	Câmara Brasileira de Indústria e Comércio
CENDHEC	–	Centro Dom Helder Câmara de Estudos e Ação Social
CEPAC	–	Certificado de Potencial de Adicional Construtivo
CONAM	–	Confederação Nacional das Associações de Moradores
CMP	–	Central de Movimentos Populares
CTLU	–	Câmara Técnica de Legislação Urbanística
CVM	–	Comissão de Valores Mobiliários
DAP	–	Declaração de Aptidão ao Programa Nacional de Fortalecimento à Agricultura Familiar
DEM	–	Democratas
DIEESE	–	Departamento Intersindical de Estatística e Estudos Socioeconômicos
EIV	–	Estudo de Impacto de Vizinhança

EMURB – Empresa Municipal de Urbanização
ENAP – Escola Nacional de Administração Pública
FASE – Federação de Órgãos para Assistência Social e Educacional
FENAE – Federação Nacional das Associações do Pessoal da Caixa Econômica Federal
FISENGE – Federação Interestadual de Sindicato de Engenheiros
FNA – Federação Nacional de Arquitetos e Urbanistas
HIS – Habitação de Interesse Social
HMP – Habitação de Mercado Popular
IAB – Instituto de Arquitetos do Brasil
IBASE – Instituto Brasileiro de Análises Sociais e Econômicas
IBGE – Instituto Brasileiro de Geografia e Estatística
IPASE – Instituto de Previdência e Assistência dos Servidores do Estado
IPTU – Imposto sobre a Propriedade Predial e Territorial Urbana
ISS – Imposto sobre Serviços
ITBI – Imposto sobre Transmissão de Bens Imóveis
MDC – Mapa Digital da Cidade
MLB – Movimento de Luta nos Bairros, Vilas e Favelas
MNLM – Movimento Nacional de Luta por Moradia
OS – Organização Social
OSCIP – Organização da Sociedade Civil de Interesse Público
PDE – Plano Diretor Estratégico
PDR – Plano Diretor Regional
PEUC – Parcelamento, Edificação e Utilização Compulsórios
PLS – Projeto de Lei do Senado Federal
PMCMV – Programa Minha Casa Minha Vida
PP – Partido Progressista
PPP – Parceria Público-Privada
PRONAF – Programa Nacional de Fortalecimento da Agricultura Familiar

PSDB	–	Partido da Social Democracia Brasileira
PSD	–	Partido Social Democrático
PT	–	Partido dos Trabalhadores
PTB	–	Partido Trabalhista Brasileiro
REED	–	Rede de Estudos Empíricos em Direito
RS	–	Rio Grande do Sul
SAREM	–	Secretaria de Articulação de Estados e Municípios
SECOVI - SP	–	Sindicato das Empresas de Compra, Venda, Locação e Administração de Imóveis Residenciais e Comerciais de São Paulo
SEL	–	Secretaria Municipal de Licenciamento
SEMPLA	–	Secretaria Municipal de Planejamento
SERFHAU	–	Serviço Federal de Habitação e Urbanismo
SINDUSCON - SP	–	Sindicato da Indústria da Construção Civil do Estado de São Paulo
STF	–	Supremo Tribunal Federal
STJ	–	Superior Tribunal de Justiça
TFP	–	Tradição, Família e Propriedade
TJ	–	Tribunal de Justiça
ZEIS	–	Zonas Especiais de Interesse Social

SUMÁRIO

PREFÁCIO

Este é um trabalho sobre as imbricações, tão importantes quanto ainda pouco conhecidas, existentes entre a política urbana e o direito. Mais especificamente, aqui Mariana Levy nos oferece um estudo denso e multifacetado a respeito de como normas (entre elas, um ambicioso Plano Diretor, espinha dorsal do direito urbanístico) se convertem, no mundo real, em ações complexas — burocratizadas, incompletas ou contraditórias por vezes, mas sempre intensamente disputadas. Ações essas que, como explica a autora, promovem, na cidade e nas pessoas que nela vivem, mudanças incrementais e paulatinas de concretização de um projeto constitucional. Apesar disso, ressalva Levy, "as pequenas mudanças acumulam-se, levando a grandes transformações no longo prazo". Uma análise, em suma, de como as coisas aconteceram de fato — e ainda vêm acontecendo —, com acertos e equívocos, no direito da cidade e no direito à cidade.

Alguns poderiam chamar este livro de um estudo sobre o "direito em ação" (para usar uma conhecida referência dos trabalhos sócio-jurídicos), outros poderiam dizer que se trata de uma pesquisa de direito e políticas públicas. Também se poderia dizer que o que se tem aqui é um estudo jurídico fincado em bases interdisciplinares e típicas das ciências sociais. Na minha opinião, o trabalho que o leitor ou leitora tem nas mãos é tudo isso e mais um pouco. Resultado de uma tese de doutorado defendida com sucesso e reconhecimento de uma banca composta por especialistas na Faculdade de Direto da USP, este trabalho representa um marco importante para o direito urbanístico brasileiro.

Com base na literatura colhida no campo dos estudos de implementação de ações governamentais, a autora — que além de professora de direito, também é cientista social por formação — descreve a trajetória de mais de uma década, em meio à qual o Município de São Paulo aprovou e pôs em marcha um conjunto de normas, instrumentos, arranjos institucionais e processos para fazer existir e valer o Plano Diretor de 2002. A implementação de uma política pública como essa, sustenta a autora, vai bem mais além de um processo linear, mecânico, previsível e pré-determinado pelo direito. É que, já se sabe, a fase de implementação cria e molda a política pública, dando-lhe estofo e vida, tanto quanto (ou mais) que sua gênese legislativa. Também já se sabe hoje que o direito é um dos artífices dessa empreitada. Levando tudo isso a sério, temos aqui uma história ricamente contada de um caminho nebuloso tortuosamente percorrido.

Como bem mostra o trabalho, a implementação de uma política pública destinada a pôr de pé um Plano Diretor para uma cidade como São Paulo se traduz em uma empreitada de longo prazo, que perpassa diferentes governos e ciclos eleitorais. Também é algo que vai além das capacidades de gestão do poder Executivo, pois conta com a participação crucial do Judiciário, por meio de decisões e interpretações que complementam um mosaico (ou um quebra-cabeças, como prefira) integrado de processos nos quais direito, política (interesses públicos republicanos, outros nem tanto) e administração se amalgamam em arranjos institucionais de política urbana.

A autora puxa o fio da meada a partir da promulgação da Constituição Federal de 1988, que inaugura um novo regime da propriedade urbana. Esse regime constitucional, por sua vez, impulsiona políticas públicas nas décadas seguintes, passando, ao longo dos anos 1990, pela promulgação do Estatuto da Cidade, pela criação do Ministério das Cidades, pela aprovação das leis urbanísticas setoriais até o surgimento de uma nova geração de planos diretores municipais no país. É o quando o foco se estreita e o trabalho se debruça, com aprofundamento analítico, sobre o Plano diretor de São Paulo de 2002 (Lei municipal nº 13.430/02).

A partir de então, por meio de métodos combinados, entre os quais o estudo de caso, Levy evidencia que conceitos abstratos, como a propriedade urbana e o planejamento territorial, podem, com ganhos importantes, ser investigados a partir da observação empírica "para além da visão estabelecida puramente pela doutrina jurídica", para usar as palavras da autora. Complementam o estudo a análise integrada dos documentos e processos administrativos da prefeitura, das notícias de jornal do período, das leis, decretos, projetos de lei e decisões judiciais. Essa análise desvela, entre muitas coisas, as recentes transformações na política urbana e no direito de propriedade, pedra de toque do direito urbanístico liberal, bem como joga luz sobre mudanças na função social desta que é uma das instituições centrais do capitalismo.

Mariana Levy fez, ainda, entrevistas com atores-chave no processo de implementação do Plano Diretor de 2002. Foi uma escolha auspiciosa: a percepção dessas pessoas, baseada em suas experiências profissionais, explica a autora, foi utilizada para permitir a reconstrução, de forma dinâmica e por que esteve com a mão na massa, da maneira pela qual o poder público buscou promover a implementação do plano diretor de 2002. Por meio de um levantamento jurisprudencial, que abrangeu mais de 200 decisões judiciais, a pesquisa revela, complementarmente, o processo de reconhecimento e tomada de contornos concretos, por parte o sistema de justiça, dos instrumentos trazidos pelo Estatuto da Cidade — ZEIS, a outorga onerosa do direito de construir e as operações urbanas, CEPACs, programas de regularização fundiária, programas de desenvolvimento federais, como o PAC. Nessa toada, o trabalho se propõe a identificar os principais gargalos jurídico-institucionais que surgem ao longo do caminho. Uma contribuição valiosa da academia jurídica, usualmente pouco afeita a identificar o direito como problema, muito menos acostumada a propor modificações que aperfeiçoem o arcabouço jurídico defeituoso ou contraproducente.

O estudo aqui contido sobre o plano diretor de São Paulo mostra que as mudanças institucionais ocorridas durante os anos 2000 geraram, de forma retroalimentativa, efeitos cruciais. Mudanças na sociedade causam mudanças no direito, que levam a novas mudanças sociais. E muito além do debate sobre o caráter autoaplicável ou não das regras do plano diretor, os dados indicam que as "regras para a produção de outras regras influenciaram os conflitos durante a implementação do plano diretor". São "regras sobre regras" cumprindo seu papel, explica a autora. Isso só reforça a intrigante e fascinante premissa de que o direito importa, seja como causa, seja como consequência da concepção e implementação de políticas públicas.

"A conexão criada entre planejamento e propriedade estabelecida pelo texto constitucional alterou as regras do jogo do mercado imobiliário e as possibilidades de indução do desenvolvimento urbano pelo poder público", diz Levy em certa passagem. Essa é outra das muitas e interessantes contribuições importantes deste livro, ao reconstruir o nexo entre o plano constitucional e as políticas públicas voltadas à sua concretização.

Conforme é demonstrado ao longo do trabalho, o direito urbanístico é produzido de maneira contraditória. Cria-se "um labirinto regulatório caracterizado pelo alto grau de incertezas, marcado por um vaivém de leis específicas", explica ela, o que o que acaba por gerar uma série de "obstáculos ao seu processo de implementação do plano diretor". Novas regras são criadas, embora as regras antigas continuem sendo aplicadas. Exemplo disso é reedição da chamada "fórmula de Adiron" no Plano Diretor de 2002, que combinada com as regras de vigência e transição, dificulta a substituição integral das regras originais por regras novas e mais modernas ou progressistas. Uma contradição em processo. O mesmo tipo de dilema do mundo real aflora, no trabalho, quando são descritos conflitos políticos e judiciais durante o processo de implementação, conforme observado na revisão frustrada do plano diretor, "nas disputas em torno das garagens e do cálculo da área computável para fins de coeficiente aproveitamento, nas tentativas de criação e supressão de ZEIS e nos percentuais da produção habitacional exigida para as ZEIS". Este e outros episódios são exemplos bem ilustrativos de dilemas e perplexidades identificados e descritos ao longo deste livro, uma biografa do Plano Diretor paulistano em sua via crúcis.

Os gargalos jurídico-institucionais do plano diretor ampliam a lente de investigação sobre o papel do direito na concretização da política urbana, afirma o trabalho. Veja: direito, economia política, políticas públicas e mundo real, tudo amalgamado. Esse arrojo, criatividade, rigor e acurácia na forma de uma pesquisa de primeira linha é o que faz deste livro um trabalho de referência para quaisquer pessoas interessadas em uma agenda de pesquisas vanguardista em temas urbanísticos, não apenas no campo do direito.

Trata-se, enfim, de uma obra extremamente valiosa, tanto que foi aprovada e um tanto elogiada pela banca examinadora que a examinou. De minha parte, um foi um prazer ter podido participar desse diálogo e, agora, escrever estas palavras para desejar uma boa leitura a você que tem este livro em mãos!

São Paulo, agosto de 2025.

Diogo R. Coutinho
Professor da Faculdade de Direito da USP

INTRODUÇÃO[1]

O direito e a política urbana passam por mudanças significativas no Brasil a partir da promulgação da Constituição Federal de 1988 e do Estatuto da Cidade (Lei Federal nº 10.257/01).

O marco jurídico-urbanístico construído na redemocratização incorpora a crítica formulada ao modelo de planejamento urbano instituído no país até então, especialmente àquele desenvolvido durante o regime militar. A falta de legitimidade democrática e efetividade características dessa geração de planos diretores, somadas ao papel desempenhado pela legislação urbanística como instrumento de segregação social e territorial, deram a tônica dos debates e embates constituintes.

As transformações trazidas pelo texto constitucional modificam o papel do Município na política urbana e ordenamento territorial, garantem o direito à moradia e o direito à cidade e dedicam especial proteção aos direitos dos moradores de assentamentos urbanos informais de baixa renda (favelas, loteamentos clandestinos e irregulares, cortiços etc.).

A Constituição de 1988 elege ainda o plano diretor como instrumento básico da política de desenvolvimento e de expansão urbana. Ao tornar-se obrigatório para cidades de mais de 20 mil habitantes ou integrantes de aglomerações e regiões metropolitanas, o plano diretor passa também a definir o conteúdo da função social da propriedade urbana e a submeter-se a um processo de elaboração democrático e participativo. Essa conexão planejamento/propriedade pela via legislativa municipal produz efeitos cruciais para o direito e para a política urbana.

O planejamento territorial, de maneira distinta do planejamento econômico, torna-se vinculante para o setor público e para o setor privado. Mais do que isso, o planejamento passa obrigatoriamente a

[1] Esta obra origina-se da minha tese de doutorado apresentada à Banca Examinadora do Programa de Pós-Graduação em Direito, da Faculdade de Direito da Universidade de São Paulo, como exigência parcial para obtenção do título de Doutora em Direito, na área de concentração Direito Econômico, Financeiro e Tributário, sob a orientação do Prof. Dr. Diogo Rosenthal Coutinho.

ser produto do diálogo e dos múltiplos pactos estabelecidos entre os atores e interesses em jogo na cidade. A regra jurídica deve ser capaz de conciliar a flexibilidade dos planos com a rigidez da lei. A propriedade imobiliária é, assim, colocada em movimento.

Tais inovações regulatórias desdobram-se em políticas públicas concretas. A construção dos arranjos institucionais no âmbito da política urbana traz como consequência a disseminação de novos instrumentos no nível local, alterando as capacidades dos Municípios na gestão de seu território. Uma nova geração de planos diretores é produzida no país a partir dos anos 2000.

Em 2018, 2.866 do total dos Municípios do país declararam ter aprovado um plano diretor. Considerando o universo de Municípios com mais de 20 mil habitantes, a proporção de planos diretores elaborados em relação ao total é ainda mais expressiva, abarcando praticamente a sua totalidade. Se em 2005, apenas 526 Municípios possuíam planos diretores, em 2018, dos 1.762 Municípios com mais de 20 mil habitantes, restaram apenas 175 (9,9%) que ainda não o fizeram. Destes, 76 estavam em processo de elaboração de seu plano diretor.[2]

Os avanços no processo democrático de elaboração e na incorporação generalizada de instrumentos urbanísticos previstos no Estatuto da Cidade no Brasil dessa nova geração de planos diretores foram significativos.[3] Grande parte da literatura, porém, mantém uma visão crítica quanto à densidade normativa desses planos diretores e seus

---

[2] INSTITUTO BRASILEIRO DE GEOGRAFIA E ESTATÍSTICA — IBGE. *Pesquisa de Informações Básicas Municipais*: perfil dos Municípios brasileiros 2018. Rio de Janeiro: IBGE, 2019.

[3] AVRITZER, Leonardo. Instituições participativas e desenho institucional: algumas considerações sobre a variação da participação no Brasil democrático. *Opinião Pública*, v. 14, n. 1, p. 43-64, 2008; AVRITZER, Leonardo. O Estatuto da Cidade e a democratização das políticas urbanas. *Revista Crítica de Ciências Sociais*, v. 91, p. 205-221, 2010; CALDEIRA, Teresa; HOLSTON, James. Participatory Urban Planning in Brazil. *Urban Studies*, v. 52, n. 11, p. 2001-2017, 2015; BONDUKI, Nabil. *A luta pela reforma urbana no Brasil*. Do Seminário de Habitação e Reforma Urbana ao plano diretor de São Paulo. São Paulo: Instituto da Cidade, 2018; BUENO, Laura; CYMBALISTA, Renato (org.). *O município em ação*: elaboração e aplicabilidade de planos diretores. São Paulo: Anna Blume, 2007; CYMBALISTA, Renato; SANTORO, Paula (org.). *Planos diretores*: processos e aprendizados. São Paulo: Instituto Pólis, 2009; ROLNIK, Raquel. Democracy on the Edge: Limits and Possibilities in the Implementation of an Urban Reform Agenda in Brazil. *International Journal of Urban and Regional Research*, v. 35, n. 2, p. 239-255, 2011; ROLNIK, Raquel. *A guerra dos lugares*. A colonização da terra e da moradia na era das finanças. São Paulo: Editora Boitempo, 2015; SANTOS JUNIOR, Orlando Alves dos; MONTANDON, Daniel Todtmann. Síntese, Desafios e Recomendações. In: SANTOS JUNIOR, Orlando Alves dos; MONTANDON, Daniel Todtmann (org.). *Os planos diretores municipais pós Estatuto da Cidade*: balanço crítico e perspectivas. Rio de Janeiro: Letra Capital: Observatório das Cidades: IPPUR/UFRJ, 2011b.

efeitos concretos sobre as cidades brasileiras, apontando as dificuldades de efetividade e eficácia de suas regras.[4]

A presente obra dá continuidade a estudos anteriores — focados no processo de elaboração e conteúdo dos planos diretores[5] — e direciona a investigação para o processo de implementação dessa ferramenta de planejamento territorial das cidades. Busca mostrar conquistas alcançadas a partir dos novos arranjos institucionais da política urbana, sem renunciar a um exame detido dos entraves jurídicos na sua operacionalização.

Nesse sentido, a pesquisa acompanha os deslocamentos recentes da literatura sobre políticas públicas e redireciona o foco da análise, reduzindo a importância do processo de decisão na etapa de formulação — examinado pelos autores precursores no estudo das políticas públicas, tais como Harold Laswell, Herbert Simon e David Easton — trazendo para o centro do debate outros momentos do ciclo de produção de políticas, em particular, a implementação.

A literatura passa a chamar a atenção para os diversos níveis de governo, os ciclos concomitantes de políticas, as formas de articulação e interação entre as etapas e políticas distintas. Uma série de autores, com destaque para Pressman e Wildavsky (1973) e Lipsky (1980), passa a considerar a implementação como o eixo central para explicação do processo de produção de políticas e demonstra a importância de se observar os obstáculos e desafios durante essa fase em particular.

Os dilemas relacionados à eficácia e aplicabilidade dos planos diretores exigem, nesse sentido, que se ultrapasse os estudos sobre o processo participativo, em geral, restritos aos aspectos relacionados à tomada de decisão na fase de elaboração e aprovação do projeto de lei. A concretização da função social da propriedade depende, sobretudo, da implementação do plano diretor pelo poder público no momento posterior a sua aprovação por lei municipal.

---

4 SANTOS JUNIOR, Orlando Alves dos; MONTANDON, Daniel Todtmann. Síntese, Desafios e Recomendações. In: SANTOS JUNIOR, Orlando Alves dos; MONTANDON, Daniel Todtmann (org.). *Os planos diretores municipais pós Estatuto da Cidade*: balanço crítico e perspectivas. Rio de Janeiro: Letra Capital: Observatório das Cidades: IPPUR/UFRJ, 2011b; VILLAÇA, Flávio. *As ilusões do plano diretor*. São Paulo: Edição do autor, 2005; MARICATO, Ermínia. Nunca fomos tão participativos. *Revista Sem Terra*, ano X, n. 43, 17-20 jan./fev. 2008; MARICATO, Ermínia. *O impasse da política urbana no Brasil*. Petrópolis: Editora Vozes, 2011.

5 Minha dissertação de mestrado *Planos diretores no Brasil: um estudo de caso* teve como objeto o estudo do processo de elaboração e o conteúdo dos planos diretores do Município de Santo André (SP) e do Município de São Gabriel da Cachoeira (AM). Mais informações, *vide* Fontes (2010).

A propriedade — instituição central do capitalismo — cristaliza as disputas, pactos e alianças. A compreensão dessas transformações, porém, não se revela apenas pela análise formal da legislação. O direito deve ser posto "em ação" e apreendido a partir de outros métodos e olhares interdisciplinares. A pesquisa amplia, assim, sua lente investigativa, de forma a incluir também o estudo das interpretações, atores e órgãos jurídicos envolvidos na aplicação da norma jurídica.

Como pano de fundo teórico, parte-se do pressuposto de que é possível tecer uma perspectiva jurídica de análise das políticas públicas e, sobretudo, delimitar o papel do direito nos estudos de implementação de políticas públicas. A partir de uma abordagem institucional sobre políticas públicas, busca-se uma aproximação do direito com a ciência política, com destaque para as obras que consideram a fase de implementação como chave central para compreensão do funcionamento do Estado e suas políticas.

Trata-se de trazer o Estado para o centro da pesquisa jurídica a partir das regras que estruturam a ação governamental e que possam iluminar os estudos sobre as transformações sociais e econômicas do país ao longo do tempo. Utiliza-se um ferramental analítico que permite perceber o papel desempenhado pelas instituições, o contexto histórico e a dinâmica dos atores e interesses. Parte-se do pressuposto de que a observação e análise das leis, projetos de lei e decisões judiciais têm um papel relevante para explicar o papel do Estado no planejamento territorial e na definição do direito de propriedade.

Seguindo ainda pelas trilhas abertas pelos movimentos da última década de ampliação da pesquisa empírica no direito no país, a obra fundamenta-se no método do estudo de caso. A cidade escolhida foi o Município de São Paulo e seu plano diretor aprovado em 2002 (Lei Municipal nº 13.430/02), cujo período de vigência se estendeu até o ano de 2014, abarcando gestões de diferentes partidos políticos: Marta Suplicy (PT), José Serra (PSDB), Gilberto Kassab (PFL/DEM/PSD) e Fernando Haddad (PT).

O objetivo principal do trabalho é compreender a maneira pela qual o poder público buscou dar efeitos concretos às regras previstas no plano diretor. Trata-se, sobretudo, de uma questão de pesquisa que leva a respostas de médio alcance, as quais transitam entre as grandes explicações teóricas sobre o Estado e o direito e a descrição detalhada do cotidiano de "burocratas em nível de rua", buscando iluminar os processos e dinâmicas do poder público em uma escala intermediária.[6] Reconstitui, assim, o processo de implementação do plano diretor de 2002 a partir das normas jurídicas, projetos de lei e decisões judiciais do período.

Pelo olhar dos "burocratas de alto e médio escalão" da Prefeitura de São Paulo, busca encontrar respostas para a questão central da pesquisa, seguindo as categorias utilizadas pelo próprio plano diretor municipal: *(i)* as regras de uso e ocupação do solo, *(ii)* os instrumentos urbanísticos e *(iii)* as políticas setoriais.

O poder público é entendido aqui em um sentido amplo, incluindo o Poder Executivo, Legislativo e Judiciário. As unidades de análise selecionadas no âmbito deste estudo de caso são: a Prefeitura de São Paulo, a Câmara Municipal de São Paulo e o Tribunal de Justiça do Estado de São Paulo.

O levantamento de dados utilizou múltiplas fontes de evidência, incluindo levantamento de documentos e pesquisa em arquivo. Foi elaborado um banco de dados com as diversas leis, decretos e portarias municipais; projetos de leis; decisões judiciais e notícias de jornal. O levantamento documental sustentou-se também nos pedidos encaminhados com fundamento na Lei de Acesso a Informações aos diversos órgãos públicos.

Adicionalmente, foram realizadas dez entrevistas semiestruturadas sob a condição de anonimato. Os entrevistados foram selecionados em razão da experiência vivida diretamente sobre o processo de implementação do plano diretor e possibilitaram reconstruir as conquistas e os desafios enfrentados pelo poder público. A maioria dos entrevistados integrou órgãos municipais durante o período estudado e ocuparam cargos de natureza múltipla em diferentes gestões.

A pesquisa empírica, ao se aproximar do emaranhado de regras formais — composto por centenas de leis e decretos federais, estaduais e municipais —, projetos de lei e decisões judiciais, permite iluminar novas dimensões do debate sobre efetividade do plano diretor e cumprimento da função social da propriedade urbana no Brasil.

Em 2001, ano de promulgação do Estatuto da Cidade, o plano diretor de São Paulo vigente era ainda aquele aprovado na gestão do Prefeito Jânio Quadros (1986-1988): a Lei Municipal nº 10.676/88. Um plano composto essencialmente por princípios e diretrizes gerais. As

[6] Sobre as possibilidades teóricas e empíricas de pesquisas de médio alcance, *vide* Ribeiro (2019) e Marques (2018).

principais regras de uso e ocupação da cidade permaneciam aquelas instituídas durante o regime militar pelas Leis Municipais nº 7.805/72 e nº 8.001/73 e suas alterações posteriores.

Depois de décadas, a legislação urbanística da cidade foi finalmente substituída. O plano diretor de São Paulo de 2002 instituiu novas regras para a construção do espaço urbano na cidade e ampliou a capacidade da Prefeitura de regulação da propriedade urbana e execução da política urbana. O mercado imobiliário teve que se adaptar às novas determinações legais.

Os instrumentos urbanísticos — tais como a outorga onerosa do direito de construir, as Zonas Especiais de Interesse Social (ZEIS) e as operações urbanas consorciadas — são aplicados, apesar das diversas contradições observadas no período.

Os atores estatais do sistema de justiça — incluindo aqui as Procuradorias Municipais, a Defensoria Pública do Estado de São Paulo, o Ministério Público do Estado de São Paulo e o Tribunal de Justiça do Estado de São Paulo — incorporam a nova legislação e passam, gradualmente, a fundamentar sua atuação nas novas regras urbanísticas.

Destaque-se, porém, que o binômio flexibilidade/rigidez — característico da natureza jurídica das regras sobre planejamento territorial — será um alvo constante das disputas em torno da implementação do plano diretor de São Paulo. As regras de vigência, revisão e alteração do plano diretor serão objeto de interpretações distintas, conflitos políticos e judiciais.

Aprofunda-se o diálogo participativo, ampliando-se a legitimidade democrática, criando-se, simultaneamente, uma engrenagem jurídica complexa. De um lado, instituem-se novas regras do jogo na construção da cidade. O fortalecimento da regulação urbanística sobre o mercado imobiliário vem, contudo, acompanhado de uma série de gargalos jurídico-institucionais que dificultam a aplicação do plano diretor.

Um labirinto regulatório caracterizado pelo alto grau de incerteza — marcado pelo vaivém de leis específicas posteriores, que regulamentam e alteram o plano diretor — bem como pela convivência das novas regras urbanísticas com prescrições normativas dos anos 1970.

A obra mostra que o estudo do plano diretor — principal instrumento de planejamento territorial — traz indicadores relevantes para a compreensão das mudanças do direito e da política urbana ao longo do tempo. Sustenta que a Constituição Federal de 1988 e o Estatuto da Cidade alteram o regime jurídico da propriedade urbana de maneira significativa e trazem consequências positivas na gestão territorial das cidades brasileiras. No lugar de uma reconfiguração radical, porém, as transformações ocorrem paulatinamente e são permeadas por tensões, ambiguidades e contradições.

Espera-se que a pesquisa auxilie na compreensão das interfaces entre direito e política urbana e que seja capaz de indicar caminhos futuros para ampliação do impacto do marco jurídico-urbanístico na redução das desigualdades sociais e territoriais das cidades brasileiras.

A obra está estruturada em quatro capítulos, além desta introdução e das considerações finais. Inicialmente, apresenta os fundamentos teóricos do trabalho (capítulo 1), as origens da legislação urbanística e a construção dos arranjos institucionais da política urbana em nível federal (capítulo 2). Os itens seguintes estão voltados para a cidade de São Paulo, passando pelos pressupostos metodológicos do estudo de caso (capítulo 3). O capítulo 4 sistematiza as principais descobertas e achados de pesquisa, incluindo o exame do material empírico coletado, em especial as entrevistas, documentos, reportagens, normas jurídicas, projetos de lei e decisões judiciais.

O capítulo 1 apresenta o pano de fundo teórico da obra, aproximando o direito dos estudos de implementação de políticas públicas. O diálogo aqui é essencialmente interdisciplinar e se estabelece principalmente entre o direito e a ciência política. São examinadas as contribuições analíticas da abordagem institucional das políticas públicas. O capítulo traça ainda um panorama dos estudos de implementação na literatura sobre políticas públicas e delimita o papel dos estudos jurídicos nesse campo de pesquisa.

O capítulo 2 versa sobre os arranjos institucionais da política urbana e o papel do plano diretor, desde suas origens na legislação brasileira, abarcando as mudanças ocorridas ao longo do tempo. O foco central do capítulo é apresentar o duplo caminho percorrido pelas regras, instituições e programas voltados à elaboração e execução dos planos diretores na redemocratização. Examina, nesse sentido, a maneira pela qual os arranjos institucionais construídos em nível federal — com destaque para a promulgação da Constituição Federal de 1988, para o Estatuto da Cidade e para a criação do Ministério das Cidades — induziram as políticas dos Municípios, os quais passam a incorporar as novas regras para planejar o espaço urbano e, sobretudo, regular a propriedade imobiliária urbana. Apresenta, assim, a arquitetura jurídico-institucional da política urbana e o papel atribuído pelas normas jurídicas ao plano diretor.

O capítulo 3 trata da dimensão empírica da pesquisa e apresenta os pressupostos metodológicos que orientam a construção do caso de São Paulo, passando pelas justificativas da escolha da cidade, pela delimitação das unidades de análise e pela sistematização dos dados coletados.

O capítulo 4 reconstitui o processo de implementação do plano diretor de 2002 e estrutura-se em duas partes. A primeira parte foca nas conquistas trazidas pela legislação urbanística brasileira aprovada no período democrático, observadas e analisadas a partir dos esforços empreendidos pela Prefeitura de São Paulo na regulamentação e aplicação do plano diretor. A exploração do material empírico coletado revela os interesses em jogo envolvidos na regulação do mercado imobiliário da cidade. Demonstra que a instituição de novos parâmetros de uso e ocupação do solo, combinado com o estabelecimento de estoques de potencial construtivo nos diversos bairros da cidade, ampliaram as capacidades municipais no âmbito da gestão territorial da cidade. Mostra ainda que os instrumentos previstos no Estatuto da Cidade foram regulamentados e efetivamente aplicados, em especial a outorga onerosa do direito de construir, as ZEIS e as operações urbanas consorciadas.

A segunda parte do capítulo identifica as circunstâncias nas quais se pode atribuir ao direito a responsabilidade direta ou indireta por criar obstáculos e dificuldades na implementação do plano diretor pelo poder público. Esses gargalos jurídico-institucionais podem ser resumidos em torno de dois eixos: a complexidade da legislação e as regras do tipo secundárias instituídas pela lei municipal, vale dizer, aquelas voltadas à produção e aplicação de outras regras. Argumenta, nessa linha, que grande parte dos entraves observados na implementação do plano diretor relaciona-se com as regras de vigência e transição do plano diretor, incluído aqui o "direito de protocolo"; as regras de alteração e revisão do plano diretor; as regras para elaboração de leis específicas e as regras de distribuição de competências federativas no âmbito do planejamento territorial.

CAPÍTULO 1

O DIREITO E A IMPLEMENTAÇÃO DE POLÍTICAS PÚBLICAS[7]

A concretização de direitos — entre eles o direito à moradia e o direito à cidade — depende essencialmente da forma em que se estrutura a ação governamental e como o poder público implementa suas políticas. Sem as políticas públicas — e a correspondente coordenação e organização da ação estatal por meio de setores e programas específicos — seria impossível materializar os direitos fundamentais.[8]

Tais interfaces entre direito e políticas públicas não são propriamente um tema novo no debate jurídico. O assunto tem sido objeto de estudos nacionais[9] e internacionais,[10] os quais destacam caminhos

7 O capítulo 1 deste livro foi publicado originalmente em formato de artigo científico denominado: FONTES, Mariana Levy Piza. Direito e implementação de políticas públicas: caminhos para uma agenda de pesquisa. *Revista Direito GV*, v. 19, p. 232-256, 2023.

8 BUCCI, Maria Paula Dallari. Método e Aplicações da Abordagem Direito e Políticas Públicas. *Revista de Estudos Institucionais*, v. 5, n. 3, p. 791-832, set./dez. 2019.

9 BUCCI, Maria Paula Dallari. *Direito administrativo e políticas públicas*. São Paulo: Saraiva, 2002; BUCCI, Maria Paula Dallari. *Fundamentos para uma teoria jurídica das políticas públicas*. São Paulo: Saraiva, 2013; BUCCI, Maria Paula Dallari. Método e Aplicações da Abordagem Direito e Políticas Públicas. *Revista de Estudos Institucionais*, v. 5, n. 3, p. 791-832, set./dez. 2019; BUCCI, Maria Paula Dallari; SOUZA, Matheus Silveira de. O estado da arte na abordagem direito e políticas públicas em âmbito internacional: primeiras aproximações. *Revista Estudos Institucionais*, v. 5, n. 3, p. 833-855, set./dez. 2019; COUTINHO, Diogo R. O direito nas políticas públicas. In: MARQUES, Eduardo; FARIA, Carlos Aurélio Pimenta de Faria (org.). *A política pública como campo multidisciplinar*. São Paulo: UNESP; Rio de Janeiro: Fiocruz, 2013b.

10 CLUNE, William H. Law and Public Policy: Map of an Area. *Southern California Interdisciplinary Law Journal*, Los Angeles, v. 2, p. 1-39, 1993. Para um panorama dos estudos internacionais *Law and Public Policies*, em especial as contribuições de autores

possíveis de conexões e reflexões sobre essa perspectiva multidisciplinar. O objetivo desse tipo de abordagem é examinar os pontos de contato entre os aspectos políticos e jurídicos que cercam a ação governamental e como se promove as transformações jurídico-institucionais.[11]

O presente capítulo traz os subsídios teóricos da obra e apresenta um ferramental analítico capaz de orientar a realização de estudos sobre direito e política urbana. Parte-se de uma abordagem institucional do Estado e suas políticas[12] para compreender as mudanças incrementais ocorridas no direito e na política urbana a partir do fim da ditadura militar no Brasil e que influenciaram o processo de implementação dos planos diretores nos anos 2000.

Fundamental, ainda, apresentar os deslocamentos recentes na literatura de políticas públicas que consideram a fase da implementação como central para reflexão. Para isso, resgata-se os antecedentes do debate no âmbito da ciência política que propuseram um ciclo de políticas públicas dividido por etapas e que tomaram o processo de decisão e formulação como algo central. Em seguida, apresenta-se a crítica ao modelo clássico do ciclo proposta por diversos autores que passam a considerar a implementação como etapa central para explicação das políticas públicas. Por fim, examina-se os estudos recentes sobre implementação de políticas públicas no Brasil e o papel do direito nesse campo.

1.1 O olhar jurídico sobre o campo das políticas públicas

Tradicionalmente, o direito desempenhou um papel de proximidade prática e distância acadêmica do campo das políticas públicas. De acordo com Coutinho, os juristas brasileiros possuem grande dificuldade em identificar, analisar, avaliar e aperfeiçoar de modo sistemático as

---

como William Clune; Kreis e Christensen; Kiyoung Kim; Barclay e Birkland; Lasswell e McDougal, *vide* Bucci e Souza (2019).

11 BUCCI, *op. cit.*, 2019.

12 SKOCPOL, Theda. Bringing the state back in: strategies of analysis in current research. In: EVANS, Peter; RUESSCHMEYER, Dietrich; SKOCPOL, Theda (org.). *Bringing the state back*. Cambridge: University Press, 1985. p. 3-37; HALL, Peter; TAYLOR, Rosemary. As três versões do neoinstitucionalismo. *Lua Nova: Revista de Cultura e Política*, n. 58, p. 193-223, 2005; MAHONEY, James; THELEN, Kathleen. A theory of gradual institutional change. In: MAHONEY, James; THELEN, Kathleen. *Explaining institutional change*: ambiguity, agency, and power. Cambridge: Cambridge University Press, 2010; MARQUES, Eduardo. Notas críticas a literatura sobre Estado, políticas estatais e atores políticos. *Revista Brasileira de Informação Bibliográfica em Ciências Sociais*, n. 43, p. 67-102, 1997.

ferramentas e os arranjos jurídicos empregados em políticas públicas. Partem da suposição de que políticas públicas não seriam seu objeto e terminam por se excluir e privar dos debates centrais a respeito da construção e aperfeiçoamento do Estado e da democracia. Perde-se a oportunidade de desenvolver métodos de análise e abordagens próprias. Perdem também os demais profissionais envolvidos na gestão de políticas públicas que se ressentem da falta de interlocução mais substantiva com quem elabora, implementa, interpreta e aplica a lei.[13]

A superação dessa visão exige o reconhecimento do papel do direito enquanto elemento constitutivo das políticas públicas e do caráter indispensável do diálogo com outras áreas de conhecimento. É possível desdobrar as políticas públicas em um emaranhado de normas, processos e arranjos institucionais mediados pelo direito.[14] Determinados objetivos politicamente escolhidos, ao se materializarem em ações públicas, são definidos, especificados e interpretados por meio do direito, vale dizer, por meio de normas, processos e instituições jurídicas.[15]

Trata-se de compreender o fenômeno governamental por dentro do direito com base em categorias próprias e em um instrumental analítico que auxilie na identificação e sistematização de condições, regras e instituições jurídicas necessárias ao Estado para formular e executar políticas públicas.[16]

As conexões entre planejamento territorial, função social da propriedade e plano diretor serão examinadas a partir desse pressuposto: é possível desenvolver uma perspectiva jurídica do estudo das políticas públicas. Há, portanto, que se definir o papel do direito nas análises voltadas para a compreensão da natureza, funcionamento e características do Estado.

Tal tarefa pressupõe o diálogo entre o direito e a ciência política bem como a utilização de ferramentas analíticas que permitam caminhar por suas fronteiras e reconhecer sobreposições. Busca-se, assim, trazer para o centro da pesquisa jurídica o Estado em movimento: uma análise das regras que estruturam a ação governamental de forma a reconhecer

---

13 COUTINHO, Diogo R. O direito nas políticas públicas. In: MARQUES, Eduardo; FARIA, Carlos Aurélio Pimenta de Faria (org.). *A política pública como campo multidisciplinar*. São Paulo: UNESP; Rio de Janeiro: Fiocruz, 2013b.

14 *Idem*, 2013.

15 COUTINHO, Diogo R. O direito econômico e a construção institucional do desenvolvimento econômico. *Revista de Estudos Institucionais*, v. 2, n. 1, p. 214-262, 2016.

16 BUCCI, Maria Paula Dallari. *Fundamentos para uma teoria jurídica das políticas públicas*. São Paulo: Saraiva, 2013.

o papel das instituições, do contexto histórico e dos atores e interesses envolvidos na implementação de políticas públicas.

Como pano de fundo teórico, a pesquisa utiliza a literatura de políticas públicas e com destaque para as perspectivas do neoinstitucionalismo e dos estudos de implementação de políticas públicas, as quais podem apoiar a construção de uma perspectiva jurídica da política urbana.

A aproximação dessa literatura com a análise jurídica é construída a partir de dois conceitos fundamentais: arranjos jurídico-institucionais e gargalos jurídico-institucionais.

O direito pode ser visto como tecnologia de construção e operação das políticas públicas e, como tal, estruturador de arranjos complexos que tornem as políticas eficazes, definindo tarefas, distribuição de competências entre os entes governamentais, coordenando relações intersetoriais no setor público e entre este e o setor privado.[17]

Os arranjos institucionais, nesse sentido, podem ser definidos como um conjunto de normas que compõem o programa de ação governamental devidamente estruturado, tal como proposto por Bucci,[18] ao estabelecer os fundamentos para uma teoria jurídica das políticas públicas.

Tais normas, processos e instituições jurídicas conformam os modos de articulação e interação de atores institucionais direta ou indiretamente ligados à política pública.[19] Definem a forma particular de coordenação desses atores e interesses, determinando a capacidade técnico-administrativa e política do Estado na implementação de uma política pública específica.[20]

---

[17] COUTINHO, Diogo R. O direito nas políticas públicas. In: MARQUES, Eduardo; FARIA, Carlos Aurélio Pimenta de Faria (org.). *A política pública como campo multidisciplinar*. São Paulo: UNESP; Rio de Janeiro: Fiocruz, 2013b.

[18] BUCCI, Maria Paula Dallari. *Fundamentos para uma teoria jurídica das políticas públicas*. São Paulo: Saraiva, 2013.

[19] BUCCI, Maria Paula Dallari; COUTINHO, Diogo. Arranjos jurídico-institucionais da política de inovação tecnológica: uma análise baseada na abordagem de direito e políticas públicas. In: COUTINHO, Diogo; FOSS, Maria Carolina; MOUALLEM, Pedro Salomon (org.). *Inovação no Brasil*: avanços e desafios jurídicos e institucionais. São Paulo: Blucher, 2017.

[20] GOMIDE, Alexandre; PIRES, Roberto. *Capacidades Estatais e Democracia*: arranjos Institucionais de Políticas Públicas. Brasília: Instituto de Pesquisa Econômica Aplicada, 2014. Sobre as diversas dimensões da capacidade estatal, *vide* Cingolani (2013) e sobre a construção de capacidades legais para o desenvolvimento, *vide* Trubek, Coutinho e Schapiro (2013).

A noção de arranjos jurídico-institucionais traz, assim, a possibilidade de discussão crítica "interna" às políticas públicas, em oposição aos juízos e interpretações "externas" usualmente feitos por juristas, normalmente voltados à análise da legalidade ou constitucionalidade de tais políticas.[21] Essa arquitetura jurídica da política urbana será examinada no capítulo 2 e permitirá compreender como o direito contribuiu para transformar a política urbana no Brasil a partir da aprovação da Constituição Federal e do Estatuto da Cidade, conferindo efetividade de plano diretor de São Paulo, em especial no que se refere à ampliação da capacidade regulatória da Prefeitura sobre o mercado imobiliário e à criação de novos instrumentos urbanísticos para execução da política urbana.

O outro conceito utilizado — gargalos jurídico-institucionais — relaciona-se aos limites e desafios na implementação das políticas públicas. Para além das conquistas e transformações jurídico-institucionais, há circunstâncias nas quais pode-se atribuir ao direito, direta ou indiretamente, a responsabilidade por mitigar capacidades estatais técnicas ou políticas ou por de qualquer outra forma obstruir a implementação adequada e a efetividade de políticas públicas. O direito, não raro, é ele próprio um dos principais "gargalos" à efetividade e à potencialidade democrática das políticas públicas que estrutura.[22] O exame detido dos gargalos jurídico-institucionais na implementação do plano diretor de São Paulo será objeto do capítulo 4 do livro.

A partir desses dois conceitos, portanto, pode-se descrever e analisar o arcabouço jurídico que fundamenta o planejamento territorial e a função social da propriedade no Brasil bem como identificar os limites e desafios na implementação do plano diretor.

A compreensão das transformações do direito e da política urbana, porém, exige que se considere também o contexto social, econômico e político do período bem como as conexões entre atores estatais e não estatais de forma dinâmica. Assim, a mobilização dos conceitos de arranjos e gargalos jurídico-institucionais levou em consideração, ainda que de forma subsidiária, os padrões de governança

---

21 BUCCI; COUTINHO, *op. cit.*

22 COUTINHO, Diogo R. O direito econômico e a construção institucional do desenvolvimento econômico. *Revista de Estudos Institucionais*, v. 2, n. 1, p. 248, 2016;BUCCI, Maria Paula Dallari; COUTINHO, Diogo. Arranjos jurídico-institucionais da política de inovação tecnológica: uma análise baseada na abordagem de direito e políticas públicas. In: COUTINHO, Diogo; FOSS, Maria Carolina; MOUALLEM, Pedro Salomon (org.). *Inovação no Brasil*: avanços e desafios jurídicos e institucionais. São Paulo: Blucher, 2017.

urbana na cidade de São Paulo e que se relacionam diretamente aos planos diretores e legislação de uso e ocupação do solo já identificados por Marques.[23] [24]

1.2 A abordagem institucional das políticas públicas

A partir dos anos 1980, pode-se observar nas ciências sociais um aumento repentino do interesse pelo Estado. Uma onda de estudos de diversas perspectivas teóricas distintas passa a examinar o papel do Estado — seja como ator, seja como instituição — e a maneira pela qual ele influencia os processos políticos, sociais e econômicos por meio de suas políticas e os padrões que estabelece em suas relações com grupos sociais. É o que percebe Skocpol (1985) ao propor uma reorientação paradigmática e trazer "o Estado de volta". A autora propõe que o Estado seja levado a sério em explicações científicas e volte a ocupar um lugar essencial nos estudos sobre transformação social e política. As questões teóricas e práticas sobre o Estado e seus efeitos na política devem ser investigadas.

Esse deslocamento nos estudos das políticas públicas — denominado neoinstitucionalismo — tem sua fase de expansão nos anos 1980 até meados dos anos 1990[25] e pode ser considerado de central importância para a compreensão do contexto brasileiro no qual o Estado foi historicamente central na produção de políticas públicas.[26]

Essa perspectiva enriquece e complexifica a realidade descrita pelo modelo teórico marxista, permitindo ressaltar a relevância de outros atores fundamentais, por exemplo, os agentes estatais.[27] De um modelo centrado na sociedade para um interesse renovado pelo Estado,[28] de forma a permitir o diálogo entre diferentes paradigmas e

---

23 MARQUES, Eduardo. Government, political actors and governance in urban policies in Brazil and São Paulo: concepts for a future research agenda. *Brazilian Political Science Review*, v. 7, n. 3, p. 8-35, 2014.

24 Os padrões de governança urbana existentes na cidade de São Paulo serão discutidos no 1.2.1. do livro.

25 HALL, Peter; TAYLOR, Rosemary. As três versões do neoinstitucionalismo. *Lua Nova: Revista de Cultura e Política*, n. 58, p. 193-223, 2005.

26 MARQUES, Eduardo. Notas críticas a literatura sobre Estado, políticas estatais e atores políticos. *Revista Brasileira de Informação Bibliográfica em Ciências Sociais*, n. 43, p. 67-102, 1997.

27 *Idem*, 1997.

28 SKOCPOL, Theda. Bringing the state back in: strategies of analysis in current research. In: EVANS, Peter; RUESSCHMEYER, Dietrich; SKOCPOL, Theda (org.). *Bringing the state back.* Cambridge: University Press, 1985.

matrizes disciplinares, incorporando olhares ao invés de hegemonizar determinado campo de questões.[29]

Os modos centrados na sociedade para explicar a política, predominantes na ciência política e na sociologia dos EUA durante os anos 1950 e 1960, consideravam o Estado como um conceito fora de moda que era associado com estudos secos, formais e legalistas. O governo era visto como uma arena na qual os grupos econômicos ou movimentos sociais lutavam ou se aliavam uns com os outros para definir a tomada de decisão em políticas públicas (*inputs* e *outputs*). O governo não era levado muito a sério como um ator independente.[30]

Grande parte da literatura marxista, por exemplo, realizou estudos centrados apenas na sociedade, desconhecendo o papel primordial das instituições e dos atores estatais na esfera política.[31] Estudos teóricos extremamente abstratos que ignoram a riqueza de processos de formação de cada sociedade e de cada Estado em particular, distanciando-se da realidade empírica.[32] A visão, em geral, é a de que o Estado, enquanto instrumento de classe, é garantidor das relações de produção ou acumulação capitalista. Constitui-se, portanto, enquanto uma arena da luta de classes. O Estado seria definido por classes ou luta de classes cuja função é preservar ou expandir os modos de produção.[33]

Essa corrente das ciências sociais que tem ressaltado a importância das instituições para o entendimento dos processos sociais, denominada neoinstitucionalismo, não se constitui propriamente como teoria, mas como um ferramental analítico para o estudo do Estado e suas políticas. Não é muito menos uma corrente unitária, mas um lugar para o qual têm convergido teóricos e estudiosos de diversos matizes e origens disciplinares no interior das ciências sociais.[34]

Não se trata, portanto, de oferecer uma teoria geral nova, mas ilustrar e apresentar uma estrutura conceitual de referência com questões de médio alcance e hipóteses que possam informar pesquisas

---

[29] MARQUES, *op. cit.*

[30] SKOCPOL, *op. cit.*

[31] Para um panorama da perspectiva marxista sobre o Estado, incluindo análise das obras do próprio Karl Marx e de autores marxistas como Poulantzas, Claus Offe, Domnhoff, Miliband e outros, *vide* Marques (1997; 2016).

[32] MARQUES, *op. cit.*

[33] SKOCPOL, Theda. Bringing the state back in: strategies of analysis in current research. In: EVANS, Peter; RUESSCHMEYER, Dietrich; SKOCPOL, Theda (org.). *Bringing the state back.* Cambridge: University Press, 1985.

[34] MARQUES, Eduardo. Notas críticas a literatura sobre Estado, políticas estatais e atores políticos. *Revista Brasileira de Informação Bibliográfica em Ciências Sociais*, n. 43, p. 67-102, 1997.

futuras sobre o Estado e estruturas sociais em diversas áreas do mundo. Nessa escala intermediária, busca-se o caráter histórico e conjuntural dos fenômenos, sem cair no risco de explicações deterministas e unicausais.[35]

Historiadores da economia e políticos da economia, por exemplo, têm teorizado sobre o papel do Estado como instituidor do direito de propriedade.[36] A análise de instituições de nível intermediário — como leis, projetos de lei e decisões judiciais — tem se revelado promissora.

Sem negar a importância das classes sociais e dos grupos de interesse presentes na cena política, a perspectiva neoinstitucionalista destaca que as relações entre instituições e sociedade ocorrem nos dois sentidos. O que se pretende é contextualizar os atores, seus interesses e ações estratégicas e observar questões fundamentais, tais como a natureza do Estado e o papel desses atores na proposição, implementação, gestão e resultados das políticas públicas.[37]

De maneira geral, pode-se identificar três tipos de neoinstitucionalismo: institucionalismo da escola racional; institucionalismo sociológico e institucionalismo histórico.[38] Há ainda quem aponte para a existência de uma quarta escola, o neoinstitucionalismo na economia.[39]

Nesse estudo, optou-se pela utilização das referências teóricas do neoinstitucionalismo histórico. O foco, portanto, é a maneira pela qual são criadas as instituições, como e por que elas se transformam. A explicação nesse caso passa necessariamente pela adesão ou rejeição dos atores às instituições em determinada situação.[40] Essa perspectiva dá ênfase aos legados históricos e está mais preocupada com processos temporais do que as outras abordagens.[41] O neoinstitucionalismo his-

---

35 SKOCPOL, *op. cit.*; MARQUES, *op. cit.*

36 SKOCPOL, *op. cit.*

37 SKOCPOL, *op. cit.*; MARQUES, *op. cit.*

38 Para um panorama das principais características, limites e potencialidades de cada uma dessas correntes analíticas, *vide* Marques (1997); Hall e Taylor (2005).

39 HALL, Peter; TAYLOR, Rosemary. As três versões do neoinstitucionalismo. *Lua Nova: Revista de Cultura e Política*, n. 58, p. 193-223, 2005. Sobre a utilização do institucionalismo econômico nas pesquisas jurídicas, *vide* Coutinho (2017).

40 MARQUES, Eduardo. Notas críticas a literatura sobre Estado, políticas estatais e atores políticos. *Revista Brasileira de Informação Bibliográfica em Ciências Sociais*, n. 43, p. 67-102, 1997.

41 STEINMO, Sven; THELEN, Kathleen. Historic institutionalism in comparative politics. In: STEINMO, Sven; THELEN, Kathleen; LONGSTRETH, Frank. *Structuring Politics*: historical Institutionalism in Comparative Analysis. Cambridge: University Press, 1992; DAVIES, Jonathan S.; TROUNSTINE, Jessica. Urban Politics and the New Institutionalism. In: JOHN, Peter; MOSSBERGER, Karen; CLARKE, Susan (Ed.). *The Oxford Handbook of Urban Politics*. New York: Oxford University Press, 2012.

tórico dá ênfase principalmente ao estudo do Estado e suas políticas.[42] Embora haja vários institucionalismos, o que há de comum entre eles é a centralidade dada às instituições. Não se trata de uma teoria unificada, mas de um campo de análise amplo e substancialmente heterogêneo.[43]

O Estado, como ator político importante, busca objetivos que não são meros reflexos das demandas ou interesses de grupos sociais, classes ou sociedade. É relevante nesse contexto explorar as capacidades do Estado em implementar políticas e de se opor a grupos sociais poderosos ou ser executadas em situações socioeconômicas difíceis.[44]

Ressalte-se que não seria nesse caso possível definir *a priori* a autonomia estatal, pois esta seria definida em função de cada situação histórica, por suas potencialidades estruturais e as estratégias utilizadas pelos diversos atores nas mudanças implementadas pelo próprio Estado.[45]

As instituições seriam importantes de serem estudadas não somente porque o Estado é um ator, mas porque os Estados e as instituições influenciam diretamente a cultura política, a estratégia dos atores e a própria agenda de questões a serem objeto de políticas públicas, enquadrando a luta política por meio de suas instituições.[46] [47] A política não estaria, portanto, somente na sociedade, na economia ou na cultura. O sentido da vida pública e das formas coletivas por meio das quais os grupos realizam seus objetivos não surgem das sociedades sozinhas, mas dos pontos de encontro do Estado com a sociedade. Consequentemente, a formação de fenômenos socioeconômicos, grupos

---

42 MARQUES, Eduardo. As políticas públicas na ciência política. In: MARQUES, Eduardo; FARIA, Carlos Aurélio Pimenta de (org.). *A política pública como campo multidisciplinar*. São Paulo: Ed. Unesp; CEM, 2013.

43 *Idem*, 2013.

44 SKOCPOL, Theda. Bringing the state back in: strategies of analysis in current research. In: EVANS, Peter; RUESSCHMEYER, Dietrich; SKOCPOL, Theda (org.). *Bringing the state back*. Cambridge: University Press, 1985.

45 MARQUES, Eduardo. Notas críticas a literatura sobre Estado, políticas estatais e atores políticos. *Revista Brasileira de Informação Bibliográfica em Ciências Sociais*, n. 43, p. 67-102, 1997.

46 *Idem*, 1997.

47 Sobre o papel dos espaços de veto e suas consequências sobre a estratégia dos atores na reforma da saúde, *vide* Immergut (1992). A autora percebe que as diferenças entre os países nas reformas do sistema de saúde devem-se ao grau que o grupo de médicos está disposto a compor com os defensores da reforma. As razões e motivos estão ligados à estrutura institucional do sistema político que afeta as expectativas dos grupos quanto as possibilidades de sucesso.

de interesses ou classes dependem em grande medida das estruturas e das atividades do Estado.[48]

Os agentes estatais têm autonomia em relação aos interesses da sociedade e se constituem como reais atores na dinâmica política. As agências estatais possuem suas próprias identidades, interesses e recursos. A interação entre Estado e agentes presentes na sociedade depende de ambientes institucionais específicos. A influência das instituições medeia a relação entre as estratégias dos atores e a implantação de determinadas políticas públicas. Nesse sentido, a existência e desenho das instituições permitem que as demandas tenham resultados diversos dependendo do desenho institucional.[49]

Instituição — embora seja um conceito central para o neoinstitucionalismo — não possui uma definição precisa nem tampouco um consenso acerca de seus efeitos sobre os processos políticos. De maneira geral, as instituições são definidas como os procedimentos, protocolos, normas e convenções oficiais inerentes à estrutura organizacional da comunidade política ou da economia política. Estende-se de uma ordem constitucional ou dos procedimentos habituais de funcionamento de uma organização até as convenções que governam o comportamento dos sindicatos, bancos e empresas. Em geral, o neoinstitucionalismo tem a tendência a associar as instituições às organizações e às regras ou convenções editadas pelas organizações formais.[50]

De uma forma abstrata, em uma partida, as instituições incluiriam a delimitação do campo e as regras do jogo. O que tem sido objeto de polêmica é se as regras formais, os procedimentos consentidos, práticas operacionais padronizadas que estruturam a relação entre os indivíduos nas várias unidades da política e da economia incluem

---

48 SKOCPOL, Theda. Bringing the state back in: strategies of analysis in current research. In: EVANS, Peter; RUESSCHMEYER, Dietrich; SKOCPOL, Theda (org.). *Bringing the state back*. Cambridge: University Press, 1985; HALL, Peter; TAYLOR, Rosemary. As três versões do neoinstitucionalismo. *Lua Nova: Revista de Cultura e Política*, n. 58, p. 193-223, 2005. Sobre a utilização do institucionalismo econômico nas pesquisas jurídicas, *vide* Coutinho (2017).

49 MARQUES, Eduardo. As políticas públicas na ciência política. In: MARQUES, Eduardo; FARIA, Carlos Aurélio Pimenta de (org.). *A política pública como campo multidisciplinar*. São Paulo: Ed. Unesp; CEM, 2013; IMMERGUT, Ellen. The rules of the game: The logic of health policymaking in France, Switzerland and Sweden. In: STEINMO, Sven; THELEN, Kathleen; LONGSTRETH, Frank. *Structuring Politics*. Historical Institutionalism in Comparative Analysis. Cambridge: University Press, 1992.

50 HALL, Peter; TAYLOR, Rosemary. As três versões do neoinstitucionalismo. *Lua Nova: Revista de Cultura e Política*, n. 58, p. 193-223, 2005; STEINMO, Sven; THELEN, Kathleen; LONGSTRETH, Frank. *Structuring Politics*. Historical Institutionalism in Comparative Analysis. Cambridge University Press, 1992.

também os constrangimentos informais, por exemplo, os códigos de comportamento e convenções em geral.[51]

Os debates institucionalistas apontaram ainda para duas questões fundamentais para a obra: como são criadas as instituições e como e por que elas se transformam.[52]

A busca pela compreensão do movimento e permanência das instituições — as razões da estabilidade e da transformação, no seu início e do seu fim, as causas exógenas ou endógenas da mudança — impulsiona uma série de reflexões relacionadas aos conceitos de "dependência da trajetória" e "janela de oportunidade".[53]

Mahoney e Thelen[54] alertam para as mudanças que ocorrem de maneira sutil e gradual ao longo do tempo. Embora menos dramáticas e abruptas, as mudanças lentas e fragmentadas podem igualmente gerar consequências para o comportamento humano, modificando a lógica de atuação dos atores e trazendo resultados políticos relevantes.[55] Os padrões de mudança institucional seriam, contudo, acompanhados de tensões e ambiguidades. Os autores destacam, por exemplo, um tipo de mudança institucional — *layering* — no qual novas regras são instituídas, mas convivem com regras antigas. Novos elementos permanecem adjacentes às instituições existentes as quais são modificadas gradualmente. Geralmente, tais processos de sobreposição ocorrem quando há ausência de capacidade de alterar de maneira integral as regras originais. Paralelamente, os defensores do *status quo* não são

---

[51] MARQUES, Eduardo. Notas críticas a literatura sobre Estado, políticas estatais e atores políticos. *Revista Brasileira de Informação Bibliográfica em Ciências Sociais*, n. 43, p. 67-102, 1997.

[52] MARQUES, Eduardo. As políticas públicas na ciência política. In: MARQUES, Eduardo; FARIA, Carlos Aurélio Pimenta de (org.). *A política pública como campo multidisciplinar*. São Paulo: Ed. Unesp; CEM, 2013.

[53] HALL; TAYLOR, *op. cit.*; DAVIES, Jonathan S.; TROUNSTINE, Jessica. Urban Politics and the New Institutionalism. In: JOHN, Peter; MOSSBERGER, Karen; CLARKE, Susan (Ed.). *The Oxford Handbook of Urban Politics*. New York: Oxford University Press, 2012; TORFING, Jacob. Path Dependent Danish Welfare Reforms: the contribution of the new institutionalisms to understanding evolutionary change. *Scandinavian Political Studies*, v. 24, n. 4, p. 277-309, 2001; LIEBERMAN, Evan. Causal inference in historical institucional analysis: a specification of periodization strategies. *Comparative Political Studies*, v. 34, n. 9, p. 1011-1035, 2001; MAHONEY, James; THELEN, Kathleen. A theory of gradual institutional change. In: MAHONEY, James; THELEN, Kathleen. *Explaining institutional change*: ambiguity, agency, and power. Cambridge: Cambridge University Press, 2010.

[54] MAHONEY, James; THELEN, Kathleen. A theory of gradual institutional change. In: MAHONEY, James; THELEN, Kathleen. *Explaining institutional change*: ambiguity, agency, and power. Cambridge: Cambridge University Press, 2010.

[55] Para análise dos diversos tipos de mudanças institucionais incrementais, *vide* Streeck e Thelen (2005).

capazes de impedir as mudanças, embora mantenham em parte as regras originais. Cada pequena mudança acumula-se, levando a grandes transformações no longo prazo. Foi justamente esse tipo de mudança incremental que se identificou no processo de implementação do plano diretor de São Paulo e será desenvolvido mais adiante.

Os instrumentos urbanísticos tornam-se, nesse sentido, um objeto de estudo privilegiado para compreender as mudanças na política urbana ao longo do tempo. Os instrumentos das políticas públicas não são neutros e estruturam as políticas públicas de acordo com sua própria lógica. Um instrumento de política pública é "um tipo particular de instituição, um dispositivo técnico com um objetivo genérico de carregar um conceito concreto de relação política/sociedade e sustentado por um conceito de regulação".[56]

O neoinstitucionalismo impactou a literatura nacional no que diz respeito à análise de políticas públicas e talvez seja a perspectiva teórica com maior influência no debate brasileiro. Como exemplos, pode-se citar os estudos relacionados ao desenho do Estado e suas políticas, impacto das arenas nas reformas de políticas, federalismo e políticas públicas.[57]

Todavia, embora utilizada amplamente no âmbito da ciência política para o estudo das políticas públicas, a presença da perspectiva institucionalista nos estudos urbanos é escassa,[58] e muitos autores têm se dedicado à tarefa de preencher essa lacuna,[59] apontando para uma

---

[56] LASCOUMES, Pierre; LE GALÈS, Patrick. Introduction: understanding public policy through its instruments — from nature of instruments to the sociology of public policy instrumentation. *Governance*: *An International Journal of Policy*, Administration and Institution, v. 20, n. 1, p. 4, 2007.

[57] MARQUES, Eduardo. As políticas públicas na ciência política. In: MARQUES, Eduardo; FARIA, Carlos Aurélio Pimenta de (org.). *A política pública como campo multidisciplinar*. São Paulo: Ed. Unesp; CEM, 2013.

[58] No Brasil, uma importante tradição de estudos urbanos constituiu-se com base nas interpretações marxistas sobre a cidade, inspirada na produção de autores como Henri Lefebvre, Manuel Castells e David Harvey (MARQUES, Eduardo. Notas sobre a política e as políticas do urbano no Brasil. *Texto para discussão nº 18/2016*. São Paulo: Centro de Estudos da Metrópole, 2016; SOUZA, SOUZA, Marcelo Lopes de. *Mudar a Cidade*: uma introdução crítica ao planejamento e à gestão urbanos. 2. ed. Rio de Janeiro: Bertrand Brasil, 2003; MOYA, Maria Encarnación. Os estudos sobre a cidade: quarenta anos de mudança nos olhares sobre a cidade e o social. In: KOWARICK, Lúcio; MARQUES, Eduardo (org.). *São Paulo*: novos percursos e atores (sociedade, cultura e política). São Paulo: Ed. 34; Centro de Estudos da Metrópole, 2011). Sobre a influência do pensamento de Henri Lefebvre na construção do marco jurídico-urbanístico brasileiro, cf. Edésio Fernandes. Constructing the "right to the city" in Brazil. *Social Legal Studies*, Sage Publications, 2007.

[59] DAVIES, Jonathan S.; TROUNSTINE, Jessica. Urban Politics and the New Institutionalism. In: JOHN, Peter; MOSSBERGER, Karen; CLARKE, Susan (Ed.). *The Oxford Handbook of Urban*

agenda de pesquisa que aproxime os dois campos e foque no estudo da política e das políticas do urbano do ponto de vista teórico e empírico.[60]

O estudo do plano diretor — principal instrumento de planejamento territorial — pode trazer indicadores efetivos para a compreensão das mudanças na política urbana ao longo do tempo e contribuir para essa agenda de pesquisa.

Partindo da abordagem institucionalista sobre o Estado e suas políticas, o presente trabalho busca compreender, em suma, a maneira pela qual a legislação urbanística aprovada após o fim da ditadura militar no Brasil influenciou o processo de implementação dos planos diretores nos anos 2000.

Com o intuito de destacar a importância dos aspectos legais na definição do comportamento dos atores e das decisões que envolveram a aplicação (ou não) do plano diretor, as regras formais serão o foco da pesquisa e serão analisadas a partir dos conceitos de arranjos e gargalos jurídico-institucionais.

Conforme se verá, os resultados da pesquisa realizada mostram que as conquistas representadas pela legislação urbanística aprovada no contexto democrático transformam a política urbana municipal, muito embora as novas regras urbanísticas convivam com aquelas aprovadas no regime militar. Tais transformações foram observadas a partir também da dinâmica dos atores e dos interesses em jogo na cidade de São Paulo, que, por meio de interpretações e estratégias específicas, buscaram avançar ou impedir a efetividade da política urbana na cidade.

1.2.1 Governança e política urbana

A efetividade das políticas depende das estratégias dos atores de dentro e fora do Estado. Depende, sobretudo, da capacidade de o Estado e suas instituições implementarem determinadas políticas. Uma condição óbvia é a soberania e estabilidade administrativo-militar. Além disso, funcionários leais e bem formados, assim como recursos

Politics. New York: Oxford University Press, 2012; LOWNDES, Vivien. Rescuing Aunt Sally: Taking institutional theory seriously in urban politics. *Urban Studies*, v. 38, n. 11, p. 1953-1971, 2001.

60 MARQUES, Eduardo. Notas sobre a política e as políticas do urbano no Brasil. *Texto para discussão nº 18/2016*. São Paulo: Centro de Estudos da Metrópole, 2016; MARQUES, Eduardo. Em busca de um objeto esquecido: a política e as políticas do urbano no Brasil. *Revista Brasileira de Ciências Sociais*, v. 32, n. 95, p. 1, 2017; MARQUES, Eduardo (org.). *As políticas do urbano em São Paulo*. São Paulo: Editora UNESP; Centro de Estudos da Metrópole, 2018.

financeiros para atender os objetivos de determinada política pública. A existência ou ausência de instrumentos também são centrais para definição das capacidades estatais.[61]

Os estudos voltados à compreensão das capacidades estatais devem levar também em consideração o contexto social, econômico e político. Com efeito, a capacidade de o Estado mudar comportamentos ou transformar estruturas tem como fundamento não somente as características do Estado em si, mas o equilíbrio entre os recursos estatais e os atores não estatais. "Trazer o Estado de volta" não significa que os estudos sobre políticas públicas devam se centrar somente na dimensão estatal da implementação das políticas, mas devem abarcar também sua relação com a sociedade.

Nesse sentido, o atual debate acadêmico sobre o conceito de governança — considerado como a "família estendida do neoinstitucionalismo" — tornou-se muito influente nos últimos anos e pode orientar de maneira mais clara essa interface Estado/sociedade no estudo de políticas públicas.[62]

Conforme mencionado anteriormente, o neoinstitucionalismo não propõe a substituição de análises sobre a sociedade por um enfoque meramente estatal. Trata-se somente de colocar as instituições e os atores estatais no centro da análise. A história da formação das instituições combinada com as interações entre atores estatais e não estatais, incluindo a observação do ambiente social, econômico e político já estava presente nas primeiras formulações do neoinstitucionalismo e tem se tornado mais central nos últimos anos, através de um olhar mais atento e privilegiado para as relações e interpenetrações entre Estado e sociedade.[63]

Hill e Hupe[64] apontam para a importância da emergência recente do conceito de governança. A governança permite análises focadas em mecanismos governamentais que não estejam baseados somente

---

[61] SKOCPOL, Theda. Bringing the state back in: strategies of analysis in current research. In: EVANS, Peter; RUESSCHMEYER, Dietrich; SKOCPOL, Theda (org.). *Bringing the state back*. Cambridge: University Press, 1985; FAINSTEIN, Susan; FAINSTEIN, Norman. National Policy and Urban Development. *Social Problems*, v. 26, n. 2, p. 125-146, 2012.

[62] DAVIES, Jonathan S.; TROUNSTINE, Jessica. Urban Politics and the New Institutionalism. In: JOHN, Peter; MOSSBERGER, Karen; CLARKE, Susan (Ed.). *The Oxford Handbook of Urban Politics*. New York: Oxford University Press, 2012.

[63] MARQUES, Eduardo. As políticas públicas na ciência política. In: MARQUES, Eduardo; FARIA, Carlos Aurélio Pimenta de (org.). *A política pública como campo multidisciplinar*. São Paulo: Ed. Unesp; CEM, 2013.

[64] HILL, Michael; HUPE, Peter. *Implementing public policy*. London: Sage Publication, 2009.

na autoridade e/ou sanção, incorporando níveis múltiplos e escalas simultâneas de ação, incluindo atores privados e sem fins lucrativos.

Reconhece-se que o processo de decisão de maneira geral pode estar localizado em centros mais ou menos autárquicos. As decisões não seriam geradas por tomadores de decisão isolados entre si, mas também em conjunto com outros atores não governamentais. Nesse sentido, pode-se observar a multiplicidade de pesquisas sobre governança[65] e análise de redes sociais[66] no estudo das políticas públicas.

Na América Latina e, sobretudo no Brasil, o conceito de governança ocupa atualmente o mesmo papel que o conceito de "poder local" ocupou nos anos 1980. O termo "poder local" foi utilizado durante o processo de redemocratização em conexão com os debates internacionais e foi utilizado para descrever uma mistura de descentralização, democratização e participação no nível local.[67]

Marques[68] identifica três formas distintas de utilização do conceito de governança pela produção acadêmica brasileira. A primeira é utilizada em conexão com temas relacionados à participação popular, controle social e movimentos sociais em diversas áreas das políticas públicas, focalizando, em termos empíricos, instituições participativas, como conselhos de participação, orçamentos participativos e conferências nacionais. Essa literatura em geral não considera as intensas transformações trazidas pelo processo de democratização na relação Estado/sociedade no Brasil, e a participação popular e os movimentos sociais são associados à autonomia, sem considerar as redes que os ligam a outros atores e instituições políticas, incluindo o Estado, os direitos e as políticas públicas. Uma segunda forma de utilização do conceito de governança advém da literatura sobre movimentos sociais que parte de uma concepção neoinstitucionalista que traz para o centro da análise as múltiplas conexões entre Estado e organizações da sociedade civil. Por fim, o conceito de governança surge associado à *accountability*, o que significa, muitas vezes, uma capacidade positiva

[65] Para um panorama dos recentes estudos sobre governança, *vide* Hill e Hupe (2009) e Stoker (1998).

[66] Sobre a análise de redes no estudo de políticas públicas, *vide* Marques (2012), Schneider *et al.* (2003), Knoke (1992) e Heclo (1978).

[67] MARQUES, Eduardo. Government, political actors and governance in urban policies in Brazil and São Paulo: concepts for a future research agenda. *Brazilian Political Science Review*, v. 7, n. 3, p. 8-35, 2014.

[68] *Idem*, 2014.

de o Estado promover a interação entre público e privado de maneira transparente na formalização e na efetividade das políticas públicas.

De acordo com Marques,[69] ao invés de significar uma configuração específica de atores e relações no interior de determinadas instituições, os estudos brasileiros sobre governança geralmente utilizam o conceito em uma perspectiva prescritiva e associa governança a algo bom, eficiente e horizontal.

Vale, portanto, trazer conceito de governança proposto por Marques,[70] apoiado nas concepções de Stoker[71] e Le Galès,[72] que o define como um conjunto de atores estatais e não estatais conectados por laços formais e informais que operam no processo de elaboração de políticas e integrados em arranjos institucionais específicos. Incorpora-se, assim, também o lado obscuro da implementação de políticas públicas, incluindo as falhas, os defeitos, os erros, os problemas e até mesmo os processos ilegais, os quais geralmente não chamam muita atenção analítica.

No âmbito da política urbana, Marques[73] observa uma série de padrões específicos de governança urbana na cidade de São Paulo. Tais padrões de governança urbana são aparentemente produto de diferentes combinações de características espaciais, assim como de estruturas institucionais e organizacionais para formular e implementar políticas públicas. Uma agenda organizada em torno desses elementos poderia, pois, ajudar a construir a ponte entre política e políticas públicas nas cidades para além dos governos, incluindo também os atores não estatais.

Dentre os diversos padrões de governança urbana identificados por Marques,[74] foram selecionados aqueles mais diretamente relacionados aos planos diretores e legislação de parcelamento, uso e ocupação do solo, quais sejam: *(i)* aqueles que envolvem exceções à regulação urbanística; e *(ii)* aqueles que envolvem a aplicação, interpretação e alteração da legislação urbanística. Em ambos, a dimensão territorial é central e envolve regras de localização dos empreendimentos e,

---

69 MARQUES, Eduardo. Government, political actors and governance in urban policies in Brazil and São Paulo: concepts for a future research agenda. *Brazilian Political Science Review*, v. 7, n. 3, p. 8-35, 2014.

70 *Idem*, 2014.

71 STOKER, Gerry. Governance as theory: five propositions. *International Social Science Journal*, v. 50, n. 155, p. 17-28, 1998.

72 LE GALÈS, Patrick. Urban policies in Europe: what is governed? In: BRIDGE, Gary; WATSON, Sophie (Ed.). *The New Blackwell Companion to the City*. Oxford: Blackwell, 2011.

73 MARQUES, *op. cit.*

74 MARQUES, *op. cit.*

principalmente, da regulação dos parâmetros de uso e ocupação da terra urbana.

O primeiro padrão de governança abrange a decisão e a implementação de grandes projetos urbanos e equipamentos, incluindo iniciativas amplas de renovação urbana e construção de prédios que, geralmente, envolvem a aprovação de exceções de uso do solo e legislação urbanística. Esses processos são centrados em atores governamentais locais que coordenam as decisões no interior de uma rede que envolve políticos, construtoras, empreendedores imobiliários, organizações internacionais e burocratas de alto escalão. Esses grandes projetos envolvem mudanças substanciais na regulação urbana e são aprovados para regiões específicas da cidade (operações urbanas, por exemplo). O processo envolve geralmente gestores públicos municipais, vereadores e empresas no processo de decisão e as burocracias durante sua implementação. Os cidadãos e organizações da sociedade civil geralmente ficam distantes desse processo. O futuro das cidades é normalmente decidido com base nesses investimentos que envolvem regras especiais de zoneamento para grandes áreas das cidades, mudança nos valores da terra, tráfego e infraestrutura bem como na distribuição de empregos. Apesar do aumento da participação social nas políticas públicas, as decisões sobre as principais estratégias de desenvolvimento continuam concentradas no governo e influenciadas pelas mesmas forças que eram importantes em 1970 e 1980.[75]

O segundo padrão de governança urbana identificado na cidade de São Paulo, de acordo com Marques,[76] relaciona-se diretamente com a aplicação da legislação urbanística e a aprovação de empreendimentos na cidade. Tais processos envolvem alterações legislativas pontuais, interpretações, decisões de aplicação ou não de determinados dispositivos legais.

Se as políticas regulatórias tendem a instituir uma generalização da regulação urbanística da cidade, o estabelecimento de exceções é potencialmente muito lucrativo. Se negociações importantes ocorrem durante a aprovação dessas leis, os processos de regulamentação e aplicação da legislação urbanística podem envolver mudanças legais, pontuais e fragmentadas em benefício de determinados empreendedores imobiliários. Esse padrão de governança envolve muitas vezes alterações legislativas pontuais e movimentos específicos de *lobby* e

---

[75] MARQUES, Eduardo. Government, political actors and governance in urban policies in Brazil and São Paulo: concepts for a future research agenda. *Brazilian Political Science Review*, v. 7, n. 3, p. 8-35, 2014.

[76] *Idem*, 2014.

corrupção. As decisões de aplicar ou não determinados dispositivos legais ocorrem também sob a égide da discricionariedade dos burocratas e podem beneficiar interesses particulares.[77]

O livro mostra que decisões importantes ocorreram na aprovação da legislação urbanística brasileira — tais como a incorporação das operações urbanas pelo Estatuto da Cidade, bem como a aprovação legislação federal de regularização de empreendimentos voltados para média e alta renda — voltadas justamente ao estabelecimento de exceções à regulação urbanística de empreendimentos privados em âmbito federal.

No nível municipal, este texto examina também situações relevantes para compreensão dos padrões de governança na cidade identificados por Marques,[78] em especial os conflitos e negociações ocorridos após a aprovação do plano diretor da cidade. Como exemplo, pode-se citar a aprovação da lei de uso e ocupação do solo e planos regionais; a definição de áreas computáveis e as garagens; a criação e extinção do estoque construtivo; a criação e supressão de ZEIS; a alteração dos critérios para HIS e HMP em ZEIS; as remoções e suspensões de reintegração de posse em ZEIS; as alterações das leis específicas das operações urbanas, por exemplo, dos valores dos CEPACs ou da forma de execução dos recursos e dos planos urbanísticos; os processos participativo de elaboração das leis urbanísticas, que causou, por exemplo, a suspensão da Operação Urbana Vila Sônia e do Projeto Nova Luz; entre outros.

Tais circunstâncias relacionadas à aplicação, alteração e interpretação da legislação urbanística após a promulgação do plano diretor envolveram atores estatais — não somente integrantes da Prefeitura, mas também de vereadores, juízes, promotores e defensores públicos — e não estatais — tais como empreendedores imobiliários, associação de moradores, organizações da sociedade civil, entre outros.

Os padrões de governança urbana foram utilizados no livro de forma subsidiária, mas auxiliaram na identificação dos principais atores, de informantes-chave, das diretrizes e conteúdo das entrevistas. Os padrões de governança urbana permitiram também orientar a análise dos resultados do livro de forma a estabelecer de maneira dinâmica as conexões entre atores estatais e não estatais e, sobretudo, reconhecer também a importância de identificar não somente as conquistas, mas também os obstáculos e dificuldades na implementação da legislação urbanística da cidade.

---

[77] MARQUES, Eduardo. Government, political actors and governance in urban policies in Brazil and São Paulo: concepts for a future research agenda. *Brazilian Political Science Review*, v. 7, n. 3, p. 8-35, 2014.

[78] *Idem*, 2014.

1.2.2 O papel do direito na perspectiva institucional das políticas públicas

Os estudos e pesquisas voltados a promover aproximações do direito com outros campos de conhecimento[79] estão sempre marcados por um enorme número de dilemas e desafios. No âmbito do direito, pode-se estudar tudo ou quase tudo da política. Os atores políticos, as instituições e os processos são sempre condicionados em algum grau ou têm algum impacto sobre o direito.[80]

Na medida em que ressurge na ciência política o interesse sobre as instituições, revela-se a importância de aproximá-la dos estudos jurídicos. Constituição, leis e contratos são categorias jurídicas que se desenvolvem no contexto das instituições políticas. Ao mesmo tempo, são as instituições políticas que reforçam o significado das estruturas normativas, definindo deveres, obrigações, papéis e regras. O crescimento das pesquisas do institucionalismo histórico nos estudos jurídicos parece rápido e promissor, muito embora seu futuro permaneça incerto.[81]

De acordo com Smith,[82] embora os argumentos utilizados por muitos pesquisadores no âmbito do direito público exemplifiquem esse tipo de explicação teórica para compreender a continuidade e a mudança das instituições, eles somente recentemente começaram a fazer explicitamente essa conexão.[83] Além disso, muitos estudantes ainda estão fortemente centrados nos tribunais e juízes e dão pouca atenção aos atores políticos de maneira mais ampla.[84]

A discricionariedade administrativa, por exemplo, está limitada por regras jurídicas. É o direito material que delimita os direitos e obrigações dos atores privados e constrangem os funcionários públicos na implementação de programas governamentais. Não obstante, é raro

---

[79] Shapiro (2008) situa o movimento do *Law and Politics* como mais um dos inúmeros movimentos de "*Law and(...)*" que chegaram nos anos recentes dos quais um dos mais notáveis seria o *Law and Economics*.

[80] SHAPIRO, Martin. Law and Politics: The Problem of Boundaries. In: WHITTINGTON, Keith; KELEMEN, Daniel; CALDEIRA, Gregory (Ed.). *The Oxford Handbook of Law and Politics*. Oxford: University Press, 2008. n. p.

[81] SMITH, Rogers. Historical Institutionalism and the Study of Law. In: WHITTINGTON, Keith; KELEMEN, Daniel; CALDEIRA, Gregory (Ed.). *The Oxford Handbook of Law and Politics*. Oxford: University Press, 2008. n. p.

[82] *Idem*, 2008.

[83] *Idem*, 2008.

[84] SHAPIRO, *op. cit.*; SMITH, *op. cit.*

ainda, no âmbito da pesquisa jurídica, especialistas em burocracia, políticas regulatórias ou relacionadas a políticas públicas.[85]

No Brasil, pode-se observar o aumento de pesquisas jurídicas que dialogam com uma perspectiva institucional das políticas públicas.[86] Este livro segue nesse caminho, guiando-se por dois conceitos fundamentais: arranjos institucionais e gargalos jurídico-institucionais.

As leis, portarias, decretos e resoluções servem de subsídio para compreender os arranjos institucionais criados sobre o planejamento territorial, incluindo as diversas camadas federativas de competências materiais e legislativas sobre política urbana. A análise das interpretações, das estratégias e das justificativas utilizadas para regulamentação e aplicação do plano diretor garante ainda o espaço necessário para se compreender a maneira pela qual o poder público buscou conferir efetividade às instituições criadas a partir da Constituição de 1988. Trata-se de mostrar como as inovações regulatórias operadas em âmbito federal induzem a política urbana municipal.

Além disso, esta obra busca compreender o papel desempenhado pelos atores estatais, incluindo gestores, servidores públicos, vereadores, promotores, defensores públicos, procuradores municipais, juízes, entre outros. Ao definir como unidades de análise o Poder Executivo, Legislativo e Judiciário, reconhece que todos esses atores estatais produzem, interpretam e aplicam o direito e, dessa forma, fazem parte do processo de implementação da política urbana na cidade.

Apoiando-se ainda na abordagem institucionalista, o livro utiliza do conceito de gargalos jurídico-institucionais,[87] aproximando, assim, o direito da literatura das políticas públicas. A pesquisa empírica realizada identifica circunstâncias nas quais se pode atribuir ao direito a responsabilidade direta ou indireta por criar obstáculos e dificuldades na implementação do plano diretor pelo poder público, por exemplo, as regras de vigência, transição, revisão e alteração do plano diretor, as regras para elaboração de leis específicas e as regras de distribuição de competências federativas no âmbito do planejamento territorial.

---

[85] SHAPIRO, Martin. Law and Politics: The Problem of Boundaries. In: WHITTINGTON, Keith; KELEMEN, Daniel; CALDEIRA, Gregory (Ed.). *The Oxford Handbook of Law and Politics*. Oxford: University Press, 2008. n. p.

[86] Nessa linha, pode-se apontar uma série de estudos na perspectiva do direito e das políticas públicas, tais como Bucci (2019), Castro (2019), Chilvarquer (2019), Coutinho (2016), Pimenta (2019), Toledo (2019) e outros.

[87] Vale consultar outras pesquisas que aproximam o direito da abordagem institucionalista das políticas públicas a partir do conceito de gargalos jurídico-institucionais, tais como Bucci e Coutinho (2017), Coutinho (2016), Coutinho e Mouallem (2015).

1.3 Os estudos de implementação na literatura sobre políticas públicas

A abordagem institucionalista é capaz de se aproximar das fronteiras da literatura sobre políticas públicas e o direito. A literatura sobre implementação de políticas públicas pode ajudar a iluminar esses caminhos, aprofundando as possibilidades de se estabelecer pontes e conexões entre a ciência política e o direito.

Os dilemas relacionados à eficácia e aplicabilidade dos planos diretores exigem que se direcione o olhar para além do processo de elaboração do plano diretor. A concretização da função social da propriedade na cidade depende da implementação pelo poder público do plano diretor após a sua aprovação por lei municipal.

O estudo da implementação do plano diretor exige a utilização de referências teóricas e metodológicas de outras áreas das ciências humanas, com destaque para aquelas voltadas à implementação de políticas públicas.

Vale, portanto, apresentar as mudanças ocorridas nos estudos sobre as políticas públicas, com destaque para as perspectivas da ciência política que consideram a fase de implementação como central para reflexão. Desde a década de 1970, a literatura sobre políticas públicas tem destacado a fase de implementação como o eixo central de análise do funcionamento do Estado e suas políticas.[88]

Essa abordagem é fruto dos diversos deslocamentos que ocorreram nas últimas décadas na literatura sobre o Estado e as políticas públicas. A partir deles, pode-se perceber uma redução da importância do processo de decisão na etapa de formulação de políticas, acompanhada de um movimento de trazer ao centro do debate outros momentos do ciclo de produção de políticas, por exemplo, a implementação.[89]

Os estudos de implementação, nesse sentido, sustentam os subsídios teóricos do livro e permitem a análise da regulamentação e aplicação do plano diretor de São Paulo. Grande parte das mudanças ocorridas na política urbana, seus avanços e limites, apenas podem

---

[88] Sobre os recentes deslocamentos na literatura sobre políticas públicas e a implementação como etapa fundamental de compreensão do Estado e suas políticas, *vide* Hill e Hupe (2009), Lipsky (1980); Marques (1997; 2013) e Pressman e Wildavsky (1973). Sobre o panorama dos estudos de implementação de políticas públicas no Brasil, *vide* Faria (2012) e Lotta (2008).

[89] MARQUES, Eduardo. As políticas públicas na ciência política. In: MARQUES, Eduardo; FARIA, Carlos Aurélio Pimenta de (org.). *A política pública como campo multidisciplinar*. São Paulo: Ed. Unesp; CEM, 2013.

ser observados em momento posterior à formulação e aprovação do plano diretor. É o caso, por exemplo, da experiência de aplicação dos instrumentos da política urbana, tais como a outorga onerosa do direito de construir, ZEIS e operações urbanas consorciadas; das disputas em torno da definição do coeficiente de aproveitamento e em torno da extensão da revisão intermediária do plano. É o que se verá a seguir.

1.3.1 O ciclo das políticas públicas: precursores

Na literatura sobre políticas públicas, é comum a menção a um modelo dividido por etapas ou fases do processo de produção de políticas públicas: formação de agenda, formulação, implementação e avaliação. Diversos autores definiram estágios do ciclo e essa estrutura de divisão por etapas foi amplamente utilizada em manuais e livros didáticos.[90]

Com efeito, a referência a um ciclo de políticas públicas aparece já na década de 1930. As primeiras ideias de divisão por etapas são apresentadas por Laswell e Simon e consolidam-se com as proposições de Easton. Os três principais precursores no estudo das políticas públicas consideravam então o processo de decisão como elemento central para a explicação das políticas públicas. Vale analisar seus argumentos fundamentais.

Para Harold Laswell,[91] é fundamental a constituição de uma análise científica do governo (*policy analisis*). Inspirado pelo behaviorismo, o autor buscou elementos na psicologia para explicar o comportamento dos indivíduos e das lideranças políticas. Defendeu a necessidade de se compreender os efeitos do contexto social e político nas políticas e a centralidade da racionalidade nos processos de decisão, considerada por ele como o mais importante momento da produção de políticas públicas.[92]

---

[90] Hill e Hupe (2009) apontam para uma enorme variedade de caminhos analíticos para a divisão das etapas dos ciclos de políticas públicas, utilizadas por diversos autores tais como Simon (1945), Lasswell (1956), Mack (1971), Rose (1973), Jenkins (1978), Hogwood e Gunn (1984). Há inclusive autores que defendem a existência de cerca de 18 fases do processo, como Dror (1989), por exemplo.

[91] LASSWELL, Harold. *The Decision Process*: Seven Categories of Functional Analysis. College Park: University of Maryland, 1956.

[92] MARQUES, Eduardo. As políticas públicas na ciência política. In: MARQUES, Eduardo; FARIA, Carlos Aurélio Pimenta de (org.). *A política pública como campo multidisciplinar*. São Paulo: Ed. Unesp; CEM, 2013.

No estudo das políticas públicas, Herbert Simon[93] também desempenhou papel fundamental, influenciado pela psicologia experimental aplicada à economia, à compreensão das estruturas organizacionais e ao desenvolvimento de inteligência artificial. Simon afirmava que é possível produzir conhecimento sistemático sobre o comportamento administrativo, compreender o próprio tomador de decisão e, consequentemente, as políticas por ele decididas. A centralidade da fase de decisão aparece também como característica fundamental do processo de produção de políticas públicas. Para ele, o ciclo de políticas públicas se restringiria, inclusive, ao processo de preparação e tomada de decisão. A produção concreta de políticas dependeria apenas de inteligência, desenho e escolha.[94]

Outro precursor nesse campo, Easton,[95] buscou compreender a maneira pela qual as decisões são tomadas e executadas, em especial o caráter dinâmico e complexo do processo de tomada de decisão. A partir da abordagem sistêmica, pode ser considerado como um dos autores mais influentes sobre a relação entre política e administração.[96] A vida política é vista como um sistema de atividades. A ideia de sistema sugere que se pode separar a vida política das outras atividades sociais e distingui-la do contexto que o cerca com fins analíticos.[97] O paradigma utilizado é o do sistema biológico cujos processos vitais interagem uns com os outros e com o meio ambiente para produzir um estado mutável e ao mesmo tempo estável. Os sistemas políticos, portanto, existem em um ambiente que contém uma variedade de outros sistemas, incluindo sistemas sociais e ecológicos.[98]

As principais mudanças no interior de um sistema político têm origem em variáveis externas a ele. A fórmula é simples: *inputs — political system — outputs*. Os *inputs* (entradas) são convertidos pelo processo do sistema político em *outputs* (saídas). Os *inputs* podem ser de dois tipos: demandas (reivindicações) e apoios de grupos de interesse

---

93 SIMON, Herbert. *Administrative Behavior*. New York: The Free Press, 1945.

94 MARQUES, Eduardo. As políticas públicas na ciência política. In: MARQUES, Eduardo; FARIA, Carlos Aurélio Pimenta de (org.). *A política pública como campo multidisciplinar*. São Paulo: Ed. Unesp; CEM, 2013.

95 EASTON, David. An approach to the analysis of political systems. *World Politics*, v. 9, n. 3, p. 383-400, 1957.

96 HILL, Michael; HUPE, Peter. *Implementing public policy*. London: Sage Publication, 2009.

97 EASTON, *op. cit.*

98 HAM, Chirstopher; HILL, Michael. *The policy process in the modern capitalist state*. Londres: Harvester Wheatsheaf, 1993.

e garantem ao sistema político seu caráter dinâmico.[99] O subsistema das políticas seria impactado por *inputs* (entradas) oriundos dos outros sistemas e de dentro do próprio sistema (*withinputs*). O sistema geraria *outputs* para os demais subsistemas e para si mesmo gerando *feedback*.

As políticas são entendidas como respostas do sistema a impulsos de fora, sendo o Estado pensado como um alocador automático e técnico que responderia a conflitos e disputas externas a ele: *politics* gerando *policies*.[100] A fase de implementação é vista simplesmente como a passagem no interior do sistema político capaz de produzir automaticamente as decisões políticas das autoridades.[101] O elemento central das políticas continua a ser explicado a partir do processo de tomada de decisão sobre as políticas, que se daria de forma técnica e racional.[102]

1.3.2 A crítica ao modelo clássico: a inversão do ciclo das políticas públicas

Apesar de amplamente disseminado, o modelo do ciclo de produção de políticas públicas passa a ser criticado.

Destaque-se aqui o papel precursor de Lowi,[103] que transforma substancialmente o olhar sobre as políticas públicas, invertendo de maneira radical o modelo do ciclo. A decisão deixa de ser considerada como a etapa prioritária para a explicação das políticas públicas, abrindo-se espaço para a denominada "revolução da implementação", representada em um primeiro momento pelos textos de Wildavsky e Pressman.[104]

---

[99] EASTON, David. An approach to the analysis of political systems. *World Politics*, v. 9, n. 3, p. 383-400, 1957.

[100] MARQUES, Eduardo. As políticas públicas na ciência política. In: MARQUES, Eduardo; FARIA, Carlos Aurélio Pimenta de (org.). *A política pública como campo multidisciplinar*. São Paulo: Ed. Unesp; CEM, 2013.

[101] HILL, Michael; HUPE, Peter. *Implementing public policy*. London: Sage Publication, 2009; HAM; HILL, *op. cit.*

[102] MARQUES, *op. cit.*

[103] LOWI, Theodore J. American business, public policy, case studies and political theory. *World Politics*, v. 16, 1964; LOWI, Theodore J. Four systems of policy, politics and choice. *Public Administration Review*, v. 32, n. 4, p. 298-310, jul./aug. 1972.

[104] PRESSMAN, Jeffrey; WILDAVSKY, Aaron. *Implementation*: how great expectations in Washington are dashed in Oakland; or why it's amazing that federal programs work at all. Los Angeles: University of California Press, 1973.

O sistema de conversão de *inputs* em *outputs* de Easton é desvendado pela crítica: a transformação de demandas e apoios em políticas públicas não acontece na realidade de maneira automática e perfeita. O sistema político é complexo e dinâmico e o ciclo pode ser visto de maneira inversa: *policies* gerando *politics*.

É o que aponta Lowi[105] em uma resenha de um livro sobre orçamento,[106] ao propor um esquema de interpretação das políticas públicas a partir de arenas de poder. O autor afirma que as diferentes áreas de *policies* ou atividades governamentais constituem-se reais arenas de poder com características próprias de estrutura política, processos, elites e relações de grupos de interesse. O poder não está, portanto, apenas nas eleições ou nas reivindicações populares, mas sobretudo no interior do próprio Estado.

O esquema está fundamentado em três pressupostos básicos: *(i)* os tipos de relações políticas são determinados pelas expectativas; *(ii)* as expectativas na política são determinadas pelo tipo de política (*outputs* ou *policies*); e *(iii)* para cada tipo de política (*policy*) há um tipo distinto de relação política.

Lowi[107] identifica quatro principais categorias de políticas públicas: regulatórias, distributivas, redistributivas e constituintes. Os tipos de políticas influenciam o caráter mais ou menos conflitivo dos ambientes políticos.

As políticas regulatórias definem claramente quem recebe e quem não recebe determinado benefício. O Estado define regras para o funcionamento de atividades externas a ele. Apesar de a legislação ser estabelecida em termos gerais, o impacto das decisões regulatórias aumenta os custos e diminui as alternativas dos indivíduos. São bem menos estáveis e envolvem o confronto entre quem se beneficia e quem não se beneficia. Geram conflitos e tendem à instabilidade.

As políticas distributivas são aquelas desenvolvidas sobre recursos não finitos e até mesmo ilimitados e tendem a gerar coalizões estáveis, com redução de conflitos.

As políticas redistributivas, tais como os programas de bem-estar social, distribuem recursos finitos, envolvendo grupos mais amplos e

---

105 LOWI, Theodore J. American business, public policy, case studies and political theory. *World Politics*, v. 16, 1964; LOWI, Theodore J. Four systems of policy, politics and choice. *Public Administration Review*, v. 32, n. 4, p. 298-310, jul./aug. 1972.

106 A resenha mencionada refere-se ao livro *American Business and Public Policy*, de Raymond Bauer (1963).

107 LOWI, *op. cit.*

coalizões de interesses opostos. Geram jogos de soma zero: para que um grupo receba determinados benefícios, outro grupo tem que perder ou não receber. Produzem relações de conflito contínuo.

Por fim, as políticas constituintes que dizem respeito à criação e transformação das próprias regras do jogo político, envolvendo os próprios produtores de regras. Esse tipo de política é altamente conflitivo e não está claro quem irá ganhar ou perder.

A classificação proposta por tipos de política permite associar o formato e desenho das políticas públicas a conflitos políticos específicos. As políticas públicas geram, nesse sentido, relações políticas específicas. Os tipos de políticas geram consequências relevantes para o jogo e ambiente político, influenciando seu caráter mais ou menos conflitivo. Inverte-se a estrutura causal entre política (*politics*) e políticas (*policies*).

O plano diretor municipal — conforme se verá no capítulo 4 — mescla principalmente prescrições de cunho regulatório e constituinte as quais serão objeto de conflitos e novas negociações durante o processo de implementação.

As políticas de natureza regulatória estabelecidas pelo plano diretor estão voltadas, por exemplo, ao estabelecimento de regras de uso e ocupação do solo que incidem de maneira direta e indireta sobre o mercado imobiliário da cidade.

As políticas de tipo constituinte estabelecidas pelo plano diretor dizem respeito justamente às normas que regulam a produção de outras normas. Nessa frente, pode-se citar as regras para elaboração da lei de uso e ocupação do solo e planos regionais, para elaboração das leis específicas das operações urbanas consorciadas e demais instrumentos urbanísticos bem como as regras para alteração e revisão do próprio plano diretor. Tais normas serão consideradas como gargalos jurídico-institucionais e, como tal, influenciam o processo de implementação do plano, gerando obstáculos para sua concretização.

Segundo Marques,[108] a literatura sobre políticas públicas visa compreender o porquê e como o Estado age, dada as condições que o cercam. Está voltada, portanto, para o estudo do "Estado em ação" na expressão utilizada por Muller e Jobert (1987). Diversas são as perspectivas de análise sobre a natureza, o funcionamento e as características do

[108] MARQUES, Eduardo; FARIA, Carlos Aurélio Pimenta de (org.). *A Política Pública como campo multidisciplinar*. São Paulo: Ed. Unesp/CEM, 2013.

Estado. Dentre elas figuram principalmente o pluralismo, o marxismo, a teoria das elites e neoinstitucionalismo.[109]

Lowi[110] critica abertamente as concepções pluralistas (Dahl) e elitistas (Mills) em seu texto sobre as arenas de poder. Trata de maneira precursora dos efeitos dos formatos institucionais sobre as políticas, ideia que se tornaria muito importante nos anos 1980 com a disseminação do neoinstitucionalismo.[111] Os resultados das políticas governamentais guiam as expectativas na política. O governo passa para o centro do interesse; as políticas públicas, para o foco do conflito político.

A inversão do modelo clássico do ciclo de políticas públicas proposta por Lowi altera de maneira radical o olhar sobre as políticas públicas. Duas críticas são centrais. Primeiro, há que se reconhecer que os processos políticos não acontecem de modo simples, puro e lógico no mundo prático da elaboração de políticas. Segundo, é fundamental aproximar o olhar para o processo de conversão dos *inputs* em *outputs* (sistema político) e reconhecer o caráter dinâmico da tomada de decisão.[112] As críticas ao modelo clássico das políticas públicas, porém, não precisam necessariamente levar à negação de sua utilidade como ferramenta analítica e que pode fornecer um primeiro mapeamento da configuração de cada política específica.[113]

Ao longo dos anos 1970 e 1980, a literatura irá considerar o modelo de Easton como racional e linear demais ao não reconhecer a existência de diversos níveis de governo, ciclos concomitantes e as diferentes formas de articulação entre etapas e políticas distintas.

Pressman e Wildavsky,[114] por exemplo, ao analisar o programa de desenvolvimento local e geração de emprego de Oakland,

---

109 Para uma visão geral das principais linhas teóricas para a compreensão do Estado e suas políticas, *vide* Marques (1997, 2013).

110 LOWI, Theodore J. American business, public policy, case studies and political theory. *World Politics*, v. 16, 1964; LOWI, Theodore J. Four systems of policy, politics and choice. *Public Administration Review*, v. 32, n. 4, p. 298-310, jul./aug. 1972.

111 Para um panorama sobre o neoinstitucionalismo no âmbito da ciência política, *vide* Marques (1997, 2013) e seus principais autores tais como Skocpol (1985) e Mahoney e Thelen (2010).

112 HAM, Chirstopher; HILL, Michael. *The policy process in the modern capitalist state*. Londres: Harvester Wheatsheaf, 1993.

113 MARQUES, Eduardo. As políticas públicas na ciência política. In: MARQUES, Eduardo; FARIA, Carlos Aurélio Pimenta de (org.). *A política pública como campo multidisciplinar*. São Paulo: Ed. Unesp; CEM, 2013; HILL, Michael; HUPE, Peter. *Implementing public policy*. London: Sage Publication, 2009.

114 PRESSMAN, Jeffrey; WILDAVSKY, Aaron. *Implementation*: how great expectations in Washington are dashed in Oakland; or why it's amazing that federal programs work at all. Los Angeles: University of California Press, 1973.

demonstram a importância de se observar os obstáculos e desafios da etapa de implementação das políticas públicas. Eles representam uma primeira geração de autores que passam a chamar atenção para a etapa da implementação de políticas como algo central para a compreensão das políticas públicas.

1.3.3 Implementação de políticas públicas: abordagens possíveis

Apesar das diversas críticas ao modelo de ciclo, há ainda um papel para a estrutura das etapas, sendo certo que possui utilidade analítica para o estudo e prática do processo de políticas públicas. Permite uma abordagem sistemática para capturar a multiplicidade da realidade, desde que se reconheça a possibilidade de se introduzir diversas variáveis e abordagens.

Hill e Hupe[115] apontam para a necessidade de combinação dos benefícios analíticos do modelo de etapas com o reconhecimento da interação entre os estágios. Seguindo o deslocamento da literatura sobre políticas públicas que passa a relativizar o papel central do momento da decisão na formulação da política, os autores ressaltam que na fase de implementação a elaboração da política continua. Diferente da concepção weberiana, que distingue completamente a política da administração, é necessário reconhecer que o processo de produção de políticas é dinâmico e implica em uma interação constante entre as fases distintas. O conteúdo da política pública pode até mesmo ser modificado de maneira substancial ou negado inclusive durante a etapa de implementação.

Conforme mencionado anteriormente, a partir dos anos 1970, uma série de autores passam a considerar a implementação como eixo central para a explicação do processo de produção de políticas públicas. As múltiplas abordagens desse campo podem ser classificadas como *top down* e *bottom up*, cujos principais representantes são Pressman e Wildavsky e Lipsky, respectivamente.[116]

As abordagens *top down* estão baseadas em estruturas tradicionais de governança e têm como foco a análise dos sistemas de controle

---

[115] HILL, Michael; HUPE, Peter. *Implementing public policy*. London: Sage Publication, 2009.

[116] *Idem*, 2009; MARQUES, Eduardo. As políticas públicas na ciência política. In: MARQUES, Eduardo; FARIA, Carlos Aurélio Pimenta de (org.). *A política pública como campo multidisciplinar*. São Paulo: Ed. Unesp; CEM, 2013.

e hierarquia da administração. A política deveria ser feita no topo e executada por agentes de acordo com esses objetivos. O papel destes estudos de implementação, portanto, é o de identificar as causas dos problemas na implementação e sugerir formas de obter acordo entre as ações implementadas e os objetivos da política.

Já na visão *bottom up*, os tomadores de decisão não seriam capazes de estabelecer e desenvolver políticas apenas de cima (*top down*), desde o topo da estrutura institucional e burocrática. Políticas se estabelecem sobre políticas anteriores, tornando o processo mais complexo, não se originando somente de cima, mas também de baixo das estruturas organizacionais (*bottom up*). O papel da burocracia implementadora não estaria limitado à execução do que foi explicitamente formulado. A discricionariedade é exercida mudando o resultado da política e promovendo acessos mais ou menos inclusivos.

Por fim, vale notar que para além dos modelos básicos da implementação, a literatura sofre ainda outros deslocamentos que conferem ainda maior complexidade na compreensão do processo de produção de políticas públicas.

Reconhece-se que o processo de decisão, de maneira geral, pode estar localizado em centros mais ou menos autárquicos. As decisões são seriam geradas por tomadores de decisão isolados entre si, mas também em conjunto com outros atores não governamentais. Nesse sentido, vale citar a multiplicidade de pesquisas sobre governança[117] e análise de redes sociais[118] no estudo das políticas públicas.

1.3.4 Os estudos recentes sobre implementação de políticas públicas no Brasil

O campo do estudo das políticas públicas de maneira geral tem se institucionalizado no Brasil em distintas áreas do conhecimento — por meio da criação de programas de pós-graduação específicos e linhas de pesquisa dedicadas às políticas públicas em programas já consolidados — e pela forte expansão da produção bibliográfica específica (teses, dissertações, livros e artigos).[119] Os estudos sobre implementação

117 Para um panorama dos recentes estudos sobre governança, *vide* Hill e Hupe (2009) e Stoker (1998).

118 Sobre a análise de redes no estudo de políticas públicas, *vide* Heclo (1978), Knoke (1992), Marques (2012) e Schneider et al. (2003).

119 FARIA, Carlos Aurélio Pimenta de. *Implementação e políticas públicas*: teoria e prática. Belo Horizonte: Ed. Puc Minas, 2012.

propriamente ditos têm crescido tanto em termos quantitativos como qualitativos. Pode-se, inclusive, identificar ao longo dos anos 2000 um *boom* de teses e dissertações com foco na implementação.[120]

Dentre os estudos brasileiros, Marques[121] destaca como referência dessa produção recente o trabalho de Costa e Bronzo sobre coordenação de políticas,[122] de Lotta[123] sobre burocracias de nível de rua e de Pires[124] sobre sociologia de guichê.

Vale trazer as justificativas elencadas por Faria[125] para se avançar e aprofundar as pesquisas e análises sobre implementação de políticas públicas no Brasil, tais como: a) o fato de o processo acarretar muitas vezes frustações para os tomadores de decisão, geralmente eleitos para solucionar determinadas questões; b) o reconhecimento de que a política não se traduz em prática e muito menos em resultados bem-sucedidos pela simples disposição de autoridade, autorização e mobilização de recursos e *expertise*; c) a necessidade de se maximizar o gasto público; d) a necessidade de monitorar os agentes de implementação; e) a produção de informações necessárias para que as políticas futuras sejam mais bem-sucedidas; e f) para que a máquina estatal de complexidade crescente seja mais amplamente compreendida.

O presente estudo pretende contribuir com a agenda de pesquisas sobre implementação de políticas públicas, a fim de identificar os avanços trazidos pelo marco jurídico-urbanístico bem como os entraves jurídicos na implementação do plano diretor que causaram dificuldades na sua aplicação e na produção de seus efeitos na realidade.

---

120 *Idem*, 2012.

121 MARQUES, Eduardo. As políticas públicas na ciência política. In: MARQUES, Eduardo; FARIA, Carlos Aurélio Pimenta de (org.). *A política pública como campo multidisciplinar*. São Paulo: Ed. Unesp; CEM, 2013.

122 COSTA, Bruno; BRONZO, Carla. Intersetorialidade no enfrentamento da pobreza: o papel da implementação e da gestão. In: FARIA, Carlos Aurélio Pimenta de (org.). *Implementação de políticas públicas*: teoria e prática. Belo Horizonte: Ed. PUC Minas, 2012.

123 LOTTA, Gabriela. *Agentes de implementação*: um olhar sobre as políticas públicas. Campinas: Associação Brasileira de Ciência Política, 2008.

124 PIRES, Roberto. A implementação de políticas públicas nos encontros entre burocratas e destinatários: contribuições da sociologia do guichê. In: ENCONTRO ANUAL DA ANPOCS, 40., 2016, Caxambu. *Anais*... Caxambu, MG: ANPOCS, 2016.

125 FARIA, Carlos Aurélio Pimenta de. *Implementação e políticas públicas*: teoria e prática. Belo Horizonte: Ed. Puc Minas, 2012.

1.4 O papel do direito nos estudos de implementação de políticas públicas

O panorama apresentado sobre os estudos de implementação de políticas públicas permite refletir sobre uma chave de pesquisa relevante sobre os aspectos jurídicos das políticas públicas.

Há muitas possibilidades de investigação no campo do direito — com seu sistema de regras, procedimentos e decisões — sobre a fase de implementação das políticas públicas. A abordagem interdisciplinar exige, porém, um esforço de traduzir o conhecimento de outras áreas sem perder as nuances e as peculiaridades de um estudo desenvolvido no âmbito do direito.

Coutinho[126] afirma que não é usual os juristas dedicarem-se aos estudos de implementação de políticas públicas. Por outro lado, o autor busca superar a visão segundo a qual há barreiras rígidas separando o direito das políticas públicas e atribui às normas, processos e instituições jurídicas um papel relevante no direcionamento da vida econômica e social:

> Direitos efetivos, em última análise, dependem de resultados eficazes e legítimos de políticas públicas, que são construções institucionais em larga medida jurídicas, embora com o direito não se confundam. Quanto mais eficazes forem tais políticas públicas (e os arranjos institucionais em que elas se apoiam), mais efetivos serão também os direitos que se quer ver realizados ou fomentados. São, portanto, dois planos encadeados: a garantia de direitos e sua implementação por meio de políticas públicas.[127]

A etapa de implementação, ao conectar objetivos políticos aos resultados pretendidos de maneira dinâmica, representaria um momento criativo para o direito e para os juristas envolvidos. Afirma Coutinho que

> (...) uma série de medidas estruturantes precisam ser tomadas e isso a todo tempo demanda o desenho de arranjos e soluções jurídicas que habilitem, capacitem e regulem as ações governamentais. A implementação modifica as políticas públicas e, nesse processo, o aparato jurídico, tal como instrumentalizado pelos agentes públicos encarregados da

---

[126] COUTINHO, Diogo R. O direito econômico e a construção institucional do desenvolvimento econômico. *Revista de Estudos Institucionais*, v. 2, n. 1, p. 214-262, 2016.

[127] *Ibidem*, p. 223.

implementação, é, com suas normas, processos e arranjos institucionais, parte da modificação.[128]

O descompasso entre "direito nos livros" (*law in books*) e o "direito na prática" (*law in action*)[129] revela a necessidade de uma investigação mais aprofundada sobre as leis e sua aplicação. O direito, nesse sentido, não seria somente um ponto de partida, mas um objeto de estudo que se desdobra em interpretações, práticas e estratégias específicas. A pesquisa empírica no direito deve, nesse sentido, explorar os modos como ele é incorporado em contextos específicos bem como as dificuldades e os problemas enfrentados em sua implementação.[130]

A possibilidade de se desenvolver estudos jurídicos voltados à compreensão da implementação das políticas públicas foi sustentada por Clune,[131] que observou que políticas públicas de todos os tipos são executadas por meio de um conjunto de técnicas e instrumentos jurídicos bem como um conjunto de instituições, por exemplo, parlamentos, agências e tribunais. O autor alerta, porém, para a necessidade de que esse tipo de estudo não se restrinja somente aos problemas e obstáculos de concretização da legislação. Destaca ainda que o impacto produzido por uma política pública depende de múltiplos fatores e seus resultados não estão relacionados necessariamente com sua base normativa.

De acordo com Kagan,[132] em diversos campos de estudos do direito, pode-se observar uma ampliação da demanda política por regulação, em processos legislativos que contam com a participação intensa da sociedade civil. O direito tem sido colocado em xeque, tornando-se alvo de críticas em razão de um suposto valor puramente simbólico de suas regras, já que o poder público não destinaria os recursos financeiros necessários para sua implementação. Embora alguns programas governamentais sejam de fato políticas simbólicas, o autor afirma que não podem ser simplesmente reduzidos a uma lei ineficaz já que de fato influenciam e determinam comportamentos. Nesse contexto, as análises jurídicas sobre processos de implementação de ferramentas

---

128 *Ibidem*, p. 219.

129 POUND, Roscoe. Law in Books and Law in Action. *American Law Review*, v. 44, p. 15, 1910.

130 SILBEY, Susan; SARAT, Austin. Critical Traditions in Law and Society Research. *Law & Society Review*, v. 21, n. 1, p. 165-174, 1987.

131 CLUNE, William H. Law and Public Policy: Map of an Area. *Southern California Interdisciplinary Law Journal*, Los Angeles, v. 2, p. 1-39, 1993.

132 KAGAN, Robert. Regulators and Regulatory Processes. In: KAGAN, Robert. *The Blackwell Companion to Law and Society*. Oxford: Blackwell Publishing Ltda., 2007.

regulatórias são consideradas por Kagan como um caminho promissor de pesquisa.[133]

Grande parte das críticas formuladas acerca dos planos diretores no país, conforme exposto a seguir, refere-se justamente a seu valor supostamente simbólico, com regras que não seriam autoaplicáveis, as quais não gerariam os efeitos esperados no que se refere à concretização da função social da propriedade urbana.[134]

É fundamental, portanto, analisar a implementação das regras previstas no plano diretor pelo poder público, especialmente aquelas capazes de regular o direito de propriedade nas cidades, voltadas à definição do uso e ocupação do solo, aos planos e ações estratégicas setoriais e aos instrumentos urbanísticos.

Mais do que isso, foi o estudo das leis, decretos, projetos de lei e decisões judiciais que permitiu identificar avanços na gestão territorial das cidades, bem como os obstáculos jurídicos que impedem que a lei municipal tenha os efeitos esperados no território da cidade. Ao substituir o zoneamento dos anos 1970 na cidade, o plano diretor amplia a regulação sobre o mercado imobiliário e institui instrumentos urbanísticos com efeitos redistributivos, por exemplo, as Zonas Especiais de Interesse Social (ZEIS). Ao mesmo tempo, a enorme complexidade das normas urbanísticas paulistanas, as regras de transição, revisão e modificação dos planos diretores, as regras para elaboração das leis específicas posteriores e os próprios arranjos federativos no âmbito da política urbana foram identificados pela pesquisa empírica como gargalos jurídico-institucionais.

Tais resultados do trabalho empírico foram alcançados graças ao ferramental teórico trazido por uma abordagem que permitiu aproximar o direito da literatura sobre políticas públicas, em especial o debate institucionalista e os estudos de implementação.

---

133 *Ibidem*, p. 217.

134 VILLAÇA, Flávio. Plano diretor hoje. *Revista Cepam*, ano I, n. 2, p. 21-24, abr./jun. 1990; VILLAÇA, Flávio. *As ilusões do plano diretor*. São Paulo: Edição do autor, 2005; CYMBALISTA, Renato; SANTORO, Paula (org.). *Planos diretores*: processos e aprendizados. São Paulo: Instituto Pólis, 2009; SANTOS JUNIOR, Orlando Alves dos; MONTANDON, Daniel Todtmann. Síntese, Desafios e Recomendações. In: SANTOS JUNIOR, Orlando Alves dos; MONTANDON, Daniel Todtmann (org.). *Os planos diretores municipais pós Estatuto da Cidade*: balanço crítico e perspectivas. Rio de Janeiro: Letra Capital: Observatório das Cidades: IPPUR/UFRJ, 2011b.; BUENO, Laura; CYMBALISTA, Renato (org.). *O município em ação*: elaboração e aplicabilidade de planos diretores. São Paulo: Anna Blume, 2007.

CAPÍTULO 2

ARRANJOS INSTITUCIONAIS DA POLÍTICA URBANA E O PLANO DIRETOR[135]

Os arranjos institucionais são um elemento-chave para compreender a legitimidade e efetividade das políticas públicas. Entendidos como as normas que compõem o programa de ação governamental,[136] os arranjos institucionais podem ser definidos como: "um conjunto de regras, mecanismos e processos que definem uma forma particular como se coordenam atores e interesses na implementação de uma política pública específica".[137]

O capítulo visa reconstruir a maneira pela qual se desenvolveu o processo de construção dos arranjos institucionais da política urbana após a redemocratização do país, em especial, os aspectos relacionados ao planejamento territorial. A compreensão da trajetória jurídico-institucional da política urbana no nível nacional permite explicar mais adiante os avanços e limites do plano diretor de São Paulo, objeto central da pesquisa empírica realizada.

Trata-se de entender o duplo caminho percorrido pelas regras, instituições e programas voltados à elaboração e execução dos planos diretores. Os arranjos institucionais construídos em nível federal

[135] O capítulo 2 deste livro foi publicado originalmente em formato de artigo científico denominado: FONTES, Mariana Levy Piza. Arranjos jurídico-institucionais da política urbana e o plano diretor. *Revista de Direito da Cidade*, v. 15, n. 3, p. 1070-1106, 2023.

[136] BUCCI, Maria Paula Dallari. *Direito administrativo e políticas públicas*. São Paulo: Saraiva, 2002.

[137] GOMIDE, Alexandre; PIRES, Roberto. *Capacidades Estatais e Democracia*: arranjos Institucionais de Políticas Públicas. Brasília: Instituto de Pesquisa Econômica Aplicada, 2014.

induzem as políticas urbanas dos Municípios, os quais passam a incorporar as novas regras para planejar o espaço urbano e, sobretudo, regular a propriedade imobiliária nas cidades.

Esse processo de institucionalização da política urbana em âmbito nacional e local será descrito de forma a considerar a dinâmica entre atores e interesses e as transformações da propriedade urbana no campo normativo ao longo do tempo.

Na primeira parte, resgata-se o papel desempenhado pelo planejamento urbano durante o regime militar, a fim de compreender a crítica formulada aos planos diretores e ao zoneamento durante a Assembleia Nacional Constituinte e sua posterior inserção no texto constitucional. Os contornos constitucionais da política urbana serão então analisados em torno de três eixos centrais: *(i)* o papel do Município na política urbana; *(ii)* a conexões entre planejamento territorial e propriedade; e *(iii)* a proteção jurídica dos moradores de assentamentos urbanos informais de baixa renda.

Mais adiante, o capítulo apresenta um panorama dos planos diretores elaborados nos anos 1990, seguido das mudanças jurídico-institucionais sobre os planos diretores ocorridas a partir dos anos 2000 com a aprovação do Estatuto da Cidade, a criação do Ministério das Cidades, a execução da Campanha Nacional Plano Diretor Participativo e a promulgação das leis federais sobre as políticas urbanas setoriais. A interação dinâmica entre direito e política urbana pode ser observada a partir das regras, instituições e programas criados no período pelo governo federal e municípios brasileiros.

A construção dos arranjos institucionais da política urbana, em especial das regras jurídicas sobre os planos diretores, é marcada por disputas e pela celebração de pactos e acordos na busca pela legitimidade e efetividade do planejamento territorial. Pode-se perceber que a legislação urbanística brasileira, aprovada a partir da Constituição Federal 1988, trouxe avanços institucionais substanciais nas regras voltadas à garantia da participação popular,[138]

---

[138] AVRITZER, Leonardo. Instituições participativas e desenho institucional: algumas considerações sobre a variação da participação no Brasil democrático. *Opinião Pública*, v. 14, n. 1, p. 43-64, 2008; AVRITZER, Leonardo. O Estatuto da Cidade e a democratização das políticas urbanas. *Revista Crítica de Ciências Sociais*, v. 91, p. 205-221, 2010; CALDEIRA, Teresa; HOLSTON, James. Participatory Urban Planning in Brazil. *Urban Studies*, v. 52, n. 11, p. 2001-2017, 2015; BONDUKI, Nabil. *A luta pela reforma urbana no Brasil*. Do Seminário de Habitação e Reforma Urbana ao plano diretor de São Paulo. São Paulo: Instituto da Cidade, 2018; BUENO, Laura; CYMBALISTA, Renato (org.). *O município em ação*: elaboração e aplicabilidade de planos diretores. São Paulo: Anna Blume, 2007; CYMBALISTA,

embora ainda seja alvo de críticas em razão da falta de efetividade e eficácia.[139]

Muitas das conquistas, ambiguidades e contradições entre direito e política urbana observadas na construção dos arranjos institucionais no período democrático em âmbito federal revelam-se também na pesquisa sobre a implementação do plano diretor de São Paulo, as quais serão tratadas em profundidade no capítulo 4 deste livro.

2.1 Plano diretor na ditadura militar

Apesar da acelerada urbanização dos anos 1950, nenhuma iniciativa relevante foi tomada pelo governo federal para disciplinar e ordenar o crescimento das cidades ou para facilitar o acesso à terra urbana até então.[140]

Os princípios e diretrizes da reforma urbana são formulados e debatidos no contexto do governo João Goulart durante a realização do Seminário de Habitação e Reforma Urbana (1963), organizado pelo Instituto de Arquitetos do Brasil (IAB) com o apoio do Instituto de Previdência e Aposentadoria dos Servidores do Estado (IPASE),

---

Renato; SANTORO, Paula (org.). *Planos diretores*: processos e aprendizados. São Paulo: Instituto Pólis, 2009; ROLNIK, Raquel. Democracy on the Edge: Limits and Possibilities in the Implementation of an Urban Reform Agenda in Brazil. *International Journal of Urban and Regional Research*, v. 35, n. 2, p. 239-255, 2011; ROLNIK, Raquel. *A guerra dos lugares*. A colonização da terra e da moradia na era das finanças. São Paulo: Editora Boitempo, 2015; SANTOS JUNIOR, Orlando Alves dos; MONTANDON, Daniel Todtmann. Síntese, Desafios e Recomendações. In: SANTOS JUNIOR, Orlando Alves dos; MONTANDON, Daniel Todtmann (org.). *Os planos diretores municipais pós Estatuto da Cidade*: balanço crítico e perspectivas. Rio de Janeiro: Letra Capital: Observatório das Cidades: IPPUR/UFRJ, 2011b.

139 SANTOS JUNIOR, Orlando Alves dos; MONTANDON, Daniel Todtmann. Síntese, Desafios e Recomendações. In: SANTOS JUNIOR, Orlando Alves dos; MONTANDON, Daniel Todtmann (org.). *Os planos diretores municipais pós Estatuto da Cidade*: balanço crítico e perspectivas. Rio de Janeiro: Letra Capital: Observatório das Cidades: IPPUR/UFRJ, 2011b; MONTANDON, Daniel Todtmann. (Org.). *Os planos diretores municipais pós Estatuto da Cidade*: balanço crítico e perspectivas. Rio de Janeiro: Letra Capital: Observatório das Cidades: IPPUR/UFRJ, 2011. p. 78-84; MARICATO, Ermínia. Nunca fomos tão participativos. *Revista Sem Terra*, ano X, n. 43, 17-20 jan./fev., 2008; MARICATO, Ermínia. *O impasse da política urbana no Brasil*. Petrópolis: Editora Vozes, 2011; VILLAÇA, Flávio. *As ilusões do plano diretor*. São Paulo: Edição do autor, 2005.

140 BONDUKI, Nabil. *A luta pela reforma urbana no Brasil*. Do Seminário de Habitação e Reforma Urbana ao plano diretor de São Paulo. São Paulo: Instituto da Cidade, 2018. p. 21. Nabil Bonduki destaca que a população urbana do país se elevou de 13 milhões para 19 milhões de habitantes, com grande concentração nas metrópoles nacionais e regionais. O resultado foi uma grave crise de habitação (BONDUKI, 1998 *apud* BONDUKI, 2018).

autarquia do governo federal vinculada ao Ministério do Trabalho, no Hotel Quitandinha, no Rio de Janeiro e, em São Paulo, na sede do IAB.[141]

Os temas centrais do debate — relacionados à construção de política, programas e instrumentos de planejamento urbano e habitação — são incorporados no projeto de lei nº 87/1963 do deputado federal Floriceno Paixão (PTB/RS). A assistência técnica e financeira para os Municípios elaborarem seus planos diretores, por exemplo, já estava prevista na proposta legislativa, que acabou arquivada após o golpe militar de 1964.

É durante o regime militar — momento histórico marcado pelo autoritarismo político, pela repressão a movimentos sociais, pela censura e limites à liberdade de expressão — que o planejamento urbano passa a ser objeto de tratamento institucional e jurídico em nível federal.[142] Pode-se reconhecer no período a existência de inúmeros estímulos à elaboração de planos diretores. Proliferam-se os órgãos públicos municipais de planejamento e as escolas de arquitetura, uma quantidade inédita de planos diretores é produzida no país.[143]

Já em 1964, o presidente Castelo Branco extingue a Fundação Casa Popular[144] e cria o Serviço Federal de Habitação e Urbanismo (SERFHAU), autarquia ligada ao Banco Nacional de Habitação (BNH), e

---

[141] Sobre a influência do *Primer Congresso Panamericano de La Vivienda Popular* em Buenos Aires (1939) e o Seminário de Técnicos e Funcionários em Planeamento Urbano em Bogotá (1958) nas formulações sobre habitação e planejamento com base nas especificidades da América Latina incorporadas pelo Seminário de Habitação e Reforma Urbana, *vide* Feldman (2014). Destaque-se a participação no evento, entre arquitetos, engenheiros, assistentes sociais, economistas e advogados, de Jorge Wilheim, que viria a ser o responsável pela elaboração do plano diretor de São Paulo de 2002 e de Hely Lopes Meirelles, um dos primeiros juristas a tratar da questão urbana no Brasil.

[142] A rigor, a expressão "plano diretor" aparece no Brasil em 1930, com a aprovação do Plano Agache — Plano de Remodelação, Extensão e Embelezamento da Cidade do Rio de Janeiro (RJ), durante a administração de Antônio Prado Junior (VILLAÇA, 1999). Sobre o planejamento urbano na década de 1930, *vide* Bonduki (2018), Feldman (2001) e Villaça (1999).

[143] VILLAÇA, Flávio. Uma contribuição para a história do planejamento urbano no Brasil. In: DEÁK, Csaba; SCHIFFER, Sueli Ramos (org.). *O processo de urbanização no Brasil*. São Paulo: Editora da Universidade de São Paulo, 1999; MARICATO, Ermínia. As ideias fora do lugar e o lugar fora das ideias. Planejamento urbano no Brasil. In: ARANTES, Otília; VAINER, Carlos; MARICATO, Ermínia (org.). *A cidade do pensamento único*: desmanchando consensos. 3. ed. Petrópolis: Vozes, 2000; LUCCHESE, Maria Cecília; ROSSETTO, Rossella. A política urbana no governo militar (1964-1985). In: BONDUKI, Nabil. *A luta pela reforma urbana no Brasil*. Do Seminário de Habitação e Reforma Urbana ao plano diretor de São Paulo. São Paulo: Instituto da Cidade, 2018.

[144] Para o papel desempenhado pela Fundação Casa Popular, criada em 1946 nos primórdios da política habitacional no Brasil durante o governo de Vargas, *vide* Bonduki (1998).

o governo federal fica responsável pela formulação da política nacional de planejamento territorial.[145]

A elaboração e execução de planos diretores são consideradas responsabilidade dos Estados e Municípios, aos quais seria resguardada assistência técnica e financeira do governo federal. Ao SERFHAU coube a garantia da assistência técnica e financeira aos Estados e Municípios para elaboração e execução de planos diretores; o planejamento das desapropriações por interesse social, de áreas urbanas adequadas à construção de conjuntos habitacionais bem como a elaboração das normas técnicas para a elaboração de planos diretores.[146] São consideradas também competências do SERFHAU, as atividades de pesquisa, capacitação, assessoria técnica e edição de normas e instrumentos jurídicos para elaboração de planos locais de desenvolvimento integrado.[147]

Foi criado um Fundo de Financiamento do Planejamento Local Integrado. Para se garantir o acesso aos recursos, os Municípios deveriam criar órgãos de planejamento e desenvolvimento local.[148] Os Municípios que não se adaptassem às normas do SERFHAU, não poderiam receber recursos para fins habitacionais e urbanísticos.[149]

O SERFHAU é extinto em 1975 (Decreto Federal nº 76.149/75), mas seus 11 anos de existência é parte importante do processo de institucionalização do urbanismo e do planejamento urbano.[150] Destaque-se

---

145 Art. 1º, Lei Federal nº 4.380/64. Essa lei federal estabelecia as regras de funcionamento do Sistema Financeiro de Habitação, das sociedades de crédito imobiliário e das letras imobiliárias. Essa lei permanece em vigor e foi alterada por diversas leis posteriores, entre elas a lei que instituiu o Programa Minha Casa Minha Vida (Lei Federal nº 11.977/09).

146 Art. 55, alínea "g", Lei Federal nº 4.380/64.

147 Art. 5º, Decreto Federal nº 59.917/66.

148 Art. 23, Decreto Federal nº 59.917/66.

149 Art. 55, §1º, Decreto Federal nº 59.917/66.

150 Feldman (2010) faz um alerta sobre a importância de se evitar uma exagerada simplificação ao analisar o período de atuação do SERFHAU, que fez parte de um Sistema Nacional de Planejamento do Desenvolvimento Local Integrado. Segundo a autora, a crítica sobre a efetividade ou não dos planos de desenvolvimento local integrado joga uma cortina de fumaça sobre o momento histórico e não permite reconhecer as ambiguidades do período e o seu significado para o campo do planejamento e para as cidades. Os trabalhos de Serra (1991), Vizioli (1998), Chiquito (2006), Ferreira (2007), ao abordarem a experiência do SERFHAU em cidades específicas, questionam as generalizações sobre a inefetividade da produção deste período, mostrando que há municípios em que os planos se tornaram agendas de várias administrações, formaram quadros técnicos e colaboraram para constituição do setor de planejamento. O trabalho de Ferreira, ao mostrar que o campo do planejamento urbano no período do SERFHAU foi refúgio de profissionais perseguidos pelo regime militar, revela ambiguidades na relação entre regime político e práticas urbanísticas. Sobre os arranjos institucionais instituídos durante o período, vale a leitura de Feldman (2005, 2010).

também a existência da Secretaria de Articulação de Estados e Municípios (SAREM), vinculada ao Ministério do Planejamento, que atuava também na implementação da política urbana.

Note-se que foi instituída uma Política Nacional de Desenvolvimento Urbano que integrava o II Plano Nacional de Desenvolvimento Urbano[151] bem como uma Comissão Nacional de Regiões Metropolitanas e Política Urbana (Decreto Federal nº 74.156/74) vinculada à Presidência da República. Posteriormente, essa Comissão foi substituída pelo Conselho Nacional de Desenvolvimento Urbano (Decreto Federal nº 83.355/79).[152]

Foram aprovadas leis federais que regulam expressamente o ordenamento do espaço nas cidades, quais sejam: as leis que instituem as regiões metropolitanas (Leis complementares federais nº 14/73 e nº 20/74) e a Lei Federal de Parcelamento do Solo Urbano (Lei Federal nº 6.766/79).

O ciclo de planos diretores municipais elaborados durante o regime militar será objeto de duras críticas, as quais podem ser descritas de forma sucinta a partir de dois pilares básicos: o caráter autoritário da atuação estatal e a falta de efetividade de suas prescrições. Tais críticas irão permear o debate constituinte e influenciar diretamente a construção da legislação urbanística durante o processo de redemocratização.

O processo de elaboração dos planos diretores é considerado por grande parte dos estudos urbanos[153] como uma ferramenta

---

[151] Capítulo IX da Lei Federal nº 6.151/74.

[152] O Conselho seria posteriormente previsto pela Medida Provisória 2.220/01, aprovada logo após a promulgação do Estatuto da Cidade, durante o governo Fernando Henrique Cardoso e, posteriormente, transformado no Conselho Nacional das Cidades (Lei Federal nº 10.683/03), que funcionou durante os governos de Lula, Dilma Rousseff e Michel Temer. Recentemente, o Presidente Jair Bolsonaro aboliu integralmente a Política Nacional de Participação Popular (Decreto Federal nº 9.759/19) e extinguiu os diversos conselhos nacionais. Esse decreto federal foi suspenso parcialmente por decisão do Supremo Tribunal Federal. O Conselho Nacional das Cidades foi transformado em Conselho Nacional de Desenvolvimento Urbano, mas não está atualmente em funcionamento (art. 26, inciso II, Lei Federal nº 13.844/19).

[153] Pode-se afirmar que o campo dos estudos urbanos se constituiu no país durante a década de 1970 e foi produzido principalmente no âmbito de outras áreas das ciências humanas (sociologia, geografia e arquitetura). A literatura latino-americana que refletiu sobre as transformações urbanas, de maneira geral, nasceu sob influência predominante do paradigma do marxismo que então dominava os debates internacionais. Marcada por uma visão crítica do capitalismo e do regime militar, essa literatura volta-se para os temas da produção do espaço como as favelas, a autoconstrução, a dinâmica do capital imobiliário, e até mesmo sobre os efeitos dos instrumentos de regulação da cidade e da terra urbana, as condicionantes da irregularidade no uso da terra. Sobre o papel da legislação na construção da desigualdade socioespacial, vale mencionar as obras de Rolnik (1995) e Maricato

"tecnocrática". O regime centralizado e autoritário teria buscado a legitimidade técnica e defendido uma suposta neutralidade do processo de planejamento em razão da falta de legitimidade democrática do período.[154]

Justamente no final da década de 1960, durante o período do "milagre econômico" e da explosão do crescimento populacional, o planejamento urbano passa a ser pensado no contexto do projeto desenvolvimentista. Os problemas urbanos seriam resolvidos a partir de uma administração mais racional.[155]

Esses planos diretores foram elaborados como se fossem um produto puramente técnico, produzidos em gabinete e muitas vezes encomendados a escritórios especializados sem qualquer vínculo com os atores e os processos reais de disputa pelo território da cidade.[156]

Outro aspecto fundamental da crítica a essa geração de planos diretores tem a ver com a efetividade de suas determinações.[157] Os planos diretores foram considerados ineficazes, meras declarações de princípios gerais, enormes volumes de diretrizes genéricas que acabaram nas gavetas das prefeituras ou nas prateleiras de obras de referência.[158]

O fracasso de planos que não foram implementados revelaria a distância entre a teoria e a prática do planejamento territorial: o "plano-discurso", o "plano-mito", um "plano-mágico" sem vínculos com as políticas públicas concretas. Paradoxalmente, é durante esse mesmo período que as cidades brasileiras mais crescem "fora da lei",

---

(1996). Sobre a trajetória dos estudos e pesquisas sobre as cidades no Brasil, vale a consulta ao texto de Maria Encarnación Moya (2011).

154 VILLAÇA, Flávio. Uma contribuição para a história do planejamento urbano no Brasil. In: DEÁK, Csaba; SCHIFFER, Sueli Ramos (org.). *O processo de urbanização no Brasil*. São Paulo: Editora da Universidade de São Paulo, 1999.

155 RIBEIRO, Luiz César de Queiroz; CARDOSO, Adauto Lucio. Plano Diretor e Gestão Democrática da cidade. In: GRAZIA de Grazia (org.). *Plano Diretor*. Instrumento de Reforma Urbana. Rio de Janeiro: Federação de Órgãos para Assistência Social e Educacional — FASE, 1990.

156 ROLNIK, Raquel. Planejamento urbano nos anos 90: novas perspectivas para velhos temas. *In*: RIBEIRO, Luis César Ribeiro; JÚNIOR, Orlando (org.). *Globalização, Fragmentação e Reforma Urbana*: O futuro das cidades brasileiras na crise, Rio de Janeiro: Civilização Brasileira, 1997.

157 Os planos urbanísticos no Brasil assumem nomenclatura, metodologia e conteúdo distintos ao longo do tempo. O foco da crítica aqui é o ciclo de planos elaborados principalmente durante os anos 1960 e 1970 no Brasil. Cf. Maricato (2000) e Villaça (1999).

158 DEÁK, Csaba; SCHIFFER, Sueli Terezinha Ramos (org.). *O processo de urbanização no Brasil*. São Paulo: Editora da Universidade de São Paulo, 1999; ROLNIK, *op. cit.*

com aumento expressivo de favelas, cortiços, loteamentos irregulares e clandestinos.[159]

Os planos diretores foram então considerados, por grande parte dessa literatura, como uma mera declaração de boas intenções que ocultou a cidade real e permitiu a convivência de um abundante aparato regulatório com a radical flexibilidade da cidade ilegal (favelas, cortiços, loteamentos clandestinos e irregulares). Rigorosas leis que desconsideram a ilegalidade em que vive a maior parte da população brasileira. Um plano cheio de boas intenções, mas desvinculado do cotidiano da gestão urbana.[160]

Tal crítica é formulada até os dias de hoje por grande parte da literatura que destaca uma suposta inefetividade dos planos diretores. Conforme se verá com profundidade no capítulo 4, a pesquisa sobre a implementação do plano diretor de São Paulo de 2002 mostra que as novas regras urbanísticas instituídas no país geram transformações cruciais na política urbana e em especial sobre o direito de propriedade. O poder público municipal incorporou as novas normas jurídicas paulatinamente, gerando impactos significativos sobre a gestão do território na cidade. A cidade ilegal, por exemplo, passa a ser objeto de proteção jurídica e, como tal, objeto da atuação estatal, incluindo aqui o Poder Executivo, Legislativo e Judiciário.

A literatura lembra, porém, que o zoneamento desempenhou um papel distinto na construção das cidades brasileiras. O zoneamento, que existe no país já há mais de cem anos, é instituído por leis municipais específicas, sendo normalmente executado e utilizado em benefício de setores de renda mais alta. Por muito tempo, pôde-se observar o predomínio da separação entre o plano diretor e as leis de zoneamento.[161]

---

[159] DEÁK, Csaba; SCHIFFER, Sueli Ramos. (Org.). *O processo de urbanização no Brasil*. São Paulo: Editora da Universidade de São Paulo, 1999; MARICATO, Ermínia. As ideias fora do lugar e o lugar fora das ideias. Planejamento urbano no Brasil. In: ARANTES, Otília; VAINER, Carlos; MARICATO, Ermínia (org.). *A cidade do pensamento único*: desmanchando consensos. 3. ed. Petrópolis: Vozes, 2000.

[160] *Idem*, 2000; VILLAÇA, Flávio. Plano diretor hoje. *Revista Cepam*, ano I, n. 2, p. 21-24, abr./jun. 1990; VILLAÇA, Flávio. Uma contribuição para a história do planejamento urbano no Brasil. In: DEÁK, Csaba; SCHIFFER, Sueli Ramos (org.). *O processo de urbanização no Brasil*. São Paulo: Editora da Universidade de São Paulo, 1999; VILLAÇA, Flávio. *As ilusões do plano diretor*. São Paulo: Edição do autor, 2005.

[161] VILLAÇA, Flávio. Uma contribuição para a história do planejamento urbano no Brasil. In: DEÁK, Csaba; SCHIFFER, Sueli Ramos (org.). *O processo de urbanização no Brasil*. São Paulo: Editora da Universidade de São Paulo, 1999. A separação entre plano diretor e zoneamento é considerada por grande parte dos urbanistas um dos grandes motivos da não

Ao analisar os primórdios do zoneamento em São Paulo no final do século XIX, Rolnik[162] identifica o princípio da lógica de segregação territorial por meio das leis que proibiam os cortiços e as vilas operárias em determinadas regiões da cidade. A legislação urbanística constrói uma muralha protetora aos bairros de residência da elite e determina a posição periférica dos bairros populares. Ao regular de maneira detalhada apenas uma parte do espaço construído, as leis interferem no valor dos terrenos e na produção imobiliária da cidade.

Ao definir as formas proibidas e permitidas de apropriação do espaço, o zoneamento delimita as fronteiras de poder; organiza, classifica e coleciona territórios urbanos conferindo noções de cidadania. A lei definiria os territórios dentro e fora da lei — as regiões com plena cidadania e as regiões de cidadania limitada — demarcando, portanto, as fronteiras da cidadania. De acordo com Rolnik:

> (...) na história das cidades, há uma teia poderosa — presente, invisível e silenciosa — tecida pelo conjunto de leis, decretos e normas urbanísticas e de construção que regulam a produção das cidades brasileiras.[163]

O zoneamento -- com seu alto nível de exigências urbanísticas -- contém a regulação da ocupação nas áreas de melhor localização, promovendo, porém, diversas formas de discriminação econômica e étnico-racial, criando barreiras aos territórios negros na cidade.[164] A busca pela efetividade dos planos diretores passa, no olhar dos urbanistas, a exigir que o zoneamento seja incorporado aos planos diretores, os quais deveriam ir além das diretrizes gerais da política urbana.[165]

Os arranjos institucionais do planejamento territorial consolidados durante o regime militar foram alvo, portanto, de uma série de críticas. Às transformações do marco jurídico urbanístico, construído com a participação ativa da sociedade civil, soma-se uma expectativa generalizada de que, ao definir as funções sociais da cidade e da

---

aplicabilidade dos planos diretores. Sobre a crítica à ausência de autoaplicabilidade dos planos diretores, *vide* Bueno e Cymbalista (2007).

162 ROLNIK, Raquel. *A cidade e a lei*: legislação, política urbana e territórios na cidade de São Paulo. São Paulo: Studio Nobel/Fapesp, 1995.

163 *Ibidem*, p. 13.

164 ROLNIK, Raquel. *A guerra dos lugares*. A colonização da terra e da moradia na era das finanças. São Paulo: Editora Boitempo, 2015.

165 VILLAÇA, Flávio. Uma contribuição para a história do planejamento urbano no Brasil. In: DEÁK, Csaba; SCHIFFER, Sueli Ramos (org.). *O processo de urbanização no Brasil*. São Paulo: Editora da Universidade de São Paulo, 1999.

propriedade urbana, os planos diretores sejam também capazes de construir cidades mais justas e menos desiguais. Conforme se verá a seguir, a busca pela legitimidade e efetividade dos planos diretores acompanha os debates constituintes e continua como objeto de tensões e disputas permanentes durante a elaboração e implementação do Estatuto da Cidade bem como da nova geração de planos diretores municipais aprovados no contexto democrático.

2.2 O caminho do plano diretor até o texto constitucional

Apesar das duras críticas formuladas durante a Assembleia Nacional Constituinte,[166] o plano diretor surge com importância no texto constitucional de 1988: pela primeira vez, a Constituição Federal irá dedicar um capítulo específico para tratar da política urbana.

Embora as constituições brasileiras anteriores já tratassem do tema da função social da propriedade, será o texto constitucional de 1988 que, pela primeira vez, irá regular a propriedade urbana diretamente. Até então, a política urbana era prevista de maneira genérica sob a perspectiva tributária.[167]

Esse capítulo é inserido no texto constitucional por força da Emenda Popular nº 63 de 1987 proposta durante a Assembleia Nacional Constituinte. A emenda popular possuía mais de 131.000 assinaturas e foi proposta pela Federação Nacional dos Engenheiros, pela Federação Nacional dos Arquitetos, pelo Instituto de Arquitetos do Brasil, pela Articulação Nacional do Solo Urbano, da Coordenação dos Mutuários do BNH e do Movimento em Defesa do Favelado, além 48 associações locais ou regionais. Essas organizações, articuladas no então denominado Movimento Nacional da Reforma Urbana, serão atores centrais para construção da legislação urbanística brasileira em todo o contexto democrático.[168]

---

[166] Sobre o processo de aprovação do capítulo da política urbana no texto constitucional de 1988, os interesses e atores em jogo, *vide* Bassul (2005); Bonduki (2018); Fontes (2010, 2012, 2019); Grazia (2002); Maricato (2000) e Saule Junior e Silva (1993).

[167] O princípio da função social da propriedade de forma genérica aparece pela primeira vez na Constituição Federal de 1934 (art. 113, §17). A propriedade urbana especificamente aparece como hipótese de incidência de imposto (art. 8º, inciso I, alínea "a" c/c art. 13, §2º, inciso II, CF de 1934). Tais previsões de aspectos tributários repetem-se nas Constituições seguintes (art. 23, inciso I, alínea "a" c/c art. 28, inciso II, CF de 1937; art. 29, inciso I e art. 19, inciso I, CF de 1946; art. 25, inciso I, CF de 1967; e art. 24, inciso I, CF de 1969).

[168] O Movimento Nacional da Reforma Urbana, atualmente denominado Fórum Nacional da Reforma Urbana, é composto pelas seguintes organizações: Confederação Nacional

A emenda popular propunha, entre as diversas medidas, que os processos de elaboração e implantação dos "planos de uso e ocupação do solo" fossem aprovados por lei municipal e garantissem a participação da comunidade e o amplo acesso a informações. A emenda popular propunha ainda a distinção entre o direito de propriedade e o direito de construir, o qual deveria ser aprovado pelo poder público municipal.

De acordo com a defensora da emenda no plenário constituinte, a urbanista Ermínia Maricato:

> (...) a rejeição ao plano diretor significou a rejeição ao seu caráter ideológico e dissimulador dos conflitos sociais urbanos. Além de ignorar a proposta de plano diretor, a iniciativa popular destacou a gestão democrática das cidades, revelando o desejo de ver ações que fossem além dos planos.[169]

Após um longo processo de negociação,[170] a expressão "plano diretor" surge nas fases finais da Constituinte como proposta do "Centrão"[171] e como instrumento capaz de definir o conteúdo concreto da função social da propriedade urbana. Se a inserção da função social da propriedade urbana como princípio da ordem econômica não gerou grandes debates durante Assembleia Nacional Constituinte, as regras para garantir sua aplicabilidade concreta — com destaque aqui para a aplicação dos instrumentos de parcelamento e edificação compulsórios,

---

de Associações de Moradores (CONAM), Movimento Nacional de Luta pela Moradia (MNLM), União Nacional por Moradia Popular (UNM), Central de Movimentos Populares (CMP), Movimento de Lutas nos Bairros, Vilas e Favelas (MLB), Federação Nacional das Associações de Empregados da Caixa Econômica (FENAE), Federação Interestadual dos Sindicatos de Engenharia (FISENGE), Instituto de Estudos, Formação e Assessoria em Políticas Sociais (PÓLIS), FASE, CENDHEC, Terra de Direitos, Federação Nacional dos Arquitetos e Urbanistas (FNA), Instituto Brasileiro de Análises Sociais e Econômicas (IBASE), entre outras. Para mais informações, vale consultar o seguinte o endereço eletrônico: http://forumreformaurbana.org.br. Acesso em: 27 jun. 2019.

169 MARICATO, Ermínia. As ideias fora do lugar e o lugar fora das ideias. Planejamento urbano no Brasil. In: ARANTES, Otília; VAINER, Carlos; MARICATO, Ermínia. (org.). *A cidade do pensamento único*: desmanchando consensos. 3. ed. Petrópolis: Vozes, 2000. p. 175.

170 Sobre os detalhes do processo legislativo constituinte, os pareceres e textos aprovados pelas subcomissões, *vide* Bassul (2005).

171 O "Centrão" era composto por grandes proprietários rurais associados à União Democrática Ruralista (UDR), sob a presidência do então deputado federal constituinte Ronaldo Caiado (PMDB/GO). Cf. Coelho e Oliveira (1989) *apud* Bassul (2005).

IPTU progressivo no tempo e desapropriação/sanção — foram alvo de muita polêmica.[172]

Por fim, a desapropriação de imóveis que não cumprem sua função social acabou condicionada: *(i)* à elaboração de uma lei federal que estabelecesse diretrizes gerais da política urbana; *(ii)* à definição da área de aplicação pelo plano diretor aprovado por lei municipal; *(iii)* a uma lei específica; *(iv)* à aplicação prévia do parcelamento e edificação compulsórios; e, finalmente, *(v)* ao IPTU progressivo no tempo. Tais obstáculos na aplicação dos instrumentos dificultaram a operacionalização do princípio da função social da propriedade urbana. Não à toa, passados mais de 30 anos, a desapropriação/sanção ainda não foi uma única vez executada no país.

No entanto, entre vitórias e derrotas,[173] o texto constitucional permite avanços importantes sobre o planejamento territorial transformando de maneira definitiva o direito de propriedade. Inaugura-se um novo regime jurídico do direito de propriedade, trazendo consequências profundas para a política urbana e, especialmente, sobre os efeitos jurídicos e políticos do plano diretor. O direito de propriedade passa a se submeter ao planejamento estatal municipal e a um processo político democrático.

Tais mudanças na política urbana operadas no campo normativo podem ser elencadas em torno de três aspectos fundamentais: *(i)* o papel do Município na política urbana; *(ii)* a regulação da função social da propriedade urbana pelo plano diretor; e *(iii)* a proteção jurídica aos moradores de assentamentos informais (favelas, loteamentos clandestinos e irregulares, cortiços etc.).

As competências materiais e legislativas exclusivas municipais apontam para uma maior autonomia no âmbito da política urbana. O Município torna-se expressamente responsável pela execução da política urbana e pela elaboração e implementação do plano diretor. A gestão democrática é incorporada ao planejamento municipal.[174]

O plano diretor passa a ser considerado o instrumento básico da política de desenvolvimento e de expansão urbana, obrigatório para

---

[172] BASSUL, José Roberto. *Estatuto da Cidade*: Quem ganhou? Quem perdeu? Brasília: Senado Federal; Subsecretaria de Edições Técnicas, 2005.

[173] Rolnik (1997, p. 357) avalia que "o que emergiu do confronto de posições que ali ocorreu foi uma espécie de inclusão formal das demandas populares na lógica do regime urbanístico em vigor, reforçando o papel do Estado e imaginando uma cidade conduzida por planos diretores competentes".

[174] Arts. 182 e 30, Constituição Federal de 1988.

cidades de mais de vinte mil habitantes, cabendo-lhe a tarefa de definir a função social da propriedade urbana. Ao definir o conteúdo da função social da propriedade por lei municipal, determina as regras de uso e ocupação do solo, regulando diretamente o mercado imobiliário da cidade. Essa conexão planejamento/propriedade pela via legislativa municipal produz efeitos cruciais para o direito e para a política urbana.

Além disso, se o planejamento territorial no Brasil até então desconsiderava a condição de ilegalidade fundiária vivida pela maior parte da população, o texto constitucional de 1988, ao regulamentar o usucapião e a concessão de uso em áreas urbanas,[175] passa a garantir a proteção jurídica dos moradores de assentamentos informais de baixa renda, incluindo aqueles moradores de favelas, loteamentos irregulares e clandestinos, cortiços etc. A busca pela cidadania plena daqueles que até então permaneciam ausentes dos mapas, dos cadastros das prefeituras e das concessionárias de serviços públicos.[176]

Tais transformações constitucionais — fruto de disputas e negociações durante o período de redemocratização — alteram também as estratégias dos atores e interesses em torno da elaboração e implementação dos planos diretores municipais e passam a ser incorporadas pela gestão pública municipal. As disputas em torno da elaboração e implementação dos planos diretores e seus respectivos instrumentos urbanísticos passam a fazer parte do dia a dia da cidade.

As novas regras para se construir no espaço urbano tornam-se resultado de um processo de participação mais amplo, incluindo organizações da sociedade civil e movimentos urbanos, iniciativa privada e Poder Executivo Municipal.

Os avanços significativos no processo democrático de elaboração e implementação da nova geração de planos diretores no Brasil, porém, não são capazes de superar integralmente os inúmeros obstáculos ainda existentes na concretização da legislação urbanística. É o que revela o estudo de caso de São Paulo.

Conforme será tratado no capítulo 4 deste livro, a ampliação da capacidade da Prefeitura de São Paulo em regular os empreendimentos imobiliários combinada com a aplicação de instrumentos da política urbana —, por exemplo, a outorga onerosa do direito de construir, o Fundo de Desenvolvimento Urbano, as ZEIS e as operações urbanas

---

[175] Art. 183, Constituição Federal de 1988.

[176] Para mais informações sobre a proteção jurídica dos moradores de assentamentos urbanos informais de baixa renda, *vide* Saule Junior (2004); Fernandes (2006, 2007); Alfonsin e Fernandes (2006); Nascimento (2013); Romeiro (2010) e Cardoso (2010).

— convivem com gargalos jurídico-institucionais, os quais dificultaram a aplicação das novas regras na cidade.

Nesse contexto, aprofunda-se o diálogo participativo, ampliando-se a legitimidade democrática, criando-se, simultaneamente, uma engrenagem jurídica complexa: um labirinto regulatório caracterizado pelo alto grau de incerteza[177] — marcado por um vaivém de leis específicas posteriores que regulamentam e alteram o plano diretor — bem como pela convivência das novas regras urbanísticas com prescrições normativas dos anos 1970 — o que acaba por gerar uma série de obstáculos no processo de implementação do plano diretor.

2.2.1 O papel do Município na política urbana

Os arranjos federativos da política urbana, tal como definidos pelo texto constitucional de 1988, estabelecem contornos mais complexos do que em outras áreas das políticas públicas e garantem especiais poderes aos Municípios brasileiros, especialmente no que se refere ao planejamento territorial.

O desenho constitucional,[178] de maneira geral, distribui poderes para elaboração e implementação de políticas públicas entre os diversos níveis governamentais e determina competências materiais exclusivas da União Federal,[179] competências legislativas privativas da União

[177] A incerteza jurisdicional não gera necessariamente insegurança jurídica e pode ser produzida pelos três poderes, incluindo atos do Poder Legislativo, do Executivo e decisões judiciais. Pode ainda ser classificada como incerteza nos meios ou nos resultados. As incertezas sobre os resultados de determinada regra jurídica no que se refere às expectativas dos indivíduos podem ser substituídas pela certeza quanto a sua legitimidade jurídica, cf. Arguelhes, Falcão e Schuartz (2006). A incerteza no caso do plano diretor de São Paulo, porém, refere-se não somente à incerteza sobre os resultados do planejamento territorial, mas, sobretudo, aos meios, vale dizer, sobre a extensão dos limites formais e materiais de alteração e revisão do plano diretor os quais serão tratado como gargalos jurídico-institucionais no capítulo 4 da obra.

[178] As peculiaridades do federalismo brasileiro no âmbito da política urbana revelam-se pelas regras formais definidas pelo texto constitucional, mas também pelos contornos estabelecidos pelas leis infraconstitucionais, incluindo o Estatuto da Cidade e a legislação urbanística setorial. O impacto da legislação federal aprovada a partir dos anos 1990, tais como Lei de Concessões, a Lei de Licitações, a Lei Kandir, a LDB, o Estatuto da Cidade, entre outras, sobre o sistema federativo brasileiro foi alvo de diversas interpretações. Parte das análises considerou o processo como uma forma de recentralização federativa (Abrucio; Costa, 1999; Almeida, 2005) parte como uma continuidade do próprio desenho federativo do texto constitucional de 1988 que garantiu à União Federal amplos poderes normativos (Arretche, 2009).

[179] Art. 21, Constituição Federal.

Federal,[180] competências legislativas concorrentes[181] e competências materiais comuns[182] entre a União, Estados e Municípios. Define ainda uma série de competências estaduais e municipais ao longo do texto constitucional.[183]

No que se refere ao planejamento e regulação do uso e da ocupação do solo urbano, porém, pode-se afirmar que as competências materiais e legislativas exclusivas municipais apontam para um maior grau de *self rule*.[184]

O texto constitucional de 1988 define como competência da União Federal: instituir diretrizes para o desenvolvimento urbano, inclusive habitação, saneamento básico e transportes urbanos;[185] elaborar e executar planos nacionais e regionais de ordenação do território e de desenvolvimento econômico e social;[186] planejar e promover a defesa permanente contra as calamidades públicas, especialmente as secas e as inundações.[187] Compete ainda à União legislar privativamente sobre trânsito e transporte[188] e diretrizes da política nacional de transportes.[189] É papel da lei federal ainda estabelecer as diretrizes gerais da política urbana.[190]

---

180 Art. 22, Constituição Federal.

181 Art. 24, Constituição Federal.

182 Art. 23, Constituição Federal.

183 Arts. 25, 30 e 182, Constituição Federal. Sobre a classificação de competências constitucionais, vide Almeida (2013).

184 Diante dos múltiplos significados de federalismo no debate internacional, Elazar (1987) propõe captar a essência da federação a partir de uma forma particular de união entre *shared rule* e *self rule*. Tais conceitos seriam capazes de captar o amplo espectro de países em contextos históricos distintos, revelando a autoridade territorial em sua dimensão dinâmica em uma linha capaz de transitar entre a não autonomia das unidades subnacionais à completa autonomia do governo central. Por *self rule* entenda-se a capacidade de o governo local exercer de maneira autônoma a autoridade sobre o seu território, vale dizer, a capacidade de o governo local fazer suas próprias regras em alguma área de atuação com autoridade exclusiva e autonomia para tomada de decisão (Hooghe; Marks; Schakel, 2010). A dimensão de *shared rule*, por sua vez, pode ser definida como a capacidade de os governos locais participarem das decisões coletivas de modo a proteger sua autonomia. Essa participação pode se dar no processo legislativo nacional, na distribuição de receitas tributárias e no compartilhamento de responsabilidades na implementação de determinada política (Hooghe; Marks; Schakel, 2010).

185 Art. 21, inciso XX, Constituição Federal.

186 Art. 21, inciso IX, Constituição Federal.

187 Art. 21, inciso XVIII, Constituição Federal.

188 Art. 22, inciso XI, Constituição Federal.

189 Art. 22, inciso IX, Constituição Federal.

190 Art. 182, *caput* e §4º, Constituição Federal.

No âmbito das competências legislativas concorrentes, cabe ainda à União Federal estabelecer normas gerais de direito urbanístico[191] e registros públicos,[192] restando aos Estados e Municípios um papel suplementar.

É ainda competência comum da União, Estados e Municípios a promoção de programas de construção de moradias e a melhoria das condições habitacionais e de saneamento básico.[193]

Aos Estados cabe instituir regiões metropolitanas, aglomerações urbanas e microrregiões, constituídas por agrupamentos de municípios limítrofes, para integrar a organização, o planejamento e a execução de funções públicas de interesse comum[194] e exercer as competências que não lhe sejam vedadas pela Constituição.[195]

Os Municípios, por sua vez, estão autorizados a legislar sobre o interesse local,[196] suplementar a legislação federal e a estadual,[197] criar, organizar e suprimir distritos, observada a legislação estadual;[198] promover, no que couber, adequado ordenamento territorial, mediante planejamento e controle do uso, do parcelamento e da ocupação do solo urbano[199] e organizar e prestar, diretamente ou sob regime de concessão ou permissão, os serviços públicos de interesse local, incluído o de transporte coletivo, que tem caráter essencial.[200] É responsabilidade do Município também garantir a participação democrática no planejamento municipal.[201]

Além dessas competências mais genéricas, as previsões relacionadas especialmente à política urbana e ao plano diretor ampliam os poderes municipais no ordenamento territorial. O Município é considerado como o responsável pela execução da política urbana[202] e pela elaboração do plano diretor.[203]

---

[191] Art. 24, inciso I, Constituição Federal.
[192] Art. 22, inciso XXV, Constituição Federal.
[193] Art. 23, inciso IX, Constituição Federal.
[194] Art. 25, §3º, Constituição Federal.
[195] Art. 25, §1º, Constituição Federal.
[196] Art. 30, inciso I, Constituição Federal.
[197] Art. 30, inciso II, Constituição Federal.
[198] Art. 30, inciso IV, Constituição Federal.
[199] Art. 30, inciso VIII, Constituição Federal.
[200] Art. 30, inciso V, Constituição Federal.
[201] Art. 29, Constituição Federal.
[202] Art. 182, Constituição Federal.
[203] Art. 182, §1º, Constituição Federal.

O plano diretor é o instrumento básico que define o conteúdo do direito de propriedade imobiliária urbana. Regula, portanto, os parâmetros de uso e de ocupação do território da cidade, definindo, por exemplo, a área urbana e de expansão urbana, os potenciais construtivos dos terrenos, os usos permitidos e as formas de parcelamento do solo. Tais poderes conferidos pelo texto constitucional ao Município sobre o território ampliam a sua autonomia no que se refere ao ordenamento do território, mesmo em um ambiente regulatório com enormes liberdades legislativas da União.

No entanto, especialmente no que se refere aos limites e possibilidades de atuação do Município na política urbana, a distribuição vertical de competências nesse campo está longe de ser consensual e será objeto de diversas interpretações pelos atores públicos e privados. No caso do plano diretor de São Paulo de 2002, tais interpretações geraram gargalos jurídico-institucionais verticais de implementação que dificultaram a produção dos efeitos pretendidos pela nova lei municipal.[204]

Nesse sentido, a pesquisa empírica identificou vários dilemas relacionados às competências constitucionais do Município para o ordenamento territorial e à necessidade de coordenação federativa de políticas públicas desenvolvidas por outros entes, tais como: o impacto de obras com investimentos federais (Programa Minha Casa Minha Vida, Copa do Mundo, entre outras) e estaduais (Rodoanel) executados na cidade; extinção da zona rural pelo plano diretor de 2002 e as exigências estabelecidas pelo Programa Nacional de Fortalecimento da Agricultura Familiar (PRONAF); a revisão das Leis Estaduais de Proteção de Mananciais durante o período de implementação do plano e a instituição de parâmetros urbanísticos via lei estadual; a sobreposição das regras municipais com as previstas nos planos de manejo das unidades de conservação; a proteção de terras indígenas pelo zoneamento e a competência federal para promover a demarcação, entre outros.[205]

---

[204] Mais informações, *vide* capítulo 4.

[205] Tais dilemas relacionados às competências municipais sobre o uso e ocupação do solo tem sido objeto de estudo nos mais diversos campos do conhecimento. Sobre os conflitos nas áreas de mananciais, *vide* Ancona (2002); Ferrara, Santoro e Whately (2009) e Martins (2006, 2003); sobre o uso do solo rural, *vide* Pinheiro e Santoro (2004) e Santoro (2012); sobre as interfaces de grandes obras (Copa, Rodoanel etc) e execução do PMCMV em São Paulo, *vide* Rolnik (2015) e Romeiro e Frota (2015); sobre terras indígenas e competências municipais, *vide* Fontes (2010) e Saule Junior (2007).

2.2.2 Planejamento e território: a propriedade em transformação

Conforme mencionado anteriormente, um dos eixos centrais das mudanças no direito e na política urbana trazidas pela Constituição de 1988 relaciona-se com os efeitos jurídicos e políticos do plano diretor.

O direito de propriedade — instituição central do capitalismo — fica agora submetido ao planejamento estatal municipal e seu conteúdo definido por um processo político democrático. A propriedade nas cidades brasileiras deve a partir de então ser definida no nível municipal no diálogo com os diversos atores e interesses envolvidos na elaboração dos planos diretores. O plano diretor será, inclusive, reincorporado pelo movimento da reforma urbana como bandeira fundamental para o cumprimento da função social da propriedade urbana.[206]

A conexão planejamento/propriedade pela via legislativa municipal operada no nível constitucional produz ainda outros efeitos cruciais para o direito urbanístico e a política urbana. A nova regra jurídica busca conciliar a flexibilidade dos planos com a rigidez da lei. A propriedade imobiliária é colocada em movimento. Tais mudanças podem ser compreendidas de maneira mais clara, ao se comparar os efeitos jurídicos do planejamento econômico e do planejamento do território.

O planejamento territorial constitui-se enquanto planejamento das ações do Estado no espaço físico-geográfico com vistas ao ordenamento territorial.[207] Apesar das semelhanças existentes entre as duas

---

[206] SUTTI, Weber. O Ministério das Cidades e o ciclo de planos diretores do século XXI. In: BONDUKI, Nabil. *A luta pela reforma urbana no Brasil.* Do Seminário de Habitação e Reforma Urbana ao plano diretor de São Paulo. São Paulo: Instituto da Cidade, 2018; BONDUKI, Nabil. *A luta pela reforma urbana no Brasil.* Do Seminário de Habitação e Reforma Urbana ao plano diretor de São Paulo. São Paulo: Instituto da Cidade, 2018; ROLNIK, Raquel. A construção de uma política fundiária e de planejamento urbano para o país: avanços e desafios. In: BUENO, Laura; CYMBALISTA, Renato (org.). *O município em ação*: elaboração e aplicabilidade de planos diretores. São Paulo: Anna Blume, 2007.

[207] Sobre as estreitas relações entre planejamento no tempo e planejamento no espaço, cf. Laubedére (1985). Note-se que grande parte da doutrina jurídica se concentra ainda nos estudos sobre os efeitos jurídicos do planejamento econômico. Como exemplo, pode-se citar Eros Grau que, em sua tese de livre docência, elenca as diversas posições da doutrina sobre a relação entre planejamento, plano e direito. As principais dificuldades na definição da natureza jurídica do planejamento econômico dizem respeito ao valor jurídico do plano. Este, como instrumento utilizado em economias de mercado, deveria conciliar certa flexibilidade de um plano econômico com a rigidez da lei, cf. Grau (1978) *apud* Fontes (2010).

formas de planejamento estatal, ambas possuem regimes jurídicos bem diversos.[208]

No planejamento territorial municipal — cujo instrumento principal é o plano diretor — as prescrições obrigatórias encontram maiores possibilidades de realização. No lugar da natureza indicativa do planejamento econômico, as diretrizes e ações previstas no planejamento territorial assumem caráter imperativo também para o setor privado. Trata-se de forma de planejamento que não pode ser considerada como intervenção no domínio econômico propriamente dito, mas no domínio restrito do direito de propriedade, a respeito do qual a ordem constitucional permite a interferência imperativa do Poder Público por meio da atuação da atividade urbanística.[209]

Ao planejar o território do Município, o plano diretor define a função social da propriedade urbana e assume caráter obrigatório tanto para o setor público como para o setor privado. Trata-se de verdadeira exceção ao art. 174 que confere ao planejamento econômico um caráter vinculante ao setor público, mas meramente indicativo para o setor privado. De maneira distinta, as disposições do plano diretor são determinantes para os órgãos públicos e para os particulares, que a ele estão obrigados a ajustar o seu comportamento.[210]

Os planos territoriais têm um especial significado para o direito de propriedade. A propriedade imobiliária deixa de depender das qualidades naturais do solo ou da mera vontade e liberdade do proprietário, para se constituírem enquanto consequência do planejamento. Os planos definem o regime jurídico do uso do solo, classificando-o e qualificando-o. A propriedade do solo concretiza-se pelo plano diretor.[211]

De acordo com Miranda,[212] os planos de ordenação do território expressam duas forças antagônicas. São vinculantes para o poder público e proprietários privados, mas devem garantir, ao mesmo tempo, uma certa flexibilidade. O caráter prescritivo de suas normas não pode asfixiar ou abafar a vida urbana. Sua natureza jurídica, portanto,

---

[208] LAUBEDÉRE, Andre de. *Direito público econômico*. Coimbra: Livraria Almedina, 1985. p. 315.

[209] SILVA, José Afonso da. *Direito urbanístico brasileiro*. 4. ed. São Paulo: Malheiros Editores. 2006. p. 93.

[210] *Ibidem*, p. 147.

[211] CORREIA, Fernando Alves. *O plano urbanístico e o princípio da igualdade*. Coimbra: Almedina, 1990.

[212] MIRANDA, João. *A dinâmica jurídica do planejamento territorial*: a alteração, a revisão e a suspensão dos planos. Coimbra: Coimbra Ed., 2002.

dificilmente pode ser enquadrada nas formas clássicas da atuação administrativa. As normas urbanísticas, de maneira geral, têm a mobilidade como característica essencial. O caráter temporário de suas regras e a possibilidade permanente de renovação periódica são fundamentais. Essa flexibilidade, porém, não deve se traduzir no abandono de seu papel em relação ao direito de propriedade.

As mudanças nas dimensões jurídicas dos planos de ordenamento do território dialogam com as críticas tecidas aos planos diretores elaborados durante a ditadura militar: confere maior legitimidade ao seu processo de elaboração e implementação e garante maiores possibilidades de regular a propriedade ao gerar efeitos vinculantes para o setor público e privado.

Nesse sentido, importante salientar que função social não deve ser confundida com limitação do direito de propriedade. Como se sabe, as limitações administrativas dizem respeito ao exercício do direito pelo proprietário. De maneira distinta, a função social interfere na estrutura do direito mesmo.[213]

Conforme já apontado em estudos anteriores,[214] as transformações constitucionais sobre o plano diretor trazem ainda consequências para a livre iniciativa, principalmente no que se refere a uma atividade econômica específica: a atividade empresarial imobiliária. As determinações do plano diretor incidem nos aspectos econômicos dos empreendimentos imobiliários, ao regular direta e indiretamente o preço da terra e de imóveis urbanos. Isto ocorre em diversas situações, como: *(i)* ao definir as zonas de expansão urbana; *(ii)* ao alterar o uso do solo rural para o urbano; *(iii)* ao estabelecer a possibilidade de novos loteamentos na cidade; *(iv)* ao definir parâmetros de uso e ocupação, bem como os potenciais construtivos dos terrenos; *(v)* ao alterar os usos permitidos (por exemplo, de residencial para o comercial, de estritamente residencial para o uso misto); *(vi)* ao estabelecer incentivos à ocupação de determinadas áreas; *(vii)* ao definir as formas de parcelamento do solo; e *(viii)* ao induzir a ocupação de imóveis e terrenos vazios, entre outras.

---

213 SILVA, José Afonso da. *Direito urbanístico brasileiro*. 4. ed. São Paulo: Malheiros Editores. 2006. p. 75.

214 FONTES, Mariana Levy Piza. *Planos diretores no Brasil*: um estudo de caso. 2010. Dissertação (Mestrado) — Faculdade de Direito, Pontifícia Universidade Católica de São Paulo, São Paulo, 2010; FONTES, Mariana Levy Piza; CYMBALISTA, Renato; SANTORO, Paula. Estatuto da Cidade: uma leitura sob a perspectiva da recuperação da valorização fundiária. In: BUENO, Laura; CYMBALISTA, Renato (org.). *O município em ação*: elaboração e aplicabilidade de planos diretores. São Paulo: Anna Blume, 2007.

É evidente que a modificação do regime jurídico formal da propriedade urbana pode, portanto, gerar impactos e mudanças, abrindo espaço para conquistas sociais, políticas públicas, programas e ações governamentais, capazes de reduzir a desigualdade, a pobreza, a discriminação, a exclusão social. Pode, por outro lado, reproduzir desigualdades. A propriedade, como instituição, cristaliza e catalisa disputas, tensões e alianças entre diversos interesses e atores. A compreensão dessas transformações não se revela apenas pela análise formal da nova legislação. O direito deve ser posto "em ação"[215] e apreendido por novos métodos e olhares multidisciplinares.[216]

Seguindo nesse caminho, a pesquisa empírica realizada durante a elaboração desta obra mostra que com o plano diretor de São Paulo, ao longo dos anos 2000, foram instituídas e incorporadas novas regras para a construção do espaço urbano.

Os dados levantados mostram que mercado imobiliário teve que adaptar-se ao plano diretor municipal e a Prefeitura ampliou suas capacidades para regulação do mercado imobiliário e implementação da política urbana.

Os instrumentos urbanísticos — em especial a outorga onerosa do direito de construir, as ZEIS e as operações urbanas consorciadas — são aplicados, apesar das disputas e contradições observadas durante o processo de implementação. Os atores estatais do sistema de justiça — incluindo aqui a Procuradoria Municipal, a Defensoria Pública do Estado de São Paulo, o Ministério Público e o Tribunal de Justiça — incorporam a nova legislação e passam a fundamentar suas atuações nas novas regras constitucionais.

Destaque-se, porém, que o binômio flexibilidade/rigidez — característico da natureza jurídica das regras sobre planejamento territorial — será um alvo constante dos conflitos e disputas identificados na implementação do plano diretor de São Paulo. O capítulo 4 desta obra mostra que as regras de vigência, revisão e alteração do plano diretor serão objeto de múltiplas interpretações, disputas políticas e decisões judiciais.

---

215 Sobre o conceito de direito em ação (*law in action*), em contraposição ao direito dos livros (*law in books*), *vide* capítulo 1.

216 Para uma agenda contemporânea de estudos sociojurídicos em abordagem multidisciplinar, vale a leitura da obra *Propriedades em transformação: abordagens multidisciplinares sobre a propriedade no Brasil*, organizada por Débora Ungaretti *et al.*

2.2.3 A proteção jurídica dos moradores de assentamentos urbanos informais de baixa renda

O art. 183 da Constituição Federal, ao reconhecer o direito de concessão de uso e domínio aos ocupantes de área de até 250 m^2 utilizada para fins de moradia, garante de maneira expressa a proteção jurídica dos assentamentos informais de baixa renda, incluídos aqui as favelas, os loteamentos clandestinos e irregulares, os cortiços etc.[217]. Em 2000, é aprovada ainda a Emenda Constitucional nº 26/00 que inclui no rol dos direitos sociais o direito à moradia.[218]

A desigualdade social e territorial em um país da América Latina — região na qual as favelas já se constituem com a forma predominante de moradia popular[219]— é reconhecida pelo texto constitucional. Pode-se observar aqui a tentativa de estabelecer no nível constitucional a implementação de uma política urbana destinada a reconhecer o direito à terra e à moradia de grupos específicos, historicamente excluídos do processo de desenvolvimento urbano do país.[220] Assentamentos de baixa renda que permaneceram, durante o processo de urbanização brasileiro, nas fronteiras da legalidade, nas zonas indeterminadas do legal e ilegal, no território incerto do não planejado.[221]

A lógica do reconhecimento de parâmetros específicos de urbanização — o que inclui muitas vezes a flexibilização de rígidos parâmetros urbanísticos em ocupações informais urbanas — é, porém, também incorporado de maneira contraditória no Brasil.

Pela primeira vez, serão delimitadas Zonas Especiais de Interesse Social (ZEIS) em São Paulo, ampliando-se as capacidades estatais de gestão do território de forma a incluir a proteção dos direitos de posse

---

[217] Sobre a proteção jurídica da moradia dos assentamentos informais de baixa renda, vale a consulta às obras de Betânia Alfonsin, Nelson Saule Junior e Edesio Fernandes.

[218] Art. 6º, Constituição Federal.

[219] ROLNIK, Raquel. *A guerra dos lugares*. A colonização da terra e da moradia na era das finanças. São Paulo: Editora Boitempo, 2015.

[220] Sobre a construção do conceito de cidadania no mundo fora da Europa Ocidental e da América do Norte, com suas tensões contínuas e a implementação de políticas governamentais heterogêneas para grupos específicos, *vide* Chatterjee (2004). O autor, ao discutir o conceito de "política dos governados", ressalta a importância de que as autoridades públicas reconheçam os direitos dos moradores de assentamentos informais que muitas vezes transgr*idem* os estreitos limites da legalidade em sua luta pela vida e pelo trabalho. Ao analisar a experiência recente de democracia na Índia, Chatterjee reconhece, que no caso brasileiro houve sucesso muito maior na conquista de direitos e prerrogativas específicas para as populações pobres e marginalizadas em consequência de lutas locais continuadas (Chatterjee, 2013).

[221] ROLNIK, *op. cit.*

e moradia nos assentamentos informais de baixa renda. As conquistas regulatórias são seguidas por diversas ações de urbanização e titulação dos moradores de favelas bem como pela ampliação da produção habitacional de interesse social na cidade.

Observa-se, porém, um padrão de governança na política urbana que envolve exceções à regulação urbanística.[222] Tais exceções, operadas em diversas dimensões, contam com a participação do setor privado, como no caso das operações urbanas e das diversas formas de anistia e regularização fundiária e edilícia dos empreendimentos imobiliários de média e alta renda instituídas em âmbito federal e local.[223]

2.3 Planos diretores nos anos 1990

As mudanças trazidas pela Constituição Federal de 1988 passam, aos poucos, a alavancar a adoção de políticas públicas, as quais buscam converter suas normas em políticas concretas. Não se trata aqui de rupturas radicais, mas de mudanças endógenas e incrementais.[224]

Com o declínio do regime militar, as iniciativas governamentais não foram tão expressivas no âmbito da política urbana federal.[225]

---

[222] MARQUES, Eduardo. Government, political actors and governance in urban policies in Brazil and São Paulo: concepts for a future research agenda. *Brazilian Political Science Review*, v. 7, n. 3, p. 8-35, 2014.

[223] Recentemente, a Lei Federal nº 11.977/09, que instituía parâmetros nacionais para regularização fundiária de assentamentos de baixa renda, teve seu capítulo III integralmente revogado pela atual Lei Federal nº 13.465/17, de forma a garantir a regularização fundiária também dos empreendimentos de média e alta renda. Essa foi uma das primeiras iniciativas do Presidente Michel Temer (PMDB) após a saída da Presidente Dilma Rousseff (PT). Sobre os diversos usos do termo "informalidade urbana" na América Latina, *vide* Müller e Segura (2007). Para os autores, conforme percebido em pesquisa empírica na cidade do México, o significado do termo é disputado pelo mercado imobiliário, políticos e moradores a fim de se adotar estratégias de distinção social e obtenção de benefícios econômicos e políticos particulares. O termo "informalidade urbana" em seus múltiplos sentidos influencia as decisões sobre planejamento e acesso à terra urbana em toda América Latina.

[224] MARQUES, Eduardo. Transformações, avanços e impasses nas políticas urbanas brasileiras recentes. *In*: ARRETCHE, Marta; MARQUES, Eduardo; FARIA, Carlos Aurélio Pimenta de (org.). *As políticas da política*. Desigualdades e inclusão nos governos do PSDB e do PT. São Paulo: Editora Unesp, 2019.

[225] O Ministério do Desenvolvimento Urbano foi extinto em 1989. Entre a criação do Ministério (1985) e a criação do Ministério das Cidades (2003), a política urbana estava subordinada a sete estruturas administrativas diferentes, ilustrando a descontinuidade e a ausência de estratégia para enfrentar o problema. O Grupo de Trabalho para a Reestruturação do Sistema de Financiamento à Habitação (Decreto Federal nº 91.531/85) é composto por vários representantes do setor empresarial (Secovi, CBIC, Abecip), entidades profissionais (IAB e Abes) e uma organização popular (Associação Nacional dos Mutuários) também foi criada no período (Bonduki, 2018). Há, porém, que se reconhecer os esforços de reforma

Em 1985, foi instituído pelo governo Sarney[226] o Ministério de Desenvolvimento Urbano e o Conselho de Desenvolvimento Urbano, os quais foram extintos em 1989. Em 1986, o BNH foi extinto.

Durante o governo de Fernando Henrique Cardoso, a política urbana também não teve centralidade, com a redução dos investimentos em habitação e saneamento e a execução de programas pontuais de urbanização de áreas precárias, com volumes muito baixos de recursos.[227]

O governo federal retira-se do cenário das políticas urbanas. Foi justamente no nível municipal, com as novas competências constitucionais no âmbito da política urbana, que se desenvolveram as primeiras inovações relacionadas ao planejamento territorial. Com a redução dos programas federais, os governos locais passaram a produzir políticas inovadoras. Eleitos com programas redistributivos e contando com a forte presença de movimentos sociais urbanos em suas coalizões de apoio, as novas administrações — ocupadas por partidos políticos de esquerda, que cresciam lenta e constantemente desde os anos 80 no Brasil — inauguram uma nova agenda urbana com programas redistributivos, desenhos mais criativos e com abrangência mais ampla que a anterior, incluindo, por exemplo, programas de combate à precariedade habitacional, a criação de ZEIS, a urbanização e regularização de favelas, as iniciativas de aluguel social, os projetos de mutirão gerido por associações sem fins lucrativos, entre outros.[228]

Apesar da lei federal que deveria regulamentar as diretrizes gerais da política urbana prevista no art. 182 ainda tramitar no Congresso Nacional — o processo legislativo de aprovação do projeto de lei do Senado Federal nº 181/89 que daria origem ao Estatuto da Cidade durou cerca de 12 anos –, os novos dispositivos constitucionais são incorporados pelas Constituições Estaduais e Leis Orgânicas Municipais.

---

administrativa do Estado promovidos durante os anos 1990, período no qual são instituídas várias formas de parcerias e cooperação entre autoridades públicas e sociedade civil com a aprovação das leis das Organizações Sociais (OS) e Organizações da Sociedade Civil de Interesse Público (OSCIP).

[226] Tancredo Neves, antes de falecer, já anunciara a criação de um Ministério específico para tratar dos temas urbanos (BONDUKI, 2018, p. 84).

[227] MARQUES, Eduardo. Transformações, avanços e impasses nas políticas urbanas brasileiras recentes. *In*: ARRETCHE, Marta; MARQUES, Eduardo; FARIA, Carlos Aurélio Pimenta de (org.). *As políticas da política*. Desigualdades e inclusão nos governos do PSDB e do PT. São Paulo: Editora Unesp, 2019.

[228] *Idem*, 2019.

Muitos planos diretores são elaborados nesse período, tais como o de São Paulo,[229] Santo André, Rio de Janeiro, Belo Horizonte, Porto Alegre, Natal e Belém.[230] Os avanços institucionais da Constituição Federal de 1988, tais como os princípios da função social da cidade e da propriedade, o reconhecimento dos direitos de posse dos moradores dos assentamentos urbanos informais e a participação direta dos cidadãos nos processos decisórios, são incorporados pelas constituições estaduais, leis orgânicas e leis municipais.[231]

Esses planos diretores — embora aprovados por lei municipal — são também alvo de críticas relacionadas à sua densidade normativa. Nesse contexto, duas das principais críticas entre os urbanistas e gestores municipais são a previsão de uma série de normas municipais específicas para regulamentação posterior, bem como a separação entre plano e zoneamento. Assim, os planos diretores elaborados na década de 1990 estariam, em grande parte, restritos à regulamentação de "diretrizes gerais", as quais não teriam o poder de gerar efeitos imediatos na regulação da função social da propriedade.[232]

As contradições no âmbito da política urbana são observadas também na aplicação dos instrumentos urbanísticos. O aprofundamento das experiências inovadoras iniciadas nos anos 1980 de urbanização e regularização fundiária de favelas, via delimitação de ZEIS e AEIS, convivem com as experiências de flexibilização de parâmetros urbanísticos do zoneamento via operações urbanas e interligadas.[233]

---

[229] O plano diretor elaborado durante a gestão da Prefeita Luiza Erundina em 1991 é enviado para Câmara Municipal, mas não chega a ser colocado em votação em razão dos conflitos relacionados ao coeficiente de aproveitamento, zoneamento e ZEIS (Villaça, 1999).

[230] SAULE JUNIOR, Nelson. *Novas perspectivas do direito urbanístico brasileiro*: ordenamento constitucional da política urbana: aplicação e eficácia do plano diretor. Porto Alegre: S.A. Fabris Editora, 1997; ROLNIK, Raquel. Planejamento urbano nos anos 90: novas perspectivas para velhos temas. *In*: RIBEIRO, Luis César Ribeiro; JÚNIOR, Orlando (org.). *Globalização, Fragmentação e Reforma Urbana*: O futuro das cidades brasileiras na crise, Rio de Janeiro: Civilização Brasileira, 1997.

[231] *Idem*, 1997; ROLNIK, Raquel. *A guerra dos lugares*. A colonização da terra e da moradia na era das finanças. São Paulo: Editora Boitempo, 2015.

[232] VILLAÇA, Flávio. Uma contribuição para a história do planejamento urbano no Brasil. In: DEÁK, Csaba; SCHIFFER, Sueli Ramos (org.). *O processo de urbanização no Brasil*. São Paulo: Editora da Universidade de São Paulo, 1999; FONTES, Mariana Levy Piza. *Planos diretores no Brasil*: um estudo de caso. 2010. Dissertação (Mestrado) — Faculdade de Direito, Pontifícia Universidade Católica de São Paulo, São Paulo, 2010.

[233] BASSUL, José Roberto. *Estatuto da Cidade*: Quem ganhou? Quem perdeu? Brasília: Senado Federal, Subsecretaria de Edições Técnicas, 2005; BONDUKI, Nabil. *A luta pela reforma urbana no Brasil*. Do Seminário de Habitação e Reforma Urbana ao plano diretor de São Paulo. São Paulo: Instituto da Cidade, 2018; MARICATO, Ermínia. As ideias fora do lugar e o

2.4 Estatuto da Cidade e o plano diretor

No início dos anos 2000, durante o segundo mandato de Fernando Henrique Cardoso, o direito à moradia foi inserido no texto constitucional e o Estatuto da Cidade — fruto de projeto de lei apresentado em 1989 pelo Senador Pompeu de Souza (Projeto de lei do Senado Federal nº 181/89) — foi aprovado.

Após um longo processo de debate legislativo,[234] que contou com a participação de diversos atores e interesses, incluindo o setor imobiliário,[235] o Fórum Nacional pela Reforma Urbana,[236] a organização Tradição, Família e Propriedade (TFP),[237] além de setores ligados às igrejas evangélicas,[238] o Projeto de Lei do Senado Federal nº 181/89 foi aprovado pelo Congresso Nacional dando origem ao Estatuto da

---

lugar fora das ideias. Planejamento urbano no Brasil. In: ARANTES, Otília; VAINER, Carlos; MARICATO, Ermínia. (org.). *A cidade do pensamento único*: desmanchando consensos. 3. ed. Petrópolis: Vozes, 2000.

234 Para entender o mapa dos interesses e atores em jogo bem como as negociações, pareceres e posicionamentos das distintas comissões da Câmara dos Deputados e do Senado Federal, vale a leitura de Bassul (2005), que atuou como consultor legislativo do Senado Federal durante o período de tramitação do projeto de lei que deu origem ao Estatuto da Cidade.

235 Representado então pelo SECOVI-SP, CBIC, entre outras organizações.

236 O Fórum Nacional da Reforma Urbana surgiu nos anos 1980 na esteira dos diversos movimentos sociais e sindicais que emergiram no final da ditadura militar com o apoio das Comunidades Eclesiais de Base, ligadas a setores mais progressistas da Igreja Católica. Mais informações sobre o Fórum Nacional da Reforma Urbana, *vide* nota de rodapé 165.

237 Organização ligada a setores conservadores da Igreja Católica que foi, do início ao fim, contrária ao Estatuto da Cidade. Desde a Constituinte, a TFP posicionou-se contra as "posições esquerdistas" de reforma urbana em razão de seu "caráter socialista e confiscatório". O plano diretor teria o papel de introduzir o "comunismo prático" ao definir o cumprimento da função social da propriedade de imóveis subutilizados. Os mecanismos de participação popular poderiam resultar na criação de "sovietes urbanos" tal como na União Soviética ou Cuba. (Cf. TFP. *TFP contra a Reforma Urbana socialista e confiscatória — Estatuto da Cidade*. www.tfp.org.br/secoes/arquivo, consulta em 09.02.2004 *apud* Bassul, 2005, p. 102).

238 As reivindicações específicas dos setores evangélicos surgem nos últimos anos do processo de aprovação do Estatuto da Cidade, especialmente relacionadas à aplicação do Estudo de Impacto de Vizinhança (EIV) para implantação das igrejas e templos (Bassul, 2005). Tais posicionamentos permanecem inclusive após o Estatuto da Cidade. Diversos são os projetos de lei em tramitação no Congresso Nacional com o objetivo de estabelecer exceções à aplicação do EIV para fins de instalação de igrejas e templos religiosos (Projeto de lei nº 2.865/04, por exemplo). A pesquisa empírica realizada sobre o plano diretor paulistano mostra que esse instrumento nunca foi aplicado na cidade de São Paulo.

Cidade (Lei Federal nº 10.257/01) que institui as diretrizes gerais da política urbana.[239]

Esses 12 anos de tramitação trouxeram avanços significativos para o movimento pela reforma urbana, que conseguiu aprovar grande parte de suas reivindicações legislativas. Houve resistências relevantes. O novo regime de propriedade no Brasil provocou também uma série de reações do campo mais conservador.[240] No final das contas, entre avanços e retrocessos, a lei foi aprovada por unanimidade e dedicou um capítulo específico sobre o plano diretor.

O Estatuto da Cidade aprofunda as regras sobre o processo participativo de elaboração e implementação da política urbana e caminha em direção a uma maior legitimidade democrática do plano diretor.

Primeiro, porque o plano diretor passa a ser necessariamente aprovado por lei municipal e é considerado obrigatório para todos os Municípios com mais de vinte mil habitantes e integrantes de aglomerações urbanas e regiões metropolitanas sob pena de improbidade administrativa.[241] O próprio processo legislativo municipal já é em si uma conquista, uma garantia maior de diálogo e de negociação com os interesses e atores envolvidos no planejamento das cidades, por meio de seus representantes.

Além disso, o processo de elaboração do plano diretor deve ainda garantir a participação direta da população também sob pena de improbidade administrativa[242]. É considerada como diretriz geral da política urbana a "gestão democrática por meio da participação da

---

239 BASSUL, José Roberto. *Estatuto da Cidade*: Quem ganhou? Quem perdeu? Brasília: Senado Federal; Subsecretaria de Edições Técnicas, 2005; BONDUKI, Nabil. *A luta pela reforma urbana no Brasil*. Do Seminário de Habitação e Reforma Urbana ao plano diretor de São Paulo. São Paulo: Instituto da Cidade, 2018.

240 FERNANDES, Edésio. Constructing the "right to the city" in Brazil. *Social Legal Studies*, v. 16, n. 2, p. 201-219, 2007; BASSUL, José Roberto. *Estatuto da Cidade*: Quem ganhou? Quem perdeu? Brasília: Senado Federal; Subsecretaria de Edições Técnicas, 2005. O setor imobiliário, por exemplo, passou da rejeição inicial para o apoio total no final do processo, em grande parte influenciado pelas experiências das operações urbanas instituídas ao longo dos anos 1990 nos municípios e reconhecidas pela lei federal (Bassul, 2005). Conforme disposto no capítulo 4 da obra, durante a realização da pesquisa empírica, a entrevista do representante do mercado imobiliário menciona a importância de aprovação do Estatuto da Cidade para o setor após a decisão sobre a declaração da inconstitucionalidade da lei das operações urbanas interligadas pelo Tribunal de Justiça de São Paulo em 2001.

241 Art. 182, §1º, Constituição Federal c/c art. 40 e art. 52, incisos VI e VI, Estatuto da Cidade. O art. 41 do Estatuto da Cidade e a Lei Federal nº 12.608/08 ampliam as hipóteses de Municípios com obrigatoriedade de aprovação dos planos diretores.

242 Art. 29, inciso XII, Constituição Federal c/c art. 40, art. 43 e art. 52, inciso VI, Estatuto da Cidade.

população e de associações representativas dos vários segmentos da comunidade na formulação, execução e acompanhamento de planos, programas e projetos de desenvolvimento urbano".[243] No processo de aprovação e elaboração do plano diretor, os poderes Legislativo e Executivo devem garantir:

> I — a promoção de audiências públicas e debates com a participação da população e de associações representativas dos vários segmentos da comunidade; II — a publicidade quanto aos documentos e informações produzidos; III — o acesso de qualquer interessado aos documentos e informações produzidos.[244]

Tais regras, como se verá a seguir, impulsionam avanços significativos e generalizados nas práticas de participação direta da população na elaboração de planos diretores, as quais serão fomentadas de maneira direta pelo governo federal após a criação do Ministério das Cidades.[245] Tais direitos passam, gradualmente, a ser reconhecidos pelo Poder Judiciário.[246]

Há que se levar em conta, evidentemente, que durante o século XX, o Brasil vivenciou um grande número de práticas de participação e deliberação da sociedade civil nas instâncias governamentais. Os

---

243 Art. 2º, inciso II, Estatuto da Cidade.

244 Art. 40, §4º, Estatuto da Cidade.

245 SANTOS JUNIOR, Orlando Alves dos; MONTANDON, Daniel Todtmann. Síntese, Desafios e Recomendações. In: SANTOS JUNIOR, Orlando Alves dos; MONTANDON, Daniel Todtmann (org.). *Os planos diretores municipais pós Estatuto da Cidade*: balanço crítico e perspectivas. Rio de Janeiro: Letra Capital: Observatório das Cidades: IPPUR/UFRJ, 2011b; ROLNIK, Raquel. Democracy on the Edge: Limits and Possibilities in the Implementation of an Urban Reform Agenda in Brazil. *International Journal of Urban and Regional Research,* v. 35, n. 2, p. 239-255, 2011; ROLNIK, Raquel. *A guerra dos lugares.* A colonização da terra e da moradia na era das finanças. São Paulo: Editora Boitempo, 2015; BONDUKI, Nabil. *A luta pela reforma urbana no Brasil.* Do Seminário de Habitação e Reforma Urbana ao plano diretor de São Paulo. São Paulo: Instituto da Cidade, 2018; AVRITZER, Leonardo. Instituições participativas e desenho institucional: algumas considerações sobre a variação da participação no Brasil democrático. *Opinião Pública,* v. 14, n. 1, p. 43-64, 2008; AVRITZER, Leonardo. O Estatuto da Cidade e a democratização das políticas urbanas. *Revista Crítica de Ciências Sociais,* v. 91, p. 205-221, 2010; CALDEIRA, Teresa; HOLSTON, James. Participatory Urban Planning in Brazil. *Urban Studies,* v. 52, n. 11, p. 2001-2017, 2015; FONTES, Mariana Levy Piza. *Planos diretores no Brasil*: um estudo de caso. 2010. Dissertação (Mestrado) — Faculdade de Direito, Pontifícia Universidade Católica de São Paulo. São Paulo, 2010.

246 A ausência de participação popular foi fundamento de uma série de ações e decisões judiciais que suspenderam o processo de elaboração ou revisão de planos diretores no país como, por exemplo, São Paulo, Salvador e Fortaleza. Sobre a incorporação do componente democrático na elaboração dos planos diretores pelo Tribunal de Justiça do Rio Grande do Sul, *vide* Alfonsin et al. (2016, p. 435).

avanços significativos e generalizados nas práticas de participação direta em políticas públicas no Brasil e, em especial, na política urbana são reconhecidos pela literatura nacional e internacional.[247] Os instrumentos de participação na elaboração do plano diretor e na gestão democrática das cidades são bons exemplos desse novo desenho institucional das políticas públicas.

O Estatuto da Cidade consolida em nível nacional os arranjos institucionais do planejamento do território e aponta não somente para a gestão democrática da cidade, mas também para a ampliação da efetividade dos planos diretores.[248] Alguns obstáculos jurídicos para a garantia da aplicação concreta dos planos e, consequentemente, do cumprimento da função social da propriedade, porém, já aparecem no texto legal federal.

Inicialmente, note-se que o Estatuto da Cidade estabelece normas gerais de direito urbanístico,[249] as quais devem orientar o poder público de maneira ampla (incluindo o Executivo, Legislativo e Judiciário) e os três níveis da federação — incluindo aqui o próprio poder público federal, estadual e municipal. Tais diretrizes gerais da política urbana consagram um modelo de desenvolvimento urbano voltado ao combate às desigualdades sociais e territoriais nas cidades e criam direitos urbanos correspondentes, com destaque para o direito à moradia e o direito à cidade.[250] Todas as diretrizes gerais da política urbana devem orientar o planejamento territorial das cidades brasileiras.[251]

Na busca pela concretização da função social da propriedade, o Estatuto da Cidade segue o texto constitucional, conferindo ao plano diretor um lugar privilegiado no planejamento municipal. Trata-se de instrumento básico da política urbana, aprovado por lei e que regula o território do Município como um todo, incluindo as áreas urbanas,

---

[247] SANTOS; MONTANDON, *op. cit.*; ROLNIK, *op. cit.*; BONDUKI, *op. cit.*; AVRITZER, *op. cit.*; CALDEIRA; HOLSTON, *op. cit.* Para uma visão crítica dos instrumentos de participação popular direta na política urbana, *vide* Maricato (2012).

[248] Não se trata aqui de analisar em profundidade as normas sobre o processo de elaboração e o conteúdo do plano diretor — temas já abordados em textos anteriores — mas de destacar aqueles especialmente relacionados à implementação do plano diretor. Para uma visão detalhada do assunto, vale consultar Fontes (2010, 2012, 2019) e Saule Junior (1997).

[249] Art. 182, *caput*, Constituição Federal.

[250] O direito à cidade é definido pelo Estatuto da Cidade como o direito à terra urbana, à moradia, ao saneamento ambiental, à infraestrutura urbana, ao transporte e aos serviços públicos, ao trabalho e ao lazer, para as presentes e futuras gerações (art. 2º, inciso I).

[251] Vale o estudo em profundidade de cada uma das diretrizes gerais estabelecidas nos muitos incisos do art. 2º do Estatuto da Cidade. Sobre o tema, *vide* Sundfeld (2002).

de expansão urbana e rural.[252] São ampliadas as hipóteses de obrigatoriedade de aprovação do plano diretor,[253] estabelecidos prazos,[254] um conteúdo mínimo[255] e sanções para o não cumprimento dos dispositivos legais.[256] Considerado como instrumento básico da política urbana, é o plano diretor que define a área de aplicação no território do restante dos instrumentos urbanísticos.[257]

O Estatuto da Cidade estabelece normas gerais para a política urbana, mas deixa ampla margem para adaptações, inovações e decisões para o nível municipal. Especialmente no âmbito do ordenamento territorial, é o Município que irá definir as regras de uso e de ocupação do solo bem como as áreas e regras específicas de aplicação dos instrumentos nas diversas regiões da cidade.

Há, porém, que se ressalvar que o Estatuto da Cidade cria também uma engrenagem jurídica complexa e que trouxe consequências relevantes para implementação do plano diretor de São Paulo.

Os dispositivos legais que regulamentam os instrumentos da política urbana,[258] em sua maioria, preveem a elaboração de uma lei específica posterior para sua utilização.[259] Se a Constituição Federal de 1988 já limita a aplicação dos instrumentos do parcelamento, edificação e utilização compulsórios à aprovação de lei federal, ao plano diretor e à lei específica, o Estatuto segue na mesma linha, ampliando a mesma lógica regulatória para o restante dos instrumentos da política urbana, tais como as operações urbanas consorciadas, o direito de preempção, o

---

[252] Art. 39, §2º, Estatuto da Cidade.

[253] Art. 41, Estatuto da Cidade.

[254] O prazo originalmente previsto para elaboração dos planos diretores era outubro de 2006. O prazo foi alterado para junho de 2008 pela Lei Federal nº 11.763/08. Em 2012, foi instuído um prazo específico de 2017 para aprovação de plano diretores dos Municípios incluídos no cadastro nacional de áreas suscetíveis à ocorrência de deslizamentos de grande impacto, inundações bruscas ou processos geológicos ou hidrológicos correlatos. Ressalte-se que a previsão e posterior alteração dos prazos para elaboração e revisão de planos diretores e planos setoriais urbanos tem sido recorrente na legislação federal. A pesquisa empírica sobre a implementação do plano diretor revela as mesmas tensões. Tal sequência (prazos — improbidade administrativa — extensão do prazo dos planos diretores) parece se configurar enquanto característica essencial das normas sobre planejamento territorial e relaciona-se diretamente com o binômio flexibilidade/rigidez intrínseca a sua natureza jurídica.

[255] Art. 42, Estatuto da Cidade.

[256] Art. 52, inciso VII, Estatuto da Cidade.

[257] Art. 42, inciso II c/c arts. 25, 28, 29, 32 e 35; Estatuto da Cidade.

[258] Os aspectos jurídicos dos instrumentos urbanísticos serão analisados no capítulo 4 da obra.

[259] Arts. 5º, 33, 35, 36, 25, §1º; 30, Estatuto da Cidade.

Estudo de Impacto de Vizinhança, a transferência do direito de construir e a outorga onerosa do direito de construir e alteração de uso.

A pesquisa sobre a implementação do plano diretor de São Paulo mostra que o limite temporal de dez anos do plano diretor combinado com a incerteza sobre a hierarquia entre o plano diretor e as leis específicas regulamentadoras dos instrumentos da política urbana geram uma série de dificuldades para concretização do Estatuto da Cidade — dificuldades que passam pelo debate sobre os limites formais e materiais para regulamentação, alteração e revisão do plano diretor.[260]

2.5 Ministério das cidades e a Campanha Nacional Plano Diretor Participativo

A partir dos anos 2000, além das conquistas regulatórias, são instituídos órgãos e programas relevantes em âmbito federal.

No início do governo de Luís Inácio Lula da Silva, foi criado o Ministério das Cidades (2003), que passa a coordenar a política urbana de forma transversal, integrando os setores de habitação, saneamento, mobilidade e planejamento territorial. O Ministério era composto por quatro secretarias setoriais: a Secretaria Nacional de Habitação, a Secretaria Nacional de Saneamento, a Secretaria Nacional de Mobilidade e a Secretaria Nacional de Programas Urbanos.

O Ministério recém-criado — reivindicação antiga dos movimentos sociais urbanos — ficou sob direção de Olívio Dutra do Partido dos Trabalhadores (2003-2005),[261] ex-prefeito de Porto Alegre e ex-governador do Rio Grande do Sul, com histórico no movimento sindicalista e responsável pela implementação das primeiras experiências de orçamento participativo na gestão municipal. A composição do Ministério incluiu a participação de diversos integrantes do Fórum

260 Sobre a crítica da literatura à força normativa do plano diretor, a suposta ausência de autoaplicabilidade de suas normas e os esforços empreendidos para reverter essa tendência da Resolução nº 34 do Conselho Nacional das Cidades.

261 Após as denúncias de corrupção popularizadas como "mensalão", a direção do Ministério passa a ser ocupada por diversos ministros indicados do Partido Populista (PP), partido de perfil conservador que apoiou o regime militar no Brasil. Durante a gestão de Luís Inácio Lula da Silva (PT), Márcio Fortes (2005-2010) foi designado Ministro das Cidades e, durante a primeira gestão de Dilma Rousseff (PT), Mário Negromonte (2011-2012), Aguinaldo Ribeiro (2012-2014) e Gilberto Occhi (2014-2015). Após a troca de quatro Ministros pela gestão de Dilma Rousseff e Michel Temer, o Ministério das Cidades será extinto pelo Presidente Bolsonaro em 2019.

Nacional da Reforma Urbana. A criação do Ministério se relaciona também com as inovações políticas ocorridas em âmbito local, já que muitos de seus técnicos pertenciam à rede de ativistas que participaram dessas experiências municipais dos anos 90.[262] O Ministério aumentou gradualmente sua estrutura e constituiu um corpo técnico de funcionários, procedimentos e recursos de gestão.[263]

Foram criados também diversos mecanismos e arenas participativas: o Conselho Nacional das Cidades, as Conferências Nacionais das Cidades e a Campanha Nacional Plano Diretor Participativo.

O Conselho Nacional das Cidades era um órgão colegiado de caráter consultivo e deliberativo, que a começa a funcionar em 2004, acompanhando a difusão em nível federal dos instrumentos de participação popular.[264]

O Conselho Nacional das Cidades tinha como finalidade criar, avaliar e propor diretrizes para formulação e implementação da política urbana nacional e era composto por representantes de segmentos do setor produtivo; organizações da sociedade civil; entidades profissionais, acadêmicas e de pesquisa; entidades sindicais e órgãos governamentais. Atuava, sob responsabilidade do Ministério das Cidades, nas áreas de habitação, saneamento ambiental, transporte e mobilidade urbana e planejamento territorial.

Outra ferramenta de gestão democrática criada pelo governo federal no período foi a Conferência Nacional das Cidades, que visava

---

[262] MARQUES, Eduardo. Transformações, avanços e impasses nas políticas urbanas brasileiras recentes. In: ARRETCHE, Marta; MARQUES, Eduardo; FARIA, Carlos Aurélio Pimenta de. (org.). *As políticas da política*. Desigualdades e inclusão nos governos do PSDB e do PT. São Paulo: Editora Unesp, 2019.

[263] KLINTOWITZ, Danielle Cavalcanti. *Entre a reforma urbana e a reforma imobiliária*: a coordenação de interesses na política habitacional brasileira nos anos 2000. 2015. Tese (Doutorado) — Fundação Getúlio Vargas, São Paulo, 2015.

[264] O Conselho Nacional das Cidades foi previsto já pela Medida Provisória nº 2.220/01 como Conselho Nacional de Desenvolvimento Urbano vinculado à Presidência da República. Com a criação do Ministério das Cidades, o Conselho é previsto expressamente pela Lei Federal nº 10.683/03 (art. 33, inciso VIII) e tem suas competências e atribuições reguladas pelo Decreto Federal nº 5.031/04 e pelo Decreto Federal nº 5.706/06. Durante o governo Michel Temer, suas atribuições são alteradas e seus integrantes deixam de ser eleitos pela Conferência Nacional das Cidades (Decreto Federal nº 9.076/17). Mais adiante, o atual Presidente do país, Jair Bolsonaro, irá extinguir o Ministério das Cidades e o Conselho Nacional das Cidades. Ambos serão transformados no atual Ministério de Desenvolvimento Regional e Conselho Nacional de Desenvolvimento Urbano (art. 57, incisos IV e XII; Lei Federal nº 13.844/19). Note-se, que a Política Nacional de Participação Popular foi integralmente revogada pelo Decreto Federal nº 9.759/19, o qual foi parcialmente suspenso pelo Supremo Tribunal Federal. O Conselho Nacional de Desenvolvimento Urbano não está em funcionamento atualmente.

promover a interlocução entre gestores públicos dos três níveis federativos e sociedade civil, propor diretrizes e avaliar a política urbana nacional.[265] Durante o período foram realizadas cinco conferências nacionais nos anos de 2003, 2005, 2007, 2010 e 2013, as quais mobilizaram algumas centenas de milhares de pessoas e organizações de Municípios de todas as regiões do país.[266]

A Campanha Nacional Plano Diretor Participativo (2003-2006), que tinha como objetivo promover ações de sensibilização e mobilização da sociedade civil e poder público, gerou resultados concretos relevantes (Resolução nº 15 do Conselho Nacional das Cidades).[267]

Em 2018, 2.866 do total dos Municípios do país declararam ter aprovado um plano diretor. Considerando o universo de Municípios com mais de vinte mil habitantes, a proporção de planos elaborados em relação ao total é ainda mais expressiva. Se em 2005, apenas 526 Municípios possuíam planos diretores, em 2018, dos 1.762 Municípios com mais de vinte mil habitantes, restaram apenas 175 (9,9%) que ainda não aprovaram. Destes, 76 afirmaram que o plano estava em elaboração.[268]

Uma nova geração de planos diretores é, portanto, aprovada no país. As novas normas urbanísticas, as instituições e os programas criados em âmbito federal desdobraram-se na realidade concreta das cidades brasileiras. A construção dos arranjos institucionais no âmbito da política urbana dissemina a criação de novos instrumentos no nível local e altera as capacidades institucionais dos Municípios.

---

[265] A Conferência Nacional das Cidades é considerada instrumento de gestão democrática pelo art. 43, inciso III do Estatuto da Cidades e foi regulamentada por uma série de decretos, portarias e resoluções. Mais informações disponíveis em: BRASIL. Ministério das Cidades. *Conferência das Cidades*. Brasília, 19 nov. 2014. Disponível em: https://www.mdr.gov.br/conselho-das-cidades/secretaria-executiva. Acesso em: 29 mar. 2020.

[266] A 1ª Conferência Nacional das Cidades, por exemplo, mobilizou cerca de 320.000 pessoas no país, contando com a participação de mais de 3.000 municípios (Brasil, 2005). Note-se que a 6ª Conferência Nacional das Cidades foi convocada pelo presidente Michel Temer (Decreto Federal nº 9.076/17), mas acabou cancelada devido à indisponibilidade orçamentária, conforme informações disponíveis no *site* do atual Ministério do Desenvolvimento Regional, que incorporou parte das competências previstas do extinto Ministério das Cidades. BRASIL. Ministério das Cidades. *6ª Conferência das Cidades*. Brasília, 11 nov. 2015. Disponível em: https://www.mdr.gov.br/conselho-das-cidades/secretaria-executiva/108-conselho-das-cidades/conferencia-das-cidades/3944-6-conferencia-das-cidades. Acesso em: 29 mar. 2020.

[267] Sobre a Campanha Nacional Plano Diretor Participativo, os recursos e ações executados e seu impacto sobre os Municípios, *vide* Fontes (2010), Rolnik (2007) e Sutti (2018).

[268] INSTITUTO BRASILEIRO DE GEOGRAFIA E ESTATÍSTICA — IBGE. *Pesquisa de Informações Básicas Municipais*: perfil dos Municípios brasileiros 2018. Rio de Janeiro: IBGE, 2019.

Com efeito, a Pesquisa Nacional de Avaliação dos Planos Diretores,[269] elaborada pelo Ministério das Cidades e o Instituto de Pesquisa e Planejamento Urbano e Regional da Universidade Federal do Rio de Janeiro, identificou a incorporação generalizada dos instrumentos do Estatuto da Cidade nos planos diretores: Zonas Especiais de Interesse Social (81%), conjunto dos instrumentos de parcelamento, edificação e utilização compulsórios, IPTU progressivo no tempo e desapropriação (87%), outorga onerosa do direito de construir (71%) e operações urbanas consorciadas (71%).[270]

Esse novo ciclo de planos diretores regulamenta, portanto, os instrumentos urbanísticos previstos na legislação federal de maneira generalizada, muito embora as pesquisas ainda apontem para uma série de "inadequações" e "debilidades" no que se refere a sua aplicabilidade e/ou efetividade.[271]

As mudanças institucionais operadas em nível federal influenciam diretamente a política urbana municipal. A pesquisa empírica realizada sobre a cidade de São Paulo buscou justamente compreender o impacto dessas inovações regulatórias no dia a dia da gestão da política urbana: como foram operados de maneira concreta os instrumentos da política urbana, as interpretações adotadas e as decisões tomadas no nível municipal. Buscou, ainda, examinar os atores e os interesses em jogo no planejamento da cidade e identificar os avanços bem como os principais gargalos jurídicos no processo de regulamentação e aplicação das regras urbanísticas na cidade.

2.6 A regulação das políticas urbanas setoriais e o plano diretor

A partir dos anos 2000, além dos instrumentos previstos no Estatuto da Cidade, foram criadas diversas ferramentas de planejamento territorial a partir da regulação de políticas urbanas setoriais de âmbito nacional, articuladas em torno da habitação e da regularização fundiária (Lei Federal nº 11.124/05; Decreto Federal nº 5.796/06; Lei Federal nº 11.481/07; Lei Federal nº 11.952/09; Lei Federal nº 11.977/09;

---

[269] SANTOS JUNIOR, Orlando Alves dos; MONTANDON, Daniel Todtmann. Síntese, Desafios e Recomendações. In: SANTOS JUNIOR, Orlando Alves dos; MONTANDON, Daniel Todtmann. (org.). *Os planos diretores municipais pós Estatuto da Cidade*: balanço crítico e perspectivas. Rio de Janeiro: Letra Capital: Observatório das Cidades: IPPUR/UFRJ, 2011.

[270] *Ibidem*, p. 32-33.

[271] *Ibidem*, p. 35 e p. 44.

Lei Federal nº 13.465/17); do saneamento ambiental e resíduos sólidos (Lei Federal nº 11.445/07; Decreto Federal nº 7.217/10; Lei Federal nº 12.305/10; Decreto Federal nº 7404/10); do transporte e mobilidade urbana (Lei Federal nº 12.587/2012), das áreas suscetíveis à ocorrência de deslizamentos de grande impacto, inundações bruscas ou processos geológicos (Lei Federal nº 12.608/12; art. 42-A, Estatuto da Cidade) e das regiões metropolitanas (Estatuto da Metrópole, Lei Federal nº 13.089/15).[272]

São eles: o plano nacional, estadual e municipal de habitação de interesse social; plano nacional, estadual, regional e municipal de saneamento básico; plano nacional, estadual, regional, microrregional, de regiões metropolitanas, aglomerações urbanas, intermunicipal e municipal de gestão integrada de resíduos sólidos; plano municipal de gerenciamento de resíduos sólidos; plano de mobilidade urbana; plano de desenvolvimento integrado da região metropolitana ou aglomeração urbana; planos setoriais interfederativos, entre outros.

A regulação das políticas urbanas setoriais, de maneira geral, reconhece o papel do plano diretor como o principal instrumento de planejamento e ordenamento do território em nível municipal.

No âmbito da política habitacional, o plano diretor foi considerado como condição para aplicação de recursos do Fundo Nacional de Habitação de Interesse Social;[273] para dispensa da comprovação do efetivo aproveitamento para fins da aplicação de inscrição de ocupação, para doação e concessão de direito real de uso para fins de regularização fundiária de assentamentos informais de baixa renda em terras

[272] Dentre as diversas leis federais que regulam direta ou indiretamente a produção do espaço urbano e da cidade nos mais diversos campos do direito — as quais não se constituem como objeto de análise da presente tese, que pretende focar naquelas relacionadas expressamente à política urbana — pode-se apontar: o Código Civil (Lei Federal nº 10.406/02); o Código de Processo Civil (Lei Federal nº 13.105/15); a Lei do Inquilinato (Lei Federal nº 8.245/91); a Lei de Condomínios (Lei Federal nº 4.591/64); a Lei de Parcerias Público-Privadas (Lei Federal nº 11.079/04); o regime diferenciado de contratações públicas, aplicável ao Programa de Aceleração do Crescimento, às obras para realização da Copa do Mundo e dos Jogos Olímpicos (Leis Federais nº 12.462/11; nº 12.688/12); o Marco Regulatório das Organizações da Sociedade Civil (Lei Federal nº 13.019/14), entre outras. As leis relacionadas ao Sistema Financeiro de Habitação e o Sistema Financeiro Imobiliário, em especial, a que instituiu o patrimônio de afetação (Lei Federal nº 10.931/04). Sobre o papel das parcerias público-privadas na política habitacional, *vide* Rolnik (2015). Sobre o financiamento habitacional e a reestruturação do mercado imobiliário no período, *vide* Gomes (2015), Royer (2009) e Santos (2016).

[273] Art. 11, §2º, Lei Federal nº 11.124/05. Sobre os interesses em jogo na coordenação da política habitacional brasileira durante os anos 2000, *vide* Klintowitz (2015).

da União.[274] A legislação sobre política habitacional estabelece ainda que o plano diretor é instrumento apto a definir a área urbana para fins de execução do Programa Nacional de Habitação e para fins de regularização fundiária de assentamentos urbanos informais de baixa renda.[275] O plano diretor integrava o conceito de Zonas Especiais de Interesse Social, consideradas como aquelas áreas previstas no plano ou lei municipal específica e como condição para regularização fundiária de assentamentos informais.[276]

A Política Nacional de Transporte e Mobilidade Urbana considerava que o plano de mobilidade municipal era obrigatório para as cidades com obrigatoriedade de aprovação do plano diretor.[277] A Política Nacional de Resíduos Sólidos, por sua vez, estabelece que o plano municipal de gestão integrada de resíduos sólidos deve definir áreas para disposição final de rejeitos, observado o disposto no plano diretor e resíduos sólidos.[278]

O Estatuto da Metrópole é a única lei federal que sugere a necessidade de o plano diretor adequar-se aos planos de desenvolvimento urbanos integrados das regiões metropolitanas e aglomerações urbanas.[279]

Além das regras estabelecidas pelas leis que regularam as políticas setoriais urbanas, há que se destacar que foram instituídos planos nacionais — tais como o Plano Nacional de Habitação de Interesse Social e o Plano Nacional de Saneamento — além da retomada dos investimentos federais na área da moradia e saneamento com a criação do Programa de Aceleração do Crescimento (Lei Federal nº 11.578/07) e o Programa Minha Casa Minha Vida (Lei Federal nº 11.977/09).

Os Municípios, por sua vez, incorporaram gradualmente a legislação em suas ações: 39,7% dos Municípios possuem planos de

---

[274] Art. 7º, §1º, Lei Federal nº 11.481/07 e art. 22 §1º, Lei Federal nº 11.952/09.

[275] Art. 5º-A, inciso I e art. 47, inciso II, Lei Federal nº 11.977/09, parcialmente revogada pela Lei Federal nº 13.645/17.

[276] A Lei Federal nº 13.465/17 revogou o capítulo específico sobre regularização fundiária de assentamentos urbanos informais da Lei Federal nº 11.977/09 e, embora tenha mantido a definição de ZEIS e a previsão sobre o plano diretor, não considera a sua delimitação como condição para promoção da regularização fundiária de assentamentos informais de baixa renda.

[277] Art. 24, §1º, Lei Federal nº 12.587/12, o qual foi revogado pela Medida Provisória nº 906/2019.

[278] Art. 19, inciso II, Lei Federal nº 12.405/10; art. 51, inciso II, Decreto Federal nº 7.404/10.

[279] Art. 10, §3º, Lei Federal nº 13.089/2015. A possibilidade constitucional de se estabelecer pela via legislativa a hierarquia entre planos metropolitanos e planos diretores não é óbvia. Sobre a suposta e polêmica hierarquia do PDUI em relação aos planos diretores, *vide* Fontes (2017).

habitação; 54,8% possuem planos de gestão integrada de resíduos sólidos; 41,5%, planos municipais de saneamento e 7%, planos municipais de transporte.[280]

Além dos planos vinculados à política urbana, pode-se apontar a existência de diversos instrumentos de ordenamento do território na legislação brasileira. É o caso, por exemplo, dos planos nacionais e regionais de ordenação do território e desenvolvimento econômico e social (art. 21, inciso IX, Constituição Federal); dos planos de manejo (Lei Federal nº 9.985/00); do zoneamento econômico ecológico (Lei Federal nº 6.938/81); dos planos de desenvolvimento e zoneamento dos portos (Lei Federal nº 12.815/13); dos planos de recursos hídricos (Lei Federal nº 8.433/97); dos planos municipais de conservação e recuperação da Mata Atlântica (Lei Federal nº 11.428/06); do etnomapeamento e etnozoneamento das terras indígenas, dos planos conjuntos de administração das áreas de sobreposição das terras indígenas com unidades de conservação (Decreto Federal nº 7.747/12); dos planos nacionais, estaduais e municipais de gerenciamento costeiro (Lei Federal nº 7.661/88); dos planos de intervenção na orla marítima (Decreto Federal nº 5.300/04), entre outros.[281]

Os avanços regulatórios sobre as políticas setoriais desdobraram-se também na ampliação substancial de investimentos públicos para a política urbana a partir de 2007, com a criação do Programa de Aceleração de Crescimento e o Programa Minha Casa Minha Vida.

A urbanização de favelas passa para o centro da agenda federal. O PAC aportou recursos para áreas precárias em escala inédita, com intervenções no sistema viário, drenagem, saneamento, estabilização de riscos, entre outros aspectos de um modelo integrado. O PAC investiu em saneamento R$ 22,7 bilhões em sua primeira fase (2003 e 2008) e R$ 44,2 bilhões na sua segunda fase (2009 e 2014). As intervenções incidiram

---

[280] INSTITUTO BRASILEIRO DE GEOGRAFIA E ESTATÍSTICA — IBGE. *Pesquisa de Informações Básicas Municipais*: perfil dos Municípios brasileiros: 2017. Rio de Janeiro: IBGE, 2017.

[281] As interfaces e sobreposições entre as diversas ferramentas de ordenamento territorial previstos na legislação é um desafio permanente da política urbana e ambiental brasileira e se revelam também no estudo de caso de São Paulo. Um dos obstáculos identificados na implementação do plano diretor, por exemplo, foram as sobreposições das regras do plano diretor com aquelas estabelecidas pelos planos de manejo das unidades de conservação estaduais e pelas leis estaduais de proteção das áreas de mananciais, os quais serão desenvolvidos no capítulo 4 da obra.

nas maiores favelas do país, como o Alemão, Pavão/Pavãozinho e Rocinha no Rio de Janeiro e Paraisópolis e Heliópolis em São Paulo.[282]

Os recursos destinados ao Programa Minha Casa Minha Vida foram de cerca de R$ 140 bilhões (2009 a 2015), sendo R$ 80 bilhões para a faixa 1, que vai de 0 a 3 salários mínimos. Os investimentos em produção imobiliária via mercado ou via financiamento público foram de R$ 2,2 bilhões em 2003 para R$ 56,2 bilhões em 2010. A produção habitacional atingiu uma escala elevada em um curto período, mas trouxe novamente para o centro da política o modelo de construção de unidades para venda em conjuntos nas periferias.[283]

De acordo com Marques,[284] observa-se, no período, o surgimento e expansão de uma nova agenda urbana em âmbito federal e uma série de limitações, representadas especialmente pelas mudanças na conjuntura econômica, pela atuação de órgãos federais desvinculados da agenda urbana,[285] pelo papel desempenhado pelos membros de partidos políticos de direita na coalizão governamental[286] bem como pela centralidade da iniciativa privada envolvidas com as políticas do urbano.[287]

Os resultados dos avanços institucionais repercutiram nas condições de vida nas cidades, que apresentaram tendência de melhoria a longo prazo no acesso a serviços públicos e políticas essenciais, tais como o abastecimento de água, redes de esgoto, coleta de lixo e

---

[282] MARQUES, Eduardo. Transformações, avanços e impasses nas políticas urbanas brasileiras recentes. In: ARRETCHE, Marta; MARQUES, Eduardo; FARIA, Carlos Aurélio Pimenta de. *As políticas da política*. Desigualdades e inclusão nos governos do PSDB e do PT. São Paulo: Editora Unesp, 2019; CARDOSO, Adauto Lucio; DENALDI, Rosane. (org.). *Urbanização de favelas no Brasil*: um balanço preliminar do PAC. Rio de Janeiro: Letra Capital, 2018; PRONI, Marcelo Weishaupt; FAUSTINO, Raphael Brito. Avanços e limites da política e desenvolvimento urbano no Brasil (2001-2014). *Planejamento e políticas públicas*, n. 46, p. 181-215, jan./jun. 2016.

[283] MARQUES, *op. cit.*

[284] MARQUES, *op. cit.*

[285] Casa Civil da Presidência da República e Ministério da Fazenda.

[286] O impacto dessas coalizões no próprio Ministério das Cidades pode ser observado a partir das negociações com o deputado federal Severino Cavalcanti em 2005, então Presidente da Câmara dos Deputados, que garantiram a presença do Partido Progressista nos cargos de Ministros e, gradualmente, nas Secretarias Nacionais. Embora o PT tenha permanecido na Secretaria Nacional de Habitação, garantindo certa coerência no âmbito da política habitacional, as outras políticas urbanas passam a reproduzir uma fragmentação histórica apesar da crescente presença do governo federal. A política urbana perde coerência ao longo do tempo e fica cada vez mais distante da agenda redistributiva original (Marques, 2019).

[287] MARQUES, *op. cit.*

fornecimento de energia elétrica, muito embora permaneçam as desigualdades entre grupos sociais e regiões do país.[288]

O quadro geral de melhoria foi observado em relação à precariedade habitacional muito embora não haja números para todo o país para 2010. Conforme dados do Centro de Estudos da Metrópole, sistematizados a partir do Censo Demográfico do IBGE, entre 2000 e 2010 a presença da precariedade na região metropolitana de São Paulo diminuiu de 15% para 14,5% da população em termos de moradores ou de 13,4% para 12,9% em termos de domicílios.[289]

A redução, embora insuficiente para reverter o quadro de profunda desigualdade social e territorial do país, revela que as políticas públicas podem ter consequências redistributivas e gerar impacto sobre os direitos fundamentais.

Apesar dos limites e desafios, os avanços regulatórios sobre as políticas setoriais a partir dos anos 2000 delimitaram uma nova arquitetura institucional no âmbito da política urbana, que associada a mecanismos e arenas participativos, reconheceram o plano diretor como o principal instrumento de planejamento do território.

Tais arranjos institucionais no âmbito do direito e da política urbana foram construídos paulatinamente. A partir da Constituição Federal de 1988 inaugura-se um novo regime da propriedade urbana, que impulsiona políticas públicas nas décadas seguintes. Desde as experiências municipais dos anos 1990, passando pela promulgação do Estatuto da Cidade e pela criação do Ministério das Cidades até o surgimento de uma nova geração de planos diretores municipais no país.

É sobre essa experiência em nível local que se desenvolvem os capítulos subsequentes por meio do estudo de caso do plano diretor de São Paulo de 2002. Este livro sustenta que a legislação construída em âmbito federal gera impactos relevantes na gestão territorial dos Municípios, induzindo transformações de forma incremental, apesar das tensões, limites e contradições observadas no período.

---

288 ARRETCHE, Marta. *Trajetórias das desigualdades*: como o Brasil mudou nos últimos 50 anos. São PauloEditora Unesp/CEM, 2015.

289 MARQUES, Eduardo. *Diagnóstico de precariedade habitacional na macrometrópole paulista*. São Paulo: Emplasa/CEM, 2013. p. 33. Sobre a redução do déficit habitacional em âmbito federal no período, *vide* Cardoso (2019) e Lima Neto, Furtado e Krause (2013).

CAPÍTULO 3

SÃO PAULO COMO ESTUDO DE CASO

Nos últimos quinze anos, os estudos jurídicos de natureza empírica ampliaram-se no país,[290] muito embora ainda não tenham se consolidado enquanto prática permanente nas faculdades de direito. Os bons ventos — sentidos pela profusão de redes e encontros acadêmicos sobre o tema,[291] ampliação das fontes de financiamento[292] e publicações especializadas[293] — sopram em um terreno árido marcado pelo histórico atraso das pesquisas do direito, em comparação com outras áreas das demais ciências humanas.

De acordo com Nobre,[294] esse atraso deve-se, em grande medida, ao isolamento em relação a outras disciplinas bem como à confusão entre prática profissional e pesquisa acadêmica. O modelo do parecer tornou-se, por muito tempo, o padrão da pesquisa jurídica desenvolvida no universo acadêmico do campo do direito.

---

290 SILVA, Fábio de Sá e. Vetores, desafios e apostas possíveis na pesquisa empírica em direito no Brasil. Revista de Estudos Empíricos em Direito. *Brazilian Journal of Empirical Legal Studies*, v. 3, n. 1, p. 24-53, jan. 2016.

291 Destaque-se aqui a formação e consolidação da Rede de Estudos Empíricos em Direito (REED), a Associação Brasileira de Pesquisadores em Sociologia do Direito (AbraSD) e do próprio Instituto Brasileiro de Direito Urbanístico, cujos congressos anuais reúnem centenas de pesquisadores do campo.

292 Ressalte-se aqui o pioneiro projeto "Pensando o Direito", da Secretaria de Assuntos Legislativos do Ministério da Justiça, experiência premiada de inovação na gestão pública da ENAP; os editais do Conselho Nacional de Justiça, da Secretaria Nacional de Reforma do Judiciário do Ministério da Justiça e do Instituto de Pesquisa Econômica Aplicada (Ipea).

293 Vale a consulta à coleção da *Revista de Estudos Empíricos em Direito*, criada em 2014.

294 NOBRE, Marcos *et al.* (org.). *O que é pesquisa em direito?* São Paulo: Quartier Latin, 2005.

A presente pesquisa insere-se nesse cenário inovador e busca caminhar pelas trilhas abertas por esses movimentos recentes em torno da pesquisa empírica no direito. Busca compreender as transformações operadas na realidade concreta pela legislação urbanística nacional, a partir de um estudo de caso sobre o plano diretor de São Paulo, cujos pressupostos e escolhas metodológicas serão expostos a seguir.

3.1 O estudo de caso como estratégia de pesquisa

O estudo de caso, uma entre as múltiplas formas de se fazer pesquisa nas ciências sociais, é utilizado desde as primeiras décadas do século XX por diversas áreas das ciências humanas (sociologia, política, antropologia, economia etc.). No entanto, a utilização dessa estratégia de pesquisa no âmbito do direito é fenômeno recente.[295]

Como toda e qualquer estratégia de pesquisa, o estudo de caso possui vantagens e desvantagens próprias e, para sua utilização, convém superar alguns dos preconceitos tradicionalmente levantados sobre esse método de investigação.

Segundo Yin,[296] a utilização do estudo de caso como estratégia de pesquisa no âmbito das ciências sociais tem sido objeto de desprezo acadêmico por uma série de razões. Dentre as críticas, vale mencionar a suposta falta de rigor, a ausência de base para generalização científica, o tempo enorme para sua elaboração e os resultados expostos por narrativas extensas e maçantes. Yin[297] propõe um caminho metodológico de construção do caso, cujas etapas serão percorridas para a análise da implementação do plano diretor de São Paulo.

O autor distingue o estudo de caso para fins de pesquisa de outras estratégias, a partir de três critérios fundamentais: *(i)* tipo de questões de pesquisa; *(ii)* foco em fenômenos históricos ou contemporâneos e *(iii)* grau de controle do pesquisador sobre os eventos ocorridos. Cada estratégia de pesquisa corresponde uma maneira distinta de coleta e análise de provas empíricas, as quais não devem ser dispostas hierarquicamente.

As questões de pesquisa que orientam o estudo de caso são prioritariamente as de tipo "como" e "por que" que têm como foco eventos

---

[295] Para um panorama dos estudos de caso desenvolvidos no campo do direito, cf. Machado (2017).

[296] YIN, Robert K. *Estudo de caso*: planejamento e métodos. 3. ed. Porto Alegre: Editora Bookman, 2001.

[297] *Idem*, 2001.

contemporâneos ocorridos no contexto da vida real e com baixo grau de controle por parte do pesquisador.

Trata-se de investigação empírica que permite a utilização de diversas fontes de evidência, a inclusão de métodos quantitativos e qualitativos, além de exigir o desenvolvimento prévio de proposições teóricas para conduzir a coleta e análise de dados.

Embora se trate de método de pesquisa empírica, a teoria desempenha um papel central a fim de garantir a qualidade dos resultados alcançados. As proposições teóricas não apenas facilitam a coleta de dados, mas constituem-se no principal veículo para generalização analítica dos resultados a partir do estudo de um único caso.

A distinção entre generalização analítica e estatística é um dos maiores desafios para o desenvolvimento de estudos de caso. De acordo com Yin,[298] a generalização estatística busca investigar um universo com base em dados empíricos coletados em uma amostra específica. Estudos de caso, porém, não são unidades de amostragem. O objetivo do estudo de caso é generalizar teorias e não enumerar frequências.

Yin[299] dá exemplos de como estudos de caso únicos podem ser generalizados. Cita como exemplo o livro de Jane Jacobs, *The Death and Life of Great American Cities,* o qual, ao descrever experiências singulares da cidade de Nova Iorque, consegue tratar de questões teóricas mais amplas sobre planejamento urbano. As questões estudadas representam, no final das contas, a formulação de uma teoria sobre planejamento urbano.

Esse movimento analítico das pesquisas sociais qualitativas é também descrito por Lund,[300] que reconhece que o que define os estudos de caso é justamente a combinação e o movimento dinâmico entre as categorias "específico", "geral", "abstrato" e "concreto". O autor faz uma distinção entre generalização empírica e analítica (também por ele denominada de abstração). A primeira diz respeito a um número limitado de eventos que se pretendem válidos para um grupo maior. A generalização analítica, por sua vez, identifica características fundamentais ou constitutivas de um fenômeno. O autor aponta para a possibilidade de se promover uma aproximação progressiva entre

[298] *Idem*, 2001.

[299] YIN, Robert K. *Estudo de caso*: planejamento e métodos. 3. ed. Porto Alegre: Editora Bookman, 2001.

[300] LUND, Christian. Of what is this a case? Analytical movements in qualitative Social Science Research. *Human Organization*, v. 73, n. 3, 2014.

conceitos abstratos e observação empírica, o que pode ajudar a discernir um fenômeno empiricamente e descrevê-lo conceitualmente.

Nesse movimento dinâmico, Lund[301] sugere que sejamos explícitos sobre a forma de operacionalizar os conceitos, já que os conceitos são abstratos e não possuem referência empírica imediata. O autor cita como exemplo justamente o direito de propriedade ,que é um conceito abstrato, "difícil de ver", mas que pode ser operacionalizado e descrito partir de fenômenos empíricos. Lund,[302] que elaborou um estudo de caso sobre conflitos fundiários em Gana, lembra que as chances são pequenas de se apreender do trabalho de campo um significado compartilhado para a palavra propriedade. Porém, é possível enxergá-la, na realidade, por meio das transferências de terra (compra e venda de imóveis, heranças etc.), das ocupações e despejos, dos atos e documentos relacionados ao planejamento e à tributação, bem como através de ações judiciais.

Para Yin,[303] a generalização analítica constitui-se como importante critério de avaliação da qualidade de um estudo de caso. Em estudos de caso únicos, especialmente, os conceitos e linhas teóricas podem dar "validade externa" da pesquisa ao definir o domínio no qual as descobertas podem ser generalizadas. As referências teóricas do presente estudo de caso estão descritas nos capítulos um e dois deste livro e orientaram a elaboração das questões de pesquisa e a coleta de dados posterior.

A qualidade do estudo empreendido depende também de procedimentos operacionais, por exemplo, a utilização de fontes múltiplas de evidência — tais como documentos, registro em arquivos, entrevistas, observação direta, observação participante etc. — e a revisão do relatório por "informantes-chave". Tais procedimentos estabelecem a ligação entre as questões de pesquisa, os dados coletados e as conclusões teóricas. A confiabilidade do caso é garantida na medida em que demonstra que se os procedimentos de pesquisa forem repetidos podem apresentar os mesmos resultados, minimizando erros e vieses. Yin[304] ressalta ainda a relevância de se documentar os procedimentos utilizados, elaborar um protocolo do estudo de caso e construir um banco de dados.

---

301 *Idem*, 2014.

302 *Idem*, 2014.

303 YIN, Robert K. *Estudo de caso*: planejamento e métodos. 3. ed. Porto Alegre: Editora Bookman, 2001.

304 *Idem*, 2001.

A elaboração do estudo de caso de São Paulo exigiu um esforço na delimitação do objeto a ser estudado, o detalhamento dos procedimentos seguidos durante a pesquisa e uma busca constante por algum grau de generalização analítica. O desafio permanente foi produzir reflexões, a partir de uma cidade com uma série de características muito particulares como é São Paulo, que possam também iluminar os avanços e limites comuns aos mais diversos Municípios brasileiros no processo de implementação da legislação urbanística.

3.2 O caso de São Paulo

Inicialmente, convém apresentar as razões e os fundamentos da escolha do estudo de caso do plano diretor de São Paulo de 2002 (Lei Municipal nº 13.430/02).

O caso do plano diretor do Município de São Paulo pode ser considerado uma boa referência de estudo dessa nova geração de planos diretores instituída após a promulgação do Estatuto da Cidade. Primeiro, em razão das próprias características da cidade: o Município São Paulo é uma das maiores cidades do mundo, com população estimada de 12,2 milhões de habitantes[305] e representante de cerca 11% do PIB brasileiro.[306] Possui ainda o maior orçamento das cidades brasileiras, com valor correspondente a 54 bilhões[307] e uma profunda desigualdade social e territorial.

De um lado, regula a produção de 2,1 milhões de m^2 de construções verticais privadas, no valor de R$9,9 bilhões anuais.[308] De outro, possui aproximadamente 3 milhões de pessoas que vivem em favelas e loteamentos clandestinos e irregulares e um déficit habitacional

[305] INSTITUTO BRASILEIRO DE GEOGRAFIA E ESTATÍSTICA — IBGE. *Pesquisa de Informações Básicas Municipais*: perfil dos Municípios brasileiros 2018. Rio de Janeiro: IBGE, 2019.

[306] FUNDAÇÃO SEADE. São Paulo, 2014.

[307] Cf. consulta realizada no endereço eletrônico http://www.saopaulo.sp.leg.br/orcamento2016/, acesso em: 13 jul. 2019.

[308] Centro de Estudo da Metrópole da Faculdade de Filosofia, Letras e Ciências Humanas da Universidade de São Paulo (USP) e do Centro Brasileiro de Análise e Planejamento (CEBRAP) *apud* MARQUES, Eduardo (org.). *As políticas do urbano em São Paulo*. São Paulo: Editora UNESP; Centro de Estudos da Metrópole, 2018.

aproximado de 600 mil moradias.[309] Destaque-se que nas regiões mais pobres e mais distantes da cidade concentra-se a população preta e parda.[310]

O plano diretor de São Paulo (Lei Municipal nº 13.430/02) foi ainda um dos primeiros aprovados após a edição do Estatuto da Cidade e inseriu os instrumentos jurídico-urbanísticos previstos na lei federal.[311] Gerou efeitos por mais de dez anos — e foi, portanto, executado por gestões de diferentes partidos políticos[312] — passando recentemente por um processo de revisão. O lapso temporal permite avaliar de maneira consistente os efeitos da legislação urbanística da cidade.

Naturalmente, não se busca aqui dar conta da enorme diversidade regional do nosso país que, como se sabe, é composto por 5.570 Municípios[313] das mais distintas características demográficas, sociais, políticas e culturais. Todavia, o estudo de caso de São Paulo permite traçar características gerais do planejamento territorial a partir de uma grande cidade localizada em região metropolitana. A urbanização no Brasil tem perfil notadamente metropolitano, sendo certo que as grandes cidades concentram parte expressiva da população urbana e da produção da riqueza. Vale notar que 50% da população brasileira vivem nos 25 maiores aglomerados urbanos e 63% do Produto Interno Bruto (PIB) brasileiro são produzidos nessas cidades.[314]

Como lembra Yin,[315] o estudo de caso único pode ter como fundamento lógico os casos representativos ou típicos ou decisivos para testar uma boa teoria. São Paulo pode, portanto, significar uma boa referência

---

[309] Centro de Estudo da Metrópole da Faculdade de Filosofia, Letras e Ciências Humanas da Universidade de São Paulo (USP) e do Centro Brasileiro de Análise e Planejamento (CEBRAP) *apud Idem*, 2018.

[310] LIMA, Márcia. "Raça" e pobreza em contextos metropolitanos. *Tempo Social — Revista de Sociologia da USP*, v. 24, n. 2, p. 239, 2012.

[311] BONDUKI, Nabil. Plano Diretor Estratégico de São Paulo. In: BUENO, Laura; CYMBALISTA, Renato (org.). *O município em ação*: elaboração e aplicabilidade de planos diretores. São Paulo: Anna Blume, 2007.

[312] O período de vigência do plano diretor de 2002 inclui a administração da Prefeita Marta Suplicy (PT) e dos Prefeitos José Serra (PSDB), Gilberto Kassab (PFL/DEM/PSD) e Fernando Haddad (PT).

[313] BRASIL. Presidência da República. *Planalto*. Brasília, DF, 2018. Disponível em: www.planalto.gov.br. Acesso em: 21 jul. 2018.

[314] INSTITUTO DE PESQUISA ECONÔMICA APLICADA — IPEA. *Relatório brasileiro para o Habitat III*. Brasília: Concidades, IPEA, 2016.

[315] YIN, Robert K. *Estudo de caso*: planejamento e métodos. 3. ed. Porto Alegre: Editora Bookman, 2001.

empírica capaz de identificar tendências e aprendizados comuns a essa nova geração de planos diretores aprovada na última década no país.

Iluminar os avanços e retrocessos na implementação do plano diretor de São Paulo pode ajudar a compreender os processos voltados para a regulamentação e aplicação do Estatuto da Cidade nas cidades brasileiras. A notificação dos imóveis que, para fins de aplicação dos instrumentos de utilização, edificação e parcelamento compulsórios, por exemplo, ocorreu apenas em 2014 na cidade de São Paulo.[316] A dificuldade de aplicação desse instrumento jurídico-urbanístico tem sido também observada em diversos planos diretores aprovados na última década.[317]

Vale notar que o plano diretor de São Paulo de 2002 foi objeto de estudo por alguns trabalhos recentes.[318] Parte deles elege como categoria analítica o processo de elaboração e revisão da lei municipal[319] ou o seu conteúdo.[320] Há ainda estudos específicos sobre a implementação de determinados instrumentos urbanísticos instituídos pelo plano diretor

---

316 BRASIL. Ministério das Cidades. *Cartilha da 6ª Conferência Nacional das Cidades*. Brasília, 11 nov. 2015a. Disponível em: https://www.mdr.gov.br/conselho-das-cidades/secretaria-executiva/108-conselho-das-cidades/conferencia-das-cidades/3944-6-conferencia-das-cidades. Acesso em: 29 mar. 2020.

317 SANTOS JUNIOR, Orlando Alves dos; MONTANDON, Daniel Todtmann. Síntese, Desafios e Recomendações. In: SANTOS JUNIOR, Orlando Alves dos; MONTANDON, Daniel Todtmann (org.). *Os planos diretores municipais pós Estatuto da Cidade*: balanço crítico e perspectivas. Rio de Janeiro: Letra Capital: Observatório das Cidades: IPPUR/UFRJ, 2011b.

318 BONDUKI, Nabil. *A luta pela reforma urbana no Brasil*. Do Seminário de Habitação e Reforma Urbana ao plano diretor de São Paulo. São Paulo: Instituto da Cidade, 2018.

319 ARAÚJO, Alexandra Fuchs de. *Participação democrática na administração*: o procedimento da reforma do plano diretor da cidade de São Paulo nas gestões Kassab (2006-2012) e Haddad (2013-2016). 2016. Dissertação (Mestrado) — Faculdade de Direito, Universidade de São Paulo, São Paulo, 2016; HIRATA, Márcia Saeko; PEREIRA, Paulo Cesar Xavier. A participação na revisão do plano diretor estratégico de São Paulo. Apropriação e consumo na produção do espaço urbano. *Scripta Nova*: Revista Electrónica de Geografía y Ciencias Sociales, v. 14, n. 331, ago. 2010.

320 GASPAR, Ricardo Carlos. *Economia, política e território*: o plano diretor de São Paulo. 2005. Tese (Doutorado) — Pontifícia Universidade Católica de São Paulo, São Paulo, 2005.

de 2002, tais como a ZEIS,[321] o FUNDURB[322] e a outorga onerosa do direito de construir.[323] A obra visa analisar o processo de implementação do plano diretor de 2002 de forma mais geral, com destaque para a regulamentação e aplicação das regras jurídicas por ele instituídas.

3.3 As questões de pesquisa, unidades de análise e coleta de dados

Conforme acima mencionado, o estudo de caso permite um mergulho profundo em determinado fenômeno e sua observação a partir de várias fontes de evidência. Trata-se de método que exige a construção de um objeto empírico bem definido e específico, sendo certo que boa parte do trabalho está em restringir e recortar o caso explicitando suas fronteiras.[324] Nessa direção, convém definir as questões de estudo, as unidades de análise e as estratégias específicas para coleta de dados a fim de detalhar os procedimentos utilizados para a construção desse caso.

O objetivo principal do trabalho é compreender a maneira pela qual o poder público buscou dar efeitos concretos às regras previstas no plano diretor. A questão fundamental de pesquisa é, portanto, o modo pelo qual o poder público regulamentou e aplicou as normas do plano diretor de 2002.

Trata-se, portanto, de pergunta que leva a respostas de médio alcance, as quais devem transitar entre as grandes explicações teóricas sobre o Estado e o direito e a descrição detalhada do cotidiano de

---

[321] GATTI, Simone. *Entre a permanência e o deslocamento*: ZEIS-3 como ferramenta de manutenção da população de baixa renda em áreas centrais. O caso da ZEIS-3 inserida no perímetro do Nova Luz. 2015. Tese (Doutorado) — Faculdade de Arquitetura e Urbanismo, Universidade de São Paulo, São Paulo, 2015; SANTO AMORE, Caio. *Entre o nó e o fato consumado, o lugar dos pobres na cidade*: um estudo sobre as ZEIS e os impasses da reforma urbana na atualidade. 2013. Tese (Doutorado) — Faculdade de Arquitetura e Urbanismo, Universidade de São Paulo, São Paulo, 2013; CALDAS, Nisimar Martinez Pérez. *Os novos instrumentos da política urbana*: alcance e limitações das ZEIS. 2009. Tese (Doutorado) — Faculdade de Arquitetura e Urbanismo, Universidade de São Paulo, São Paulo, 2009.

[322] PAIM, Débora Gambetta. *A instrumentalização da política urbana no Município de São Paulo*: uma análise do Fundo Municipal de Desenvolvimento Urbano. 2019. Dissertação (Mestrado) — Universidade de São Paulo, São Paulo, 2019.

[323] NOBRE, Eduardo. Recuperação da valorização imobiliária para financiamento da transformação urbana. In: *Eixos de Estruturação da Transformação Urbana*: Inovação e Avaliação em São Paulo. Brasília: IPEA, 2016.

[324] MACHADO, Maíra. O estudo de caso na pesquisa em direito. *In*: MACHADO, Maíra (org.). *Pesquisar empiricamente o Direito*. São Paulo: Rede de Estudos Empíricos em Direito, 2017.

burocratas em nível de rua, buscando iluminar os processos e dinâmicas ocorridos na gestão pública após a aprovação do novo plano diretor da cidade em uma escala intermediária.

As respostas para a pergunta central foram buscadas a partir de subdivisões do próprio plano: *(i)* as regras de uso e ocupação do solo, *(ii)* os instrumentos urbanísticos e *(iii)* as políticas setoriais.

O poder público é entendido aqui em sentido amplo, incluindo o Poder Executivo, Legislativo e Judiciário. As unidades de análise selecionadas no âmbito deste estudo de caso são a Prefeitura de São Paulo, a Câmara Municipal de São Paulo e o Tribunal de Justiça do Estado de São Paulo. A cada unidade de análise correspondem estratégias de coleta de dados específicas, as quais serão descritas com detalhe a seguir.

Quais os principais avanços e dificuldades encontrados na implementação do plano diretor? Como foram definidos os parâmetros de uso e de ocupação do solo? De que maneira os instrumentos da política urbana foram regulamentados e aplicados? Quais os principais atores e interesses em jogo? Quais os tipos de interação público-privada foram observados no processo? De que forma as interpretações e decisões do campo do direito e do sistema de justiça influenciaram o processo de implementação do plano diretor?

Na primeira fase da pesquisa empírica, foi priorizada a coleta de documentos, a construção de banco de dados e a análise de arquivos.

No âmbito da Prefeitura de São Paulo, o objetivo foi verificar a maneira pela qual o Poder Executivo buscou dar efeitos concretos para as normas que regulam os parâmetros de uso e de ocupação do solo, as ações estratégicas e planos setoriais, bem como para a aplicação dos instrumentos urbanísticos (ZEIS, outorga onerosa do direito de construir, operações urbanas, IPTU progressivo no tempo, desapropriação com pagamentos em títulos da dívida pública, entre outros).

A coleta de dados realizada foi de caráter predominantemente documental. Foram encaminhados também pedidos para a Prefeitura de São Paulo, Câmara de Municipal de São Paulo, Defensoria Pública do Estado de São Paulo e Ministério Público do Estado de São Paulo com base na de Lei de Acesso a Informações (Lei Federal nº 12.527/11; Decreto Federal nº 7.724/12 e Decreto Municipal nº 53.623/12). Dos órgãos solicitados, não foi possível acessar as informações requeridas apenas do Ministério Público do Estado de São Paulo.

A partir das respostas da Prefeitura, foram identificados os processos administrativos relacionados à revisão e avaliação do plano diretor e da lei de uso e de ocupação do solo, os quais foram solicitados desarquivamento.[325]

Foram realizadas também visitas à Biblioteca da Secretaria Municipal de Desenvolvimento Urbano para consulta aos arquivos e coleta direta de documentos com os servidores do Departamento de Legislação de Uso e Ocupação do Solo da mesma Secretaria. A visita direta à Prefeitura permitiu o mapeamento preliminar de "informantes-chave" para a realização das entrevistas em momento posterior.

Foram levantados os documentos de avaliação do plano diretor elaborados pela própria equipe da Prefeitura, notadamente aqueles produzidos durante o processo de elaboração do plano diretor de 2014[326] e a publicação elaborada pela Prefeitura com a avaliação dos dez anos de aprovação do plano diretor de 2002.[327]

O *site* da Prefeitura de São Paulo foi também uma fonte importante de coleta de dados e informações, com destaque para o endereço eletrônico "gestão urbana". Após a promulgação do plano diretor de 2014, foi instituído um sistema de monitoramento eletrônico dos instrumentos do plano, o qual, muitas vezes, inclui informações sobre o plano diretor anterior.

Os pareceres e notas técnicas da Procuradoria Municipal foram coletados no *site* da Secretaria de Negócios Jurídicos, bem como na Biblioteca da Procuradoria Geral do Município.

Durante a investigação percebeu-se que três dos instrumentos urbanísticos receberam especial atenção nas diversas gestões municipais: ZEIS, outorga onerosa e operações urbanas. Por essa razão e por se tratar de instrumentos diretamente relacionados à regulação urbanística do direito de propriedade, optou-se por aprofundar o levantamento de dados sobre essas ferramentas.[328]

O restante dos instrumentos da política urbana previstos no Estatuto da Cidade — parcelamento, edificação e utilização

[325] Foram analisados os seguintes processos administrativos: Processos nº 2001-01.03.865-4; 2001-0134.198-5; 2002-0255.380-5 e 2005-0.097.149-4.

[326] Apresentações feitas pela Prefeitura durante o processo de elaboração do plano diretor de 2014, disponíveis no seguinte endereço eletrônico: http://gestaourbana.prefeitura.sp.gov.br/biblioteca-2/. Acesso em: 15 jul. 2018.

[327] SÃO PAULO. Secretaria Municipal de Desenvolvimento Urbano. *PDE 10 anos*: Plano Diretor Estratégico da Cidade de São Paulo. São Paulo: SMDU, 2012.

[328] Para uma avaliação de planos diretores a partir do estudo do "circuito" dos principais instrumentos urbanísticos — ZEIS, operações urbanas e outorga onerosa do direito de contruir —, *vide* Lima Neto, Krause e Balbim (2014).

compulsórios, IPTU progressivo no tempo e desapropriação por títulos da dívida pública; direito de preempção e o Estudo de Impacto de Vizinhança — é tratado no capítulo 4, que traça um panorama geral das regras previstas no plano diretor. É elaborado um breve relato das informações coletadas sobre cada um desses instrumentos, deixando de fora a análise de seu processo de implementação, tendo em vista a ausência de dados suficientes para o devido aprofundamento.

No caso dos instrumentos de gestão democrática — o Conselho Municipal de Política Urbana, a Câmara Técnica de Legislação Urbanística, o conselho gestor do FUNDURB, conselhos de ZEIS e das operações urbanas — a análise do processo de implementação exigiria a realização de uma investigação específica para verificar o grau e intensidade da participação da sociedade civil e iniciativa privada na gestão municipal, o que não foi possível durante a elaboração deste livro em razão do tempo e dos recursos disponíveis.

No âmbito da Câmara Municipal de São Paulo, o principal objetivo da coleta de dados foi identificar as normas que regulamentaram o plano diretor de 2002, em especial as leis e decretos municipais e os projetos de lei que tramitaram a fim de alterar essa legislação. O mapeamento legislativo foi elaborado a partir das informações disponíveis no *site* do órgão. Foi encaminhado também um pedido com base na Lei de Acesso à Informação para aprofundar o levantamento inicial.

No que se refere à terceira unidade de análise, o Poder Judiciário, o objetivo foi compreender a maneira pela qual as decisões judiciais utilizaram e interpretaram o plano diretor de São Paulo de 2002, bem como identificar conflitos usuais sobre o tema. O levantamento de decisões judiciais teve como objetivo traçar um panorama da jurisprudência do Tribunal de Justiça de São Paulo.

A partir da busca por palavras-chave, a pesquisa jurisprudencial identificou, classificou e analisou as decisões judiciais que mencionam expressamente o plano diretor de São Paulo de 2002 na ementa dos acórdãos a fim de verificar a maneira pela qual o Judiciário interpretou suas regras durante seu período de vigência.

A análise realizada permitiu traçar um panorama das principais questões enfrentadas pelo Poder Judiciário, revelando parte das dificuldades e avanços na implementação do plano diretor e dos instrumentos da política urbana, em especial as Zonas Especiais de Interesse Social, a outorga onerosa do direito de construir e as operações urbanas. Foram levantadas um total de 268 decisões do Tribunal de Justiça do Estado de São Paulo.

Primeiro, foram elaboradas buscas no *site* do Tribunal de Justiça de São Paulo com as palavras-chave "plano diretor" no campo "ementa". A pesquisa foi realizada com as decisões relacionadas a processos oriundos da Comarca de São Paulo. Foram selecionados os campos "2º Grau", "colégios recursais" e "acórdãos" até a data de 28 de agosto de 2019.

Essa amostra inicial coletada é composta de 159 decisões, as quais foram tabuladas em planilha com as seguintes informações: nº de controle interno; palavra-chave; data da publicação; número do processo; tipo de recurso; ação de origem; órgão julgador; tipo de decisão e ementa. As decisões judiciais selecionadas compõem um banco de dados com seu inteiro teor para análise e classificação por tema tratado. A leitura das decisões revelou que parte do material era oriunda de outros Municípios do Estado de São Paulo. Desse total, restaram 45 decisões que citam o plano diretor de São Paulo de 2002 sobre as quais se teceu as considerações analíticas gerais sobre o plano diretor.

Os temas mapeados versam sobre: *(i)* hierarquia e sobreposições entre o plano diretor com a lei de uso e ocupação do solo (Lei Municipal nº 13.885/04), incluindo temas como erros existentes nos quadros e mapas dos planos regionais, conflitos entre os planos regionais e o plano diretor, entre outros; *(ii)* hierarquia e sobreposições entre o plano diretor e o Código de Obras e Edificações (Lei Municipal nº 11.228/92), incluindo temas como as garagens no cálculo da área construída, o mínimo de um elevador para empreendimentos de HIS, entre outros; *(iii)* cálculo da outorga e coeficiente de aproveitamento; *(iv)* instituição dos conselhos gestores de ZEIS; *(v)* direito à moradia e regularização fundiária; e *(vi)* processo de elaboração e revisão do plano diretor, entre outros.

A pesquisa jurisprudencial foi ainda realizada para instrumentos urbanísticos selecionados, a saber: as Zonas Especiais de Interesse Social, as operações urbanas e a outorga onerosa do direito de construir.

O levantamento jurisprudencial sobre a outorga onerosa do direito de construir foi realizado com as palavras-chave "outorga onerosa" e "direito de construir" no campo "pesquisa livre", oriundos da Comarca de São Paulo até 11 de julho de 2019. Foram sistematizadas ao todo 42 decisões judiciais, das quais sete referiam-se ou ao plano diretor de 2014 ou a planos diretores de outras cidades e foram desconsideradas para fins da presente obra.

As 35 decisões utilizadas no estudo referiam-se aos seguintes temas: *(i)* a natureza jurídica não tributária da outorga onerosa do direito de construir; *(ii)* critérios de priorização na aprovação de empreendimento e utilização do estoque construtivo; *(iii)* garagens e o cálculo do coeficiente de aproveitamento; *(iv)* outorga como critério de avaliação de desapropriação; *(v)* irregularidades, fraudes e crimes relacionados à cobrança e ao pagamento da outorga onerosa do direito de construir; *(vi)* o direito de protocolo; *(vii)* as regras de transição do plano diretor de 2002 e o de 2014; *(viii)* pagamento de outorga onerosa para fins de regularização de edificação; *(ix)* aplicação ou não de outorga em casos envolvendo conflitos de sobreposição do plano diretor e legislação específica; e *(x)* valor da outorga como critério para definição da indenização para fins de desapropriação.

O levantamento jurisprudencial sobre as operações urbanas foi realizado com o termo "operação urbana" no campo "ementa", oriundos da Comarca de São Paulo até 2 de setembro de 2019. Foram sistematizadas e analisadas ao todo 40 decisões judiciais sobre o tema. Como as operações urbanas existiam antes do plano diretor de 2002, optou-se por excluir aquelas decisões anteriores a 2002 e as expressamente relacionadas somente ao plano diretor de 2014. As decisões judiciais coletadas referem-se às seguintes operações urbanas: Faria Lima, Água Espraiada, Água Branca, Vila Sônia e Rio Verde Jacu.

Os temas tratados foram: *(i)* as possibilidades de utilização dos benefícios construtivos e o valor das desapropriações; *(ii)* a permanência e remoção de comerciantes e moradores; *(iii)* conflitos de competência do Tribunal; *(iv)* participação popular na elaboração das leis específicas e no processo de licenciamento ambiental; *(v)* implantação de parques lineares e empreendimentos de habitação de interesse social; *(vi)* imprecisões nos perímetros das operações urbanas, modificações e execução dos planos de intervenção; *(vii)* legitimidade da SP Obras para promover a desapropriação; *(viii)* cálculo das contrapartidas; *(ix)* anistia de irregularidades edilícias; e *(x)* conflitos com regras relacionadas ao tombamento.

O levantamento jurisprudencial sobre as ZEIS foi realizado com o termo "zonas especiais de interesse social" e "ZEIS" no campo "ementa", oriundos da Comarca de São Paulo até 5 de setembro de 2019. Do total de 27 decisões levantadas proferidas pelo Tribunal de Justiça de São Paulo durante a vigência do plano diretor de 2002, sobre as Zonas Especiais de Interesse Social, apenas 14 referem-se ao plano diretor de 2002.

Os principais temas que geraram conflitos e que mencionaram na ementa expressamente as Zonas Especiais de Interesse Social (ZEIS) foram: *(i)* a permanência ou a remoção de moradores de áreas delimitados como ZEIS; *(ii)* a aprovação de loteamento de alto padrão em ZEIS ("direito de protocolo"); *(iii)* conflitos de competência entre as Câmaras de Direito Privado e de Direito Público do TJ-SP; *(iv)* impossibilidade de regularização fundiária em mananciais em áreas não demarcadas como ZEIS; e *(v)* parâmetros urbanísticos de HIS e HMP. As áreas mencionadas expressamente pelas decisões foram: Favela dos Eucaliptos, "Cracolândia" e Favela do Tanque.

O levantamento jurisprudencial incluiu, portanto, o estudo de um total de 268 decisões e pode ser considerado como um bom retrato do papel desempenhado do Tribunal de Justiça de São Paulo na concretização da nova legislação urbanística na cidade de São Paulo. Essa frente de trabalho contribuiu de maneira significativa para a compreensão do processo de implementação do plano diretor.

Primeiro, a análise das decisões judiciais revelou o gradual reconhecimento do Poder Judiciário dos instrumentos trazidos pelo Estatuto da Cidade, tais como as ZEIS, outorga onerosa do direito de construir, operações urbanas, entre outros. Permitiu, ainda, identificar gargalos jurídicos na implementação do plano diretor.

Foi possível ainda perceber que as decisões do tribunal são capazes de influenciar a implementação da política urbana na cidade e determinar os efeitos que serão produzidos (ou não) pelo plano diretor, especialmente no caso das ações judiciais de efeitos *erga omnes*, como as ações diretas de inconstitucionalidade e ações civis públicas. Como exemplo, pode-se citar a decisão que suspendeu a revisão intermediária do plano diretor ou, ainda, a que suspendeu a operação urbana Vila Sônia.

Há, porém, que se ressalvar que a pesquisa tem suas limitações de tempo e recursos disponíveis para sua execução. Não teve a pretensão de analisar todas as decisões proferidas em segunda instância — o levantamento restringiu a abordagem às menções dos termos na ementa e não no inteiro teor dos acórdãos — e não incluiu nem a primeira instância, nem o Supremo Tribunal Federal e o Superior Tribunal de Justiça. Além disso, a opção metodológica exclui a análise das decisões judiciais tomadas durante o período de vigência do plano diretor, mas que não tenham citado as ferramentas jurídicas previstas no Estatuto da Cidade. Conforme demonstrado por testes de cunho exploratório realizado, tal tarefa exigiria a análise de milhares de decisões. Fica, contudo, como agenda de pesquisa futura, integrando a lista de inúmeras aspirações voltada à continuidade da empreitada investigativa em outras oportunidades.[329]

Foi realizada pesquisa nos jornais do período de vigência do plano diretor de São Paulo no acervo disponível na Hemeroteca da Biblioteca Mário de Andrade do jornal *Folha de São Paulo*. O termo de pesquisa utilizado foi "plano diretor" e "São Paulo", excluindo-se os cadernos "Folha Campinas", "Folha Vale" e "Classificados", durante o período de 1º de janeiro de 2001 e 31 de dezembro de 2014. A pesquisa foi realizada também no acervo digital do jornal *O Estado de São Paulo* e *Folha de São Paulo*. Foram identificadas 811 referências que permitiram mapear o rol de notícias e textos de opinião veiculados no período.

Por fim, outra fonte de evidência utilizada para o estudo da implementação do plano diretor de São Paulo foram as entrevistas semiestruturadas. Primeiro, foi elaborado um protocolo com questões orientadoras e procedimento necessário. As entrevistas e respectivo protocolo foram aprovados pela Comissão de Ética da Faculdade de Direito da Universidade de São Paulo. A transcrição das entrevistas foi enviada por e-mail para os entrevistados, que sugeriram alterações pontuais de trechos da entrevista, as quais foram incorporadas, pois não alteravam o sentido das afirmações.

Os entrevistados foram selecionados a partir da análise documental, visitas à Prefeitura de São Paulo e diálogos informais com pesquisadores do tema. A lista final foi definida a partir dos seguintes critérios: *(i)* priorizar atores de todas as gestões municipais; *(ii)* incluir atores da Prefeitura de perfil técnico e jurídico; *(iii)* incluir representantes do Ministério Público e da Defensoria Pública; e *(iv)* incluir representantes do setor privado e da sociedade civil.

Foram realizadas dez entrevistas com duração de uma a quatro horas cada sob a condição de anonimato. Apenas um dos entrevistados renunciou ao anonimato. A opção da pesquisadora, porém, foi manter o sigilo para todos os entrevistados a fim de não conferir tratamento diferenciado a nenhum dos relatos.

Os entrevistados integraram diversas instituições e organizações em cargos variados nas gestões de partidos políticos de diferentes matizes. Na Prefeitura, os servidores e ocupantes de cargos comissionados integraram as seguintes Secretarias: Secretaria de

---

329 Mais sobre pesquisa jurisprudencial no direito urbanístico, vale a consulta às análises sobre o Tribunal de Justiça do Estado de São Paulo (Libório *et al.*, 2016); sobre o Tribunal de Justiça do Estado do Rio Grande do Sul (Alfonsin *et al.*, 2016) e sobre conflitos fundiários urbanos no Brasil (Milano, 2017).

Desenvolvimento Urbano, por meio do Departamento de Uso do Solo (DEUSO), do Departamento de Urbanismo (DEURB) e pela empresa pública SP Urbanismo; a Secretaria de Governo; a Secretaria de Finanças; a Secretaria de Habitação; a Secretaria de Negócios Jurídicos e a Procuradoria Geral do Município de São Paulo. Apesar das tentativas, não foi possível realizar entrevistas com os promotores, defensores públicos e vereadores envolvidos na implementação do plano diretor de São Paulo.

Os entrevistados ocuparam cargos de natureza múltipla, incluindo servidores públicos ou não, que, em sua maioria, ocuparam cargos comissionados em diferentes gestões, incluindo secretários, diretores e chefes de gabinete. Trata-se, portanto, de perspectiva que privilegia o olhar da burocracia de alto e médio escalão[330] — excluídos aqui, o que a literatura especializada denomina do nível de rua.[331]

Foram entrevistados ainda um representante do mercado imobiliário e um representante de uma organização da sociedade civil. A maioria das entrevistas, porém, concentrou-se na burocracia de alto e médio escalão que acompanhou diretamente o processo no período e participou diretamente das decisões que envolveram a regulamentação e a aplicação do plano diretor no âmbito da prefeitura.

As entrevistas foram utilizadas de forma subsidiária com o objetivo de complementar a análise documental prévia e permitiram reconstruir de forma dinâmica o processo de implementação do plano diretor de São Paulo.[332] As entrevistas foram cotejadas entre si e as demais fontes documentais.

No capítulo 4, voltado para a compreensão da regulamentação e aplicação do plano diretor, foi dado destaque às percepções dos entrevistados sobre o processo. Os entrevistados foram selecionados em razão da experiência vivida diretamente sobre o processo e possibilitaram reconstruir as conquistas e os desafios enfrentados pelo poder público durante o período e identificar os principais gargalos jurídicos-institucionais.

---

330 LOTTA, Gabriela; PIRES, Roberto; OLIVEIRA, Vanessa. Burocratas de médio escalão: novos olhares sobre velhos atores da produção de políticas públicas. *Revista do Serviço Público*, Brasília, v. 65, n. 4, p. 463-492, out./dez. 2014.

331 LIPSKY, Michael. *Street-level bureaucracy*: dilemas of the individual in public services. New York: Russel Sage Foundation, 1980.

332 Sobre as conveniências e inconveniências da utilização para fins qualitativos da técnica de entrevistas na pesquisa em direito, *vide* Xavier (2017).

As conclusões analíticas do trabalho são fruto do exame dos documentos e entrevistas realizadas, as quais foram transcritas e utilizadas para reconstituir o processo de implementação do plano diretor de São Paulo. As falas que sustentam os resultados do trabalho são acompanhadas de grifos dos trechos principais, com a finalidade de ressaltar argumentos e percepções relevantes para a compreensão das mudanças do período.

Os aspectos metodológicos desenvolvidos neste capítulo permitiram justificar a utilização do estudo de caso como estratégia de pesquisa e as razões da escolha do plano diretor de São Paulo de 2002 como objeto de estudo. Ademais, a identificação das questões de pesquisa e das unidades de análise deixam claro os passos percorridos durante a realização do trabalho empírico, os resultados principais alcançados com a coleta de dados.

A dimensão analítica da pesquisa empírica realizada é examinada mais adiante. O capítulo 4 explora o processo de implementação das novas regras urbanísticas trazidas pelo plano diretor da cidade.

O capítulo 4 trata da regulamentação e aplicação do plano diretor e demonstra que os arranjos institucionais da política urbana modificaram gradualmente a gestão territorial municipal, trazendo conquistas e desafios para concretização da função social da propriedade urbana.

AVANÇOS E LIMITES NA IMPLEMENTAÇÃO DO PLANO DIRETOR DE SÃO PAULO[333]

Este capítulo destina-se a apresentar os principais resultados da pesquisa empírica realizada sobre o plano diretor de São Paulo de 2002.

O texto divide-se em duas partes centrais: a primeira voltada para o processo de regulamentação e aplicação do plano diretor e a segunda, para os principais gargalos jurídico-institucionais enfrentados pelo poder público para dar efetividade às novas normas urbanísticas da cidade.

De um lado, evidencia-se que os arranjos institucionais da política urbana criados em âmbito federal foram incorporados pela gestão pública no Município de São Paulo durante os anos 2000. Tais avanços no nível municipal serão analisados em diálogo com as regras

[333] O capítulo 4 deste livro foi publicado em versão em espanhol no livro *Procesos de políticas públicas en gobiernos subnacionales. Casos de México, Brasil y Chile* (Meza, Moya, 2023) e, parcialmente, em português nas obras *Propriedades em Transformação 2: Expandindo a agenda de pesquisa, vol. 2* (Coutinho *et al.*, 2021) e *Instrumentos urbanístico e sua (in)efetividade* (Vieira; Vieira, 2021). Ver: FONTES, Mariana Levy Piza. Cambios incrementales de la política urbana brasileña: el caso del plan director de São Paulo. In: Oliver Meza; Emilio Moya (ed.). *Procesos de políticas públicas en gobiernos subnacionales*. Casos de México, Brasil y Chile. Guadalajara: Tirant lo Blanch, 2023. p. 93-115; FONTES, Mariana Levy Piza. Cambios incrementales de la política urbana brasileña: el caso del plan director de São Paulo. *In*: Oliver Meza; Emilio Moya (ed.). *Procesos de políticas públicas en gobiernos subnacionales*. Casos de México, Brasil y Chile. Guadalajara: Tirant lo Blanch, 2023. p. 93-115; FONTES, Mariana Levy Piza. Em busca da efetividade das ZEIS: a experiência de São Paulo (2002-2014). *In*: VIEIRA, Bruno Soeiro; VIEIRA, Iracema de Lourdes Teixeira. (org.). *Instrumentos urbanístico e sua (in)efetividade*. Londrina: Editora Toth, 2021. II v.

que compõem o marco jurídico-urbanístico federal, em particular a Constituição Federal e o Estatuto da Cidade.

Foram observados avanços substanciais na regulação do mercado imobiliário e na aplicação de instrumentos da política urbana. As regras jurídicas que regulam a propriedade urbana na cidade são colocadas em movimento pelos atores e interesse em jogo na cidade, incluídos aqui os atores estatais integrantes do sistema de justiça, tais como a Procuradoria do Município, o Ministério Público do Estado de São Paulo, Defensoria Pública e o Tribunal de Justiça do Estado de São Paulo.

Tais conquistas, contudo, são acompanhadas de uma série de tensões e contradições. A ambiguidade — presente desde o século XIX no direito propriedade imobiliária no Brasil[334] — parece caracterizar até os dias de hoje a regulação urbanística nas cidades brasileiras.

O capítulo revela que o direito aparece como variável explicativa relevante, pois permite, de um lado, examinar a maneira pela qual se ampliaram as capacidades estatais municipais no âmbito da regulação urbanística da propriedade. De outro, é capaz de iluminar também os obstáculos e dificuldades de implementação da política urbana pelo poder público, por vezes subestimados nos estudos sobre planejamento territorial. Tais gargalos jurídico-institucionais serão identificados e analisados na parte final do capítulo.

4.1 O processo de regulamentação e aplicação do plano diretor

A implementação de políticas públicas desenvolve-se em geral a partir da conexão entre regulamentação e aplicação de regras jurídicas. O processo de criação de leis, decretos, portarias e resoluções é acompanhado pela construção de interpretações e pela aplicação das normas pelo poder público.

Este item busca mostrar a maneira pela qual o poder público regulamentou e aplicou o plano diretor após sua aprovação pela Lei

[334] Raquel Rolnik, ao analisar a legislação urbanística paulistana do século XIX, identifica a ambiguidade presente no regime jurídico da propriedade imobiliária no Brasil desde a promulgação da Lei de Terras (Lei nº 601, de 1850), que extinguiu o sistema de sesmarias e estabeleceu um padrão dual de tensão permanente entre ocupação real e o direito de propriedade, entre o acesso formal e informal. Essas ambiguidades — expressas também pela convivência entre a liberdade para aquisição da propriedade imobiliária e permanência do regime de escravidão no país — trazem consequências até os dias de hoje para o desenvolvimento urbano das cidades brasileiras (Rolnik, 1995). Sobre o tema, *vide* Holston (2013).

Municipal nº 13.430/02. Trata-se de análise que privilegia o olhar sobre o "direito em ação"[335] por intermédio das principais normas que regulamentaram o plano diretor, os projetos de lei que tramitaram na Câmara Municipal de São Paulo e as decisões judiciais proferidas pelo Tribunal de Justiça do Estado de São Paulo.

Os resultados analíticos da pesquisa são a seguir apresentados em torno, principalmente, dos aspectos relacionados à função social da propriedade urbana e à regulação dos parâmetros de uso e ocupação do solo. Com base nas entrevistas realizadas, em sua maioria composta por integrantes da prefeitura, busca-se reconstituir o processo de regulação do mercado imobiliário durante o período de vigência do plano e dos instrumentos da política urbana aplicados, em especial, a outorga onerosa do direito de construir, as Zonas Especiais de Interesse Social e as operações urbanas.

Ao analisar os instrumentos da política urbana, o texto refaz o duplo caminho percorrido pelo direito e pela política urbana desde a democratização. Examina, assim, a trajetória da regulamentação federal do instrumento — com destaque para as regras previstas no Estatuto da Cidade —, passando pelas inovações introduzidas pelo plano diretor municipal e as normas específicas posteriores. Além da estrutura regulatória, o estudo da aplicação dos instrumentos da política urbana sustenta-se também nos programas e ações executadas no período, a percepção dos entrevistados e as decisões judiciais.

Os instrumentos da política urbana previstos no plano diretor produzem impacto no planejamento territorial municipal, sendo certo que as mudanças operadas nos arranjos institucionais da política urbana foram incorporadas no dia a dia da gestão pública durante o período de 2002 a 2014.

4.1.1 A regulação do mercado imobiliário: as regras de uso e ocupação do solo

Novas regras do jogo da construção na cidade de São Paulo são criadas a partir da aprovação do plano diretor de 2002. Tais regras — frutos de disputas e enfrentamentos durante o processo legislativo de elaboração e aprovação do plano diretor — são regulamentadas e aplicadas a partir de então. Como exemplo, pode-se citar os pactos e negociações em torno do coeficiente de aproveitamento, que mobilizou

[335] POUND, Roscoe. Law in Books and Law in Action. *American Law Review*, v. 44, p. 15, 1910.

diversos atores e interesses em jogo na cidade. O processo legislativo de aprovação do plano diretor será brevemente retomado neste item a fim de esclarecer como essas disputas cristalizaram-se no texto legal.

Os dados coletados e entrevistas realizadas indicam que os embates sobre o potencial construtivo dos terrenos permaneceram durante a regulamentação do plano diretor, operada a partir da aprovação de diversas leis específicas, entre elas: a lei que institui os parâmetros de uso e ocupação do solo urbano e os planos regionais (Lei Municipal nº 13.885/04) e a lei que exclui as garagens do cálculo das áreas computáveis (Lei Municipal nº 14.044/04).

Os embates em torno da regulação do coeficiente construtivo na cidade de São Paulo, combinados com a análise da implementação da outorga onerosa do direito de construir, permitem ainda revelar como as transformações regulatórias operadas em nível federal impactaram no dia a dia da gestão pública municipal.[336]

As mudanças graduais permitiram ampliar a capacidade da Prefeitura na regulação urbanística sobre o mercado imobiliário, muito embora o poder público ainda enfrente uma série de obstáculos para sua concretização de forma plena.

Tais gargalos jurídico-institucionais, que serão objeto de estudo mais aprofundado no próximo item deste capítulo, foram criados, em parte, pelo próprio texto legal do plano diretor de 2002, que buscou aprofundar a legitimidade democrática das normas urbanísticas posteriores, mas, ao mesmo tempo, criou uma engrenagem regulatória complexa, que garantiu a convivência ambígua do zoneamento dos anos 1970 e estabeleceu um desenho institucional que influenciou e aprofundou os conflitos políticos e judiciais posteriores. É o que se verá a seguir, a partir do exame detido da aplicação das regras que instituíram a "fórmula de Adiron" e das regras de vigência, transição e alteração do plano diretor.

4.1.1.1 Os interesses em jogo na disputa pelo coeficiente de aproveitamento

A incorporação do Estatuto da Cidade em São Paulo deve-se, em grande medida, aos resultados das disputas e pactos realizados

---

336 Para um panorama das principais normas aprovadas sobre uso e ocupação do solo, outorga onerosa do direito de construir e Fundo Municipal de Desenvolvimento Urbano, *vide* linha do tempo integrante do apêndice A.

durante o processo legislativo de aprovação do plano e das leis específicas posteriores. O direito cristaliza nas leis municipais os embates e as negociações dos mais diversos atores e interesses em jogo na cidade. A análise da implementação do plano diretor revelou que o texto normativo aprovado em 2002 incorpora contradições que *per se* dificultaram a aplicação imediata e plena dos instrumentos previstos no Estatuto da Cidade. Como exemplo, pode-se citar as regras de transição do coeficiente de aproveitamento, a fórmula de Adiron, o "direito de protocolo" e as regras para elaboração das leis específicas.

Antes da aprovação do plano diretor em 2002, a legislação urbanística de São Paulo previa apenas o coeficiente máximo de aproveitamento do potencial construtivo,[337] que variava até 3,5,[338] podendo chegar a 4 com a aplicação da "fórmula de Adiron"[339] sem pagamento de contrapartida.

A proposta de coeficiente único igual a 1 para a cidade já havia sido proposta na gestão da Prefeita Luiza Erundina (1989-1992) — então do Partido dos Trabalhadores (PT) — e foi considerada como um dos principais obstáculos para a votação do plano diretor elaborado na época.[340] O objetivo era justamente garantir um coeficiente básico e único para a cidade, garantindo-se o mesmo potencial construtivo para todos os terrenos.

Durante a elaboração do plano diretor de 2002, a proposta de coeficiente único igual a 1 para a cidade toda encontrou a primeira resistência dentro da própria Prefeitura. A Secretaria de Finanças se opôs à proposta original em razão da potencial redução do valor dos imóveis na planta genérica de valores, considerada como base de cálculo

337 Coeficiente de aproveitamento pode ser definido, de acordo com o Estatuto da Cidade (art. 28), como a relação entre a área edificável e a área do terreno. O coeficiente de aproveitamento pode ser único ou variável entre regiões da cidade. As leis municipais podem ainda definir um coeficiente de aproveitamento mínimo, o básico e o máximo.

338 Quadro 2A, Lei Municipal nº 8.001/73, que institui a lei de uso e ocupação do solo urbano.

339 FELDMAN, Sarah. O arranjo SERFHAU: assistência técnica aos Municípios/órgãos de planejamento/empresas de engenharia. In: ENCONTRO NACIONAL DA ASSOCIAÇÃO NACIONAL DE PÓS-GRADUAÇÃO E PESQUISA EM PLANEJAMENTO URBANO E REGIONAL (ANPUR), 11., 2005, Salvador. *Anais(...)* Salvador: ANPUR, 2005. p. 273. Disponível em: http://www.xienanpur.ufba.br/553.pdf. Acesso em: 20 ago. 2019.

340 BONDUKI, Nabil. *A luta pela reforma urbana no Brasil.* Do Seminário de Habitação e Reforma Urbana ao plano diretor de São Paulo. São Paulo: Instituto da Cidade, 2018. p. 118; NOBRE, Eduardo. Recuperação da valorização imobiliária para financiamento da transformação urbana. In: BALBIM, Renato; KRAUSE, Cleandro (orgs.). *Eixos de Estruturação da Transformação Urbana*: Inovação e Avaliação em São Paulo. Brasília: IPEA, 2016. p. 172.

do IPTU.[341] A criação de uma nova fonte de receita via outorga onerosa do direito de construir supostamente não compensaria eventual queda na arrecadação do IPTU.[342] A oposição da Secretaria de Finanças foi referida por um(a) dos(as) entrevistados(as):

> Tinha uma pressão de dentro também. *Quando a gente chega na prefeitura, tem que respeitar o corpo técnico que está lá há muitos anos, consolidado. (...) Você chega lá e se o auditor fiscal, que há trinta anos trabalha com planta genérica, falar que pode ter um impacto, você ouve e coloca um pé no freio.* Não é uma questão ideológica. A hipótese é verossímil. Faz você pensar (Entrevista 7, prefeitura, grifo nosso).
>
> Acho que é simplificar demais o debate achar que é só uma questão ideológica. *É claro que o setor imobiliário não queria, resistia. Mas tinha uma pressão interna também.* Uma preocupação de que isso pudesse impactar a arrecadação do principal tributo da cidade. Hoje o ISS é mais importante que o IPTU, mas na época o IPTU era mais importante. Com um agravante: havia uma memória da gestão da Luiza Erundina por conta da inconstitucionalidade do IPTU progressivo. Então falar em impacto no IPTU, na arrecadação, deixava todo mundo muito preocupado. Impacto na arrecadação nos últimos dois anos de gestão. Então havia essa tensão, essa preocupação (Entrevista 7, prefeitura, grifo nosso).
>
> O maior opositor na época foi o [Fernando] Haddad, na Secretaria de Finanças,[343] por comprar uma *pauta do corpo técnico de finanças*, que tinha uma preocupação legítima sobre o impacto da mudança de coeficiente único na planta genérica de valores. Então havia certo temor que pudesse ter alguma contaminação. Não porque isso impactaria no valor de mercado, mas que isso pudesse impactar a fórmula de cálculo da planta genérica. Que pudesse existir impugnação específica, por conta da redução do aproveitamento do imóvel. A planta genérica tem uma metodologia que tende a chegar ao valor de mercado com uma redução de 20 a 30%. Mas não é exatamente uma coleta de valor de mercado e aquilo vira a planta genérica. Até porque seria impossível para prefeitura. E em algumas etapas da fórmula, o potencial poderia impactar na planta genérica. *E havia um temor que isso pudesse via ação civil pública derrubar a planta genérica.* O CA único era uma coisa ainda muito acadêmica. Todo mundo falava da importância, mas nunca ninguém havia testado. Mas depois desapareceu. Tanto que a planta genérica se estabilizou (Entrevista 7, prefeitura, grifo nosso).

---

[341] BONDUKI, Nabil. *A luta pela reforma urbana no Brasil*. Do Seminário de Habitação e Reforma Urbana ao plano diretor de São Paulo. São Paulo: Instituto da Cidade, 2018. p. 197.

[342] *Ibidem*, p. 197.

[343] Fernando Haddad integrou a Secretaria Municipal de Finanças e Desenvolvimento Econômico na gestão da prefeita Marta Suplicy.

O projeto de lei encaminhado pela Prefeitura[344] já previa que o coeficiente básico pudesse variar de 1,3 a 1,7, muito embora, no início da discussão da proposta pelo Executivo, o objetivo fosse estabelecer um coeficiente único um para a cidade toda.[345]

Diversos foram os atores e interesses que estiveram diretamente envolvidos nos debates sobre os rumos do planejamento territorial. De maneira sucinta, durante o processo legislativo de aprovação do plano diretor, os atores da sociedade civil e da iniciativa privada articularam-se principalmente em torno de três frentes: a Frente da Cidadania, a Frente Popular e o Movimento Defenda São Paulo.[346]

A Frente da Cidadania era composta por cerca de 30 entidades representativas do mercado imobiliário, tais como o SECOVI-SP, SINDUSCON, entre outros. O setor imobiliário se opunha à instituição do coeficiente básico único igual a um. O coeficiente básico deveria manter os números do coeficiente máximo previstos na legislação anterior.[347] A outorga onerosa incidiria somente no que excedesse esse valor. Essa posição foi expressa não somente durante o processo de elaboração do plano diretor como também no processo de elaboração da lei de uso e ocupação do solo e planos regionais.[348]

A Frente Popular, composta por movimentos de moradia, universidades, arquitetos, urbanistas e organizações da sociedade civil, se colocou a favor do texto do plano diretor, atuando sempre de forma a exigir o aprofundamento do processo participativo e a ampliação das ZEIS.

O Movimento Defenda São Paulo, por sua vez, reunia cerca de 50 associações de moradores de classe alta e média, arquitetos e urbanistas, que criticavam de forma generalizada o projeto de lei em busca da garantia de que as antigas Z1[349] se mantivessem como zonas exclusivamente residenciais e de baixa densidade.[350]

O debate assumiu também contornos jurídicos. A constitucionalidade da cobrança de outorga onerosa do direito de construir foi

---

[344] Projeto de lei municipal nº 290/02.

[345] BONDUKI, Nabil. *A luta pela reforma urbana no Brasil.* Do Seminário de Habitação e Reforma Urbana ao plano diretor de São Paulo. São Paulo: Instituto da Cidade, 2018. p. 196.

[346] *Ibidem*, p. 196.

[347] *Ibidem*, p. 196.

[348] Romeu Chap Chap, então presidente do SECOVI -SP, no texto "Nova lei de zoneamento: a quem interessa um projeto que encarece a habitação e aumenta o desemprego?", publicado na *Folha de São Paulo*, em 22 de outubro de 2003.

[349] A Z1 era a classificação utilizada pelo zoneamento paulistano vigente antes da promulgação do plano diretor de 2002.

[350] BONDUKI, *op. cit.*, p. 196.

objeto de debate entre os juristas, como Ives Gandra Martins, na defesa de sua inconstitucionalidade, Adilson Dallari e Nelson Saule Junior, em posicionamento oposto, em prol da possibilidade jurídica de sua aplicação, durante audiência pública realizada na Câmara Municipal de São Paulo.[351]

O texto final do plano diretor — após as "emendas da madrugada",[352] "submarinos",[353] vetos da Prefeita e das inúmeras negociações ocorridas durante o processo de tramitação legislativa — estabeleceu inúmeras regras de vigência e transição para a aplicação do coeficiente básico. Foram incorporados no texto legal entraves à aplicação da outorga onerosa do direito de construir: a denominada "fórmula de Adiron" e o "direito de protocolo". Esses mecanismos buscavam, de um lado, estabelecer as regras de validade da nova lei no tempo, embora tenham permitido, de outro, a convivência ambígua do novo marco jurídico-urbanístico brasileiro com o zoneamento dos anos 1970, aprovado sob a égide do regime militar.

As resistências contrárias à instituição do coeficiente único 1 para cidade foram diminuindo ao longo do tempo. O plano diretor seguinte (2014) aprovou o coeficiente único 1 para cidade toda de maneira definitiva. Sobre o avanço gradual na regulação do coeficiente de aproveitamento único para a cidade de São Paulo, vale citar as impressões do relator dos dois planos diretores na Câmara, o então vereador Nabil Bonduki (PT), que escreveu:[354]

> A negociação consagrou o conceito do novo instrumento; *embora pudesse ser considerado um recuo em relação à proposta original, ele permitiu que mais adiante, no PDE de 2014, fosse dado um passo definitivo em direção à concepção original.*
> Ao contrário do que ocorreu em 2002, o PL 688/2013 *não sofreu a mesma oposição* ferrenha do mercado imobiliário, pois *a concepção de solo criado já havia sido absorvida pelo setor* (Bonduki, 2018, p. 199, grifos nossos).

---

[351] BONDUKI, Nabil. *A luta pela reforma urbana no Brasil*. Do Seminário de Habitação e Reforma Urbana ao plano diretor de São Paulo. São Paulo: Instituto da Cidade, 2018. p. 199.

[352] As emendas aprovadas pela Câmara Municipal de São Paulo foram investigadas pela Promotoria de Habitação e Urbanismo do Ministério Público do Estado de São Paulo e objeto de vetos da Prefeita Marta Suplicy nos termos das seguintes reportagens: "Há interesses, são justos não espúrios" e "Urbanistas aprovam vetos de Marta", do jornal *O Estado de São Paulo* (14 de setembro de 2002) e "Respostas sobre o plano diretor vão para o MPE", do jornal *O Estado de São Paulo* (8 de setembro de 2002).

[353] BONDUKI, *op. cit.*, p. 202.

[354] BONDUKI, *op. cit.*

Nesse mesmo sentido, é a percepção de um(a) dos(as) entrevistados(as):

> *Mas o coeficiente de aproveitamento básico 1 não teve muita resistência no ano de 2014.* É claro que o mercado reclama, mas ele não reclama só disso, reclama do instrumento como um todo. Usando aquele argumento de que vai aumentar o custo da produção, que vai aumentar o preço do empreendimento. Aquela velha história. É uma falácia (Entrevista 1, prefeitura, grifo nosso).

Apesar das resistências internas da própria Prefeitura e do mercado imobiliário, o coeficiente de aproveitamento básico da cidade foi reduzido. Mais do que ampliar a capacidade regulatória do Município, durante a implementação do plano diretor foi possível captar recursos para execução da política urbana via pagamento da outorga onerosa do direito de construir e criação de um Fundo Municipal de Desenvolvimento Urbano. Depois de 12 anos de vigência do novo arranjo institucional no nível municipal, a mudança se consolida e se aprofunda: o coeficiente de aproveitamento único igual a 1 é finalmente estabelecido na cidade pelo plano diretor subsequente (Lei Municipal nº 16.050/14).

1.1.1.2 A lei de uso e ocupação do solo e os planos regionais: entre a legitimidade e a efetividade da regulação urbanística

O primeiro passo após a aprovação do plano diretor foi o início da elaboração da lei de uso e ocupação do solo e dos planos regionais das subprefeituras.[355] Em 2003, deu-se início a um amplo processo de participação popular conduzido por cada uma das subprefeituras então recém-criadas.[356]

Esse processo de regulamentação do plano diretor, contudo, foi suspenso pelo Poder Judiciário[357] e o prazo para envio das duas leis

[355] Sobre o escopo e processo de elaboração da lei de uso e ocupação do solo e dos planos regionais definidos pelo plano diretor de 2002, *vide* capítulo 4 da obra.

[356] BONDUKI, Nabil. *A luta pela reforma urbana no Brasil*. Do Seminário de Habitação e Reforma Urbana ao plano diretor de São Paulo. São Paulo: Instituto da Cidade, 2018. p. 201.

[357] "Ministério Público Estadual vai analisar a elaboração de planos regionais" (*O Estado de São Paulo*, 13 de março de 2003); "PSDB afirma que vai recorrer ao Ministério Público" (*O Estado de São Paulo*, 18 de junho de 2004); "Liminar suspende plenária no Butantã" (*Folha de São Paulo*, 30 de junho de 2003).

específicas pelo Poder Executivo — a lei de uso e ocupação do solo e a lei dos planos regionais — inicialmente previsto para abril de 2003, é alterado para junho de 2003.[358] Os dois projetos de lei[359] inicialmente enviados separadamente pelo Poder Executivo são retirados e substituídos por um novo projeto de lei,[360] o qual unifica os dois temas e dá origem à Lei Municipal nº 13.885/04.

Tal lei instituiu a lei de uso e ocupação do solo e planos diretores regionais em um texto composto por 275 dispositivos legais, com quatro quadros e um mapa anexos na Parte I; 31 anexos na Parte II, incluindo as regras específicas de cada plano regional, seus mapas e quadros; dez quadros e um mapa na Parte III.[361]

De acordo com o plano diretor de 2002, as duas leis específicas poderiam "complementar" o plano diretor, o que significou, na prática, a possibilidade de definir novas áreas de aplicação de instrumentos urbanísticos, regras e parâmetros de uso e ocupação do solo e alterar o próprio plano diretor. A lei específica aprovada gerou uma série de conflitos e sobreposições entre dispositivos legais, mapas e descrição de perímetros, criando obstáculos e dificuldades de compreensão e aplicação do plano diretor.[362]

A nova etapa do planejamento territorial da cidade — a elaboração da lei de uso e ocupação do solo e dos planos regionais — envolveu 9.258 pessoas e 2.212 organizações.[363] O amplo processo participativo[364] significou também certo atraso na possibilidade de aplicação integral do plano diretor, deixando para momento posterior o impacto imediato da aprovação das novas regras da cidade.

---

358 Lei Municipal nº 13.575/03.

359 Projeto de Lei nº 529/03 (planos regionais) e Projeto de Lei nº 522/03 (uso e ocupação do solo).

360 Projeto de Lei nº 139/04.

361 A Lei Municipal nº 13.885/04 e respectivos quadros e anexos podem ser acessados no *site* da Prefeitura no seguinte endereço eletrônico: https://www.prefeitura.sp.gov.br/cidade/secretarias/urbanismo/legislacao/planos_regionais/index.php?p=822. Acesso em: 14 mar. 2020.

362 Para uma análise aprofundada dos gargalos jurídico-institucionais na implementação do plano diretor, *vide* item 4.2 da obra.

363 BERNARDINI, Sidney Piochi. Relatório estudo de caso sobre o plano diretor de São Paulo. In: SANTOS, Orlando Alves dos; MONTANDON, Daniel Todtmann (org.). *Os planos diretores municipais pós Estatuto da Cidade*: balanço crítico e perspectivas. Rio de Janeiro: Letra Capital: Observatório das Cidades: IPPUR/UFRJ, 2011. (CD-ROM). p. 17.

364 Para um detalhamento das quatro etapas do processo participativo de construção do plano diretor, lei de uso e ocupação do solo e planos regionais, as atividades realizadas, os métodos de consulta utilizados e o número e perfil das pessoas e segmentos participantes, *vide* Bernardini (2011, p. 17 e seguintes).

A regulamentação do plano diretor via lei de uso e ocupação do solo e planos regionais é finalizada somente em 2004, último ano da gestão da Prefeita Marta Suplicy. Já em 2005, na gestão do prefeito José Serra (PSDB), inicia-se o processo de revisão do plano diretor.[365]

A novidade e importância do processo participativo de elaboração da legislação urbanística foram destacadas em grande parte das entrevistas realizadas:

> A grande riqueza do plano diretor foi a *participação efetiva* da população. Nós levamos para todos os bairros, para todas as subprefeituras. É muito difícil as pessoas entenderem o que é um plano diretor, uma lei de zoneamento. (...). Muito difícil e muito longe do cotidiano das pessoas. Como a gente já não tem uma cultura de participação em decisões políticas. A gente tentou. As pessoas reconhecem isso. Para as ZEIS, para os movimentos organizados foi super positivo. Esse é o maior avanço. Mesmo na época do [Gilberto] Kassab(...) sempre teve participação. Muitas comissões. *Aqui na Prefeitura os mais antigos não aceitavam isso. Eles que sabiam como era o plano diretor e zoneamento*. Para eles dividirem isso com a população(...) *Eu que estou aqui há quarenta anos percebo isso. Para os técnicos foi muito difícil. Foi uma batalha. Eles sempre se acharam os donos do saber. E é difícil até hoje. Existe ainda aquela cultura de que eu sou o funcionário público, eu sei de tudo. Não existe prática de participação* (Entrevista 8, prefeitura, grifo nosso).
>
> O processo de construção dos planos regionais foi muito interessante do ponto de vista de *envolver uma diversidade de atores na construção das propostas, e a concepção das subprefeituras dava um pouco mais de concretude para os moradores, estava mais próximo*. A subprefeitura seria o caminho entre o morador de Parelheiros até a Prefeitura. Infelizmente isso não se concretiza ao longo do tempo. É um dos grandes desafios da gestão pública. Como fazer que as conquistas sejam institucionalizadas e não que cada novo governo venha para derrubar o que o outro fez. Nesse sentido, o plano diretor tem uma fragilidade muito grande (Entrevista 3, organização da sociedade civil, grifo nosso).

Uma lei com efeitos limitados no tempo — o plano diretor, em tese, vigoraria por dez anos — possui natureza jurídica peculiar. O tempo de duração e esforços envolvidos na regulamentação do plano trouxeram consequências para sua própria aplicação, dificultando sua operacionalização. Ademais, a lei de uso e ocupação do solo e planos regionais alteraram o plano diretor municipal. É o que relata parte dos(as) entrevistados(as):

365 A Portaria nº 2.395/05 institui grupo de trabalho para elaboração de projeto de lei de revisão do plano diretor prevista para 2006.

> Quando o plano é aprovado, a gente tenta acompanhar a implementação do plano. Que daí começa, eu acho, efetivamente em 2003. *Porque em 2002 você tem um momento, mas em 2003 começa a discussão do zoneamento, que eram os planos diretores regionais. Então se interrompe o processo de implementação.* Interrompe, inclusive, uma capacidade da SEMPLA [Secretaria Municipal de Planejamento], que coordenava os planos regionais junto com as subprefeituras, um processo de regulamentação do plano. Então acho que você teve(...) e na época poucas pessoas aventavam isso(...) a discussão de autoaplicabilidade dos planos era ainda muito baixa. Foi na época do Ministério das Cidades, ou seja, a partir de 2003 e 2004, que vira uma questão de honra, acho que muito pela experiência de São Paulo (Entrevista 6, prefeitura, grifo nosso).
>
> O relator na Câmara sofreu pressões muito grandes, que ficaram mais pesadas ainda no zoneamento. Foi um embate muito duro (...). Mas como esse processo foi um ato contínuo, elaboração do plano diretor e elaboração do plano regional, *a gestão não fez um processo de implementação do plano logo de cara. Era: vamos fazer o zoneamento. E nisso se perdeu uma oportunidade de ouro.* Que é o momento que você tem. Que está fresco, que os problemas estão aparecendo, o licenciamento estava em processo de reestruturação, o(a) Secretário(a), Diretor(a) na época, que era Diretor(a) de APROV ele(a) estava reestruturando, criando estruturas que estavam previstas no plano diretor como a CAIEPS — Comissão de Análise Integrada de Projetos de Edificações e de Parcelamento do Solo(...) então você tinha uma lógica de estar testando novos modelos, que iriam trazer os problemas de regulamentação para o processo (Entrevista 6, prefeitura, grifo nosso).
>
> Mas acabou a gestão da Marta [Suplicy] e esse processo de regulamentação, que poderia levar a processos melhores para implementação, morreu (Entrevista 6, prefeitura, grifo nosso).
>
> *Assim que o PDE foi promulgado e entrou em vigor, vão surgindo assim aquelas questões que exigem uma série de ajustes.* A intenção inicial era até sair uma errata. Algumas coisas que na tramitação na Câmara, aquele monte de emenda, uma série de correções, que deveriam ser feitas, mas ficaram tão extensas, que foi recomendado não. *Se for fazer errata, vai parecer revisão do plano diretor, e no primeiro ano de vigência não é conveniente. Então, na lei de uso e ocupação do solo, você tem uma série de artigos que modificaram o plano diretor de 2002. Nesse intuito de corrigir, adequar.* Às vezes erro de perímetro. Todas as zonas tinham uma descrição perimétrica. Que às vezes não fechava, tinha equívoco de nome de via e gerava muita dúvida de aplicação prática (Entrevista 4, prefeitura, grifo nosso).

As mudanças paulatinas da legislação relacionam-se também com as regras de validade e períodos de transição nos quais convivem as novas e antigas regras para construir na cidade:

> O plano diretor é anterior ao zoneamento. Primeiro o plano diretor dá as regras básicas e depois vai para o lote, que é o zoneamento. *Então, enquanto não existe a [lei municipal] 3.885/04, continua na mescla. O plano diretor de 2002 com o zoneamento anterior. Quando chega em 2004, valem os dois.* 2014 também. Vale 2014 com a [lei municipal] 3.885/04, quando chega 2016, valem os dois. Porque não são feitos juntos. Primeiro vem o plano diretor com as regras básicas, para depois o zoneamento chegar no lote (Entrevista 8, prefeitura, grifo nosso).

É a partir do final do ano de 2004, passado o período de *vacatio legis* da lei de uso e ocupação do solo e planos regionais, que as novas regras de uso e ocupação do solo passam a regular as atividades imobiliárias na cidade de forma plena:

> *Começam valer alguns dispositivos em 2002 e em 2004 vem a lei de zoneamento.* A mesma coisa aconteceu em 2014. Na época tivemos muitas negociações com o Prefeito Fernando Haddad. Embora tenhamos algumas discordâncias do ponto de vista ideológico ele foi sempre muito honesto, leal e franco comigo (Entrevista 9, mercado imobiliário, grifo nosso).
> *Participei ativamente do plano diretor de São Paulo [2002], mas era muita coisa nova. Quando terminou a lei de zoneamento, o mercado entrou em polvorosa. Tínhamos um plano diretor da época do Jânio, mas lei de zoneamento era do Figueiredo Ferraz. De 1970.* O plano diretor do Jânio não mexeu na lei de zoneamento. Era um modelo que vinha de 1970. *Então foi uma revolução enorme* (Entrevista 9, mercado imobiliário, grifos nossos).

A "revolução" mencionada pelo(a) representante do mercado imobiliário tem a ver com as regras de uso e ocupação do solo, representadas principalmente pelos diversos parâmetros urbanísticos estabelecidos pela nova legislação municipal.

Com efeito, as transformações trazidas pelos arranjos institucionais da política urbana impactaram nas regras para construir na cidade de São Paulo. O plano diretor, a lei de uso e ocupação do solo e os planos regionais aprofundaram o diálogo com a população na construção das normas urbanísticas na busca por uma maior legitimidade democrática.[366] Ampliou-se também a capacidade da prefeitura

[366] BERNARDINI, Sidney Piochi. Relatório estudo de caso sobre o plano diretor de São Paulo. In: SANTOS, Orlando Alves dos; MONTANDON, Daniel Todtmann (org.). *Os planos diretores municipais pós Estatuto da Cidade*: balanço crítico e perspectivas. Rio de Janeiro: Letra Capital: Observatório das Cidades: IPPUR/UFRJ, 2011. (CD-ROM); BONDUKI, Nabil. *A luta pela reforma urbana no Brasil*. Do Seminário de Habitação e Reforma Urbana ao plano diretor de São Paulo. São Paulo: Instituto da Cidade, 2018.

na regulação do mercado imobiliário. Todavia, a duração do processo de elaboração das regras do jogo combinada com as regras de vigência, transição e alteração do plano diretor impactaram na produção dos efeitos pretendidos pela nova legislação.

4.1.1.3 As regras de transição: entre o velho e o novo

O plano diretor de 2002 previu uma série de regras de transição. Dentre elas, determinou-se que o coeficiente básico poderia variar de 1 a 3,5 em 2002; de 1 a 3 em 2003 e a partir 2004, de 1 a 2.[367] Restou, assim, garantida uma redução gradual do índice urbanístico, que acabaria por variar entre 1 e 2.

Vale trazer a percepção do(a) representante do mercado imobiliário e de integrantes da prefeitura sobre os mecanismos de transição regulatória:

> As pessoas começaram a se familiarizar com as propostas. Propunha-se introduzir o modelo de outorga onerosa. E aí? Como faz? Rebaixa ou não os coeficientes? Aqui em São Paulo, existiam locais onde o coeficiente de aproveitamento era igual a 4 e o(a) [Secretário(a) de Planejamento] propunha rebaixar para 1, e depois vender para você mesmo o que você já tinha, o que era uma coisa estranha. Mas, só para entender, eu tenho coeficiente 4, mas a partir de amanhã é 1? Mas posso comprar e vira 4 de novo. *Isso resultou em intensas discussões e muitas negociações(...) E nesse processo acabou sendo negociado que o uso residencial teria coeficiente básico* 2. Porque 70% da cidade era a antiga zona Z2 que tinha coeficiente 2 e entre outras Z3, Z4, Z5 que eram coeficiente 4, houve o que se chamou de bloco de gelo. *Um período que o coeficiente foi diminuindo(...) que é a tabela de transição(...) e que significou dar tempo ao mercado para que ele pudesse se adaptar até chegar ao coeficiente básico.* Nesse período não se iria rebaixar o coeficiente para vender depois. Dessa forma os proprietários de terreno teriam um tempo para utilizar os coeficientes, que seriam rebaixados paulatinamente, *derretendo como um bloco de gelo*. É um processo interessante (Entrevista 9, mercado imobiliário, grifos nossos).
>
> O direito de protocolo atual já tem vários limites à possibilidade de modificação do projeto em análise, como a vedação da alteração do uso, de acréscimo de áreas computáveis e de alteração de taxa de ocupação, que ficam restritas a alterações de até 5%, conforme o art. 380 da Lei nº 16.050/14, mas isso, em 2002, não existia. *O plano diretor de 2002, quando isso foi discutido em público, alguns consideravam confisco do direito de propriedade. A ideia inicial, segundo eu me recordo, era estabelecer o coeficiente*

[367] Art. 296 e quadro 19, Lei Municipal nº 13.430/02.

> *básico único para cidade inteira igual a um. (...). Houve essa revolta. Acabou se estabelecendo alguns coeficientes de transição para o mercado ir se adaptando a essa nova realidade da outorga* (Entrevista 4, prefeitura, grifo nosso).

Também como regra de transição, foi instituído o "direito de protocolo" que, basicamente, autoriza que os processos protocolados em momento anterior à aprovação do plano diretor fossem regulados pela legislação anterior, incluído aqui o coeficiente de aproveitamento básico.[368] A convivência das novas normas com o regime jurídico anterior foi apontada por muitas entrevistas como entrave à implementação do plano diretor:

> Então foi um primeiro grande impacto na gestão da implementação do PDE de 2002. *Houve uma certa corrida ao protocolo.* As pessoas que estavam participando das etapas de discussão sabiam desse artigo do direito de protocolo. Muita gente foi protocolar processos para poder invocar a legislação anterior (Entrevista 4, prefeitura, grifo nosso).
> Isso é uma coisa muito importante. Você *teve 4 anos de buffer para começar a analisar o primeiro projeto com a lei do plano diretor.* Porque como você não cria uma regra do que é modificativo, eu protocolo e falo que estou modificando, modificando, modificando(...)E não acaba. *O protocolo não morre.* Essa era minha briga com SEL (Entrevista 6, prefeitura, grifo nosso).
> Mas em 2002 *existiam muitos projetos aprovados oriundos de protocolos anteriores à promulgação da lei, isso provocou um delay nos efeitos do plano* e a arrecadação foi menor ainda (Entrevista 9, mercado imobiliário, grifo nosso).

As regras de aplicação da nova legislação urbanística ao longo do tempo — com destaque aqui para as regras de redução gradual do coeficiente de aproveitamento e do direito de protocolo —, embora imprescindíveis para a garantia de um sistema de transição para o novo regime jurídico da propriedade urbana, podem ser considerados também como um dos principais gargalos jurídico-institucionais na implementação do plano diretor, permitindo a convivência da nova legislação urbanística brasileira com dispositivos instituídos sob a égide da ditadura militar. Os detalhes sobre suas prescrições e consequências serão discutidos em profundidade no item 4.2 mais abaixo.

---

[368] Arts. 302 e 303, Lei Municipal nº 13.430/02.

4.1.1.4 A "fórmula de Adiron": direto do túnel do tempo

Além das regras de transição, durante os embates legislativos foi reeditada a "fórmula de Adiron", mecanismo presente no zoneamento paulistano dos anos 1970,[369] que permitia ampliar o coeficiente de aproveitamento básico, sem pagamento da outorga onerosa do direito de construir, nos casos em que houvesse a correspondente diminuição da taxa de ocupação.

A fórmula resgatada pelo plano diretor de 2002[370] foi assim batizada em homenagem a Benjamim Adiron, arquiteto urbanista da Divisão de Planejamento Geral do Departamento de Urbanismo da Prefeitura, que coordenou a elaboração da Lei de Zoneamento de São Paulo vigente até então (Lei Municipal nº 8.001/1973).[371] As entrevistas consideram a incorporação da fórmula na legislação municipal como um dos obstáculos para a arrecadação da outorga onerosa do direito de construir:

> O que aconteceu com a outorga onerosa nesse período? Para mim a coisa mais importante que talvez tenha acontecido. *Além do coeficiente básico 2, poderia utilizar a Lei de Adiron*. Quanto mais você diminui a taxa de ocupação, você pode crescer mais. Então muitas vezes chegava coeficiente de aproveitamento básico mais que 2; 2,5 (Entrevista 8, prefeitura, grifo nosso).
> *Primeiro, que com o coeficiente básico 2 e o Adiron, eles não precisavam quase usar a outorga onerosa*. Eles usavam em uma percentagem pequena. Além de ser um valor numericamente mais baixo porque era feita com base no valor venal do IPTU, e agora não mais. A outorga em 2002 e 2004 era pelo valor venal e podia chegar a 2,5 que não pagava (Entrevista 8, prefeitura, grifo nosso).

O coeficiente básico 2 e a "fórmula de Adiron" foram considerados como os grandes responsáveis pela baixa arrecadação e pelo padrão de verticalização da cidade no período:

> No plano diretor de 2002, *há uma reedição da fórmula de Adiron*. Isso o(a) [vereador(a) de São Paulo] fala que foi incluído também em negociação com o SECOVI em que o mecanismo era o seguinte: já não era mais para coeficiente máximo, mas para ganhar o coeficiente de aproveitamento básico. Se você reduzisse a taxa de ocupação, o coeficiente de aproveitamento básico dobrava. Onde era 1 passava para 2, e onde era 2 passava

[369] Art. 24, Lei Municipal nº 7.805/72.

[370] Art. 166, art. 297 e art. 213, §5º, Lei Municipal nº 13.430/02.

[371] Sobre Benjamin Adiron, *vide* Feldman (2005, p. 263).

> para 4. Então, com isso, se conseguia construir utilizando o básico. Isso anulou. Captou um bilhão. Que é pouquíssimo. Porque em dez anos, o VGV total, o valor geral de vendas é de 101 bilhões. Menos de 1%. A quantidade de empreendimentos que foi produzido nesse período principalmente durante o *boom* imobiliário(...) *se não tivesse esse mecanismo, a prefeitura teria captado muito mais* (Entrevista 1, prefeitura, grifo nosso).
> Mas esse mecanismo de incentivo que está previsto no plano diretor de 2002, quando eu coloquei isso no mapa com a equipe, revelou o bloqueio, a distorção do instrumento, a limitação do alcance dele. *Porque você tinha o coeficiente básico e em determinadas partes da cidade era 1 e em outras 2.* Daí, quando você mapeia isso, você vê que a parte que é 1, é muito pequena da área urbana. Uma boa parte é 2. E, daí, tem um mecanismo, que é a segunda edição da fórmula de Adiron (Entrevista 1, prefeitura, grifo nosso).
> *Fica meio pela metade.* Dá a impressão de um processo interrompido internamente. *O próprio plano diretor se auto sabota no que diz respeito à aplicação da outorga onerosa.* Isso no caso de 2002 (Entrevista 1, prefeitura, grifo nosso).
> Teve outro grupo de avaliação sobre os outros instrumentos urbanísticos. Uma avaliação da outorga onerosa do direito de construir. *Teve uma discussão que saiu junto da outorga que é o padrão de verticalização na cidade de São Paulo* (...). A ideia era comprar essa briga, de fato criar regras para a produção imobiliária [na elaboração do plano de 2014]. Mesmo porque a gente percebia que tinha uma repercussão na sociedade. *Principalmente na classe média que tinha sido impactada pela produção imobiliária, pelo boom imobiliário dos anos de 2009, 2010, 2011 e 2012. O surgimento de prédios de apartamentos nos meios de bairros residenciais horizontais* (Entrevista 1, prefeitura, grifo nosso).
> A fórmula de Adiron era vinculada ao incentivo de uso residencial. *Uma tendência que vinha da legislação anterior. Foi mantida no plano diretor de 2002* [arts. 166 e 297 do plano diretor]. A crítica dos urbanistas é que gera os "terrenos paliteiros". Torre sobe muito, reduz ocupação no território, tem o benefício de permeabilidade, mas pode subir no gabarito. Mas não é infinito. Tem a limitação do CA. Permite o acréscimo de 1 no CA básico. Mas geralmente os críticos falam isso(...) Era a mesma redação da legislação anterior [art. 24 da Lei nº 7.805/72] (Entrevista 4, prefeitura, grifo nosso).

A segunda edição da "fórmula de Adiron" pode, portanto, também ser considerada como um mecanismo jurídico-urbanístico central para permitir a convivência das novas regras urbanísticas com zoneamento dos anos 1970. A propriedade urbana se transforma, mas, de maneira ambígua, permitindo, no final das contas, que se aplique as regras urbanísticas do período militar em parte da cidade. Um processo marcado pela sobreposição de novas regras com o regime jurídico-urbanístico anterior.

4.1.1.5 A definição de áreas computáveis e a regulamentação das garagens e vagas de estacionamento

Outro impasse enfrentado durante a implementação do plano diretor diz respeito às regras sobre as garagens e à definição de área computável para cálculo do coeficiente de aproveitamento básico. O plano diretor de 2002 definiu o conceito geral de área computável e não computável para fins de cálculo do coeficiente de aproveitamento, mas foi a Lei Municipal nº 13.885/04, que institui a lei de uso e ocupação do solo e os planos regionais, que estabeleceu o que seria considerado como área computável ou não.[372]

A Prefeita Marta Suplicy (PT) vetou os incisos de um dispositivo legal aprovado pela Câmara Municipal, que consideravam as garagens e vagas de estacionamentos cobertas como área não computável, por significar uma ampliação indevida do coeficiente básico com impactos na arrecadação da outorga onerosa do direito de construir.[373] Tal veto gerou forte reação do mercado imobiliário.[374] Posteriormente, foi aprovada uma lei específica na gestão do prefeito José Serra (PSDB)[375] para excluir as garagens do cálculo de área computável (Lei Municipal nº 14.044/05).

Sobre o episódio e as disputas em torno da definição do conceito de área computável, vale trazer alguns trechos das entrevistas realizadas:

> *Outro obstáculo na implementação do plano, a meu ver, foi a questão das garagens. Isso foi um efeito colateral que, parece, não tinha sido previsto.* Porque o novo plano diretor tinha instituído a outorga, e apesar das regras de transição ela entraria em vigor e arrecadaria recursos para o FUNDURB (Entrevista 4, prefeitura, grifo nosso).
>
> Na legislação anterior [Lei Municipal nº 8.881/79] tinha essa previsão que as áreas cobertas destinadas a vagas de garagem eram áreas não computáveis. Basicamente, o que os arquitetos diziam é que: "O que dá para construir para cima, você pode construir para baixo porque é não

[372] Art. 186, Lei Municipal nº 13.885/04.

[373] As razões de veto ao projeto de lei municipal nº 139/04, encaminhadas pelo Ofício ATL nº 534/04, estão disponíveis no *site* da Câmara Municipal de São Paulo no seguinte endereço eletrônico: www.camara.sp.gov.br, consultado em: 07 out. 2019.

[374] Sobre o tema, vale mencionar o texto "Prepare-se para morar num automóvel", de Romeu Chap Chap, então presidente do SECOVI-SP, publicado em 22 de maio de 2005 no jornal *O Estado de São Paulo* e o editorial "Construção em crise", do jornal *O Estado de São Paulo*, de 31 de julho de 2005.

[375] Projeto de Lei do Poder Executivo nº 463/05.

> computável e não interfere no coeficiente de aproveitamento". *Por um veto a um dispositivo da nova disciplina do uso e ocupação do solo baseada no novo plano diretor, mudou-se essa interpretação. As áreas de garagem passariam a ser computáveis e teria um super impacto no potencial construtivo.* Isso deu uma paralisada nos projetos até que isso foi resolvido com uma leizinha específica de um artigo que revigorou que as garagens subterrâneas e cobertas em qualquer pavimento não eram computáveis (Entrevista 4, prefeitura, grifo nosso).
>
> *Sempre um problema isso sobre área computável.* (...). Porque tem garagem, terraço não conta. Se você for ver, o terraço é o apartamento inteiro. Então é uma enganação. Acho que não tem que existir área não computável (Entrevista 8, prefeitura, grifo nosso).
>
> *O problema é que tem esses mecanismos ainda de área computável e não computável.* A gente fez essa conta. O coeficiente de aproveitamento real é 8 ou 9 desses prédios ali. Na prática, o que a gente tem como coeficiente de aproveitamento utilizado pelos prédios é 8, 9 (Entrevista 1, prefeitura, grifo nosso).

O episódio envolvendo a definição de área computável ilustra o fato de que, mesmo após a aprovação do plano diretor, as disputas em torno do direito de construir na cidade permanecem. O detalhamento sobre o que deve ser considerado (ou não) área computável é estabelecido por lei específica posterior ao plano diretor, no caso, a lei de uso e ocupação do solo e os planos regionais.

O plano diretor cria um modelo regulatório que acaba por conferir ampla liberdade à lei de uso e ocupação do solo e planos regionais. Na busca pela legitimidade democrática, amplia-se o escopo das leis específicas posteriores, as quais acabam por alterar muitas vezes o próprio plano diretor.

A falta de clareza sobre os limites formais e materiais do plano diretor e da legislação específica posterior aprofundam conflitos durante o processo de implementação. As regras para elaboração de leis específicas estabelecidas pelo plano diretor serão consideradas também como um gargalo jurídico-institucional na implementação do plano diretor.

4.1.1.6 O início e o fim do estoque de potencial construtivo

Diretamente relacionado ao direito de construir na cidade de São Paulo, está também o estoque de potencial construtivo, ferramenta responsável por definir os limites da utilização do coeficiente de aproveitamento dos imóveis por região da cidade.

O plano diretor de 2002 determinou que cada um dos distritos municipais deveria possuir um estoque construtivo, o qual deveria variar conforme o uso residencial ou não residencial.[376] O detalhamento sobre a quantidade de metros quadrados de área construída seria definido pela lei de uso e ocupação do solo e pelos planos regionais.[377] Assim, a Lei Municipal nº 13.885/04[378] estabeleceu quantos milhares de metros quadrados cada um dos 96 distritos da cidade de São Paulo poderia utilizar.

A análise dos anos de vigência do plano diretor de 2002 permite reconhecer a ampliação do poder regulatório da Prefeitura sobre as atividades imobiliárias na cidade. Com efeito, uma vez consumido o estoque construtivo do distrito, não poderia mais se aprovar empreendimentos nessa determinada região. Isso aconteceu em diversos bairros da cidade, como, por exemplo, Mooca e Jaguaré que tiveram 100% da área construída adicional geral consumida.[379] Ao se analisar o consumo de área construída especificamente para uso residencial, vários bairros tiveram seus estoques esgotados, por exemplo, Cambuci, Jaguaré, Jaraguá, Morumbi, Limão e Liberdade.[380] E isso em um período de elevado crescimento do mercado imobiliário no país.

O papel regulador do mercado imobiliário via estoque construtivo do plano diretor de 2002 foi destacado em diversas entrevistas:

> *Apesar do coeficiente único não estar no plano de 2002, ele é mais interventivo que o de 2014.* O maior exemplo é o controle de fluxo e estoque por subprefeitura em relação a potencial de construção. Eu acho que é uma grande derrota de 2014 ter acabado com o estoque. O estoque é mais importante do que a outorga. O estoque é a capacidade de direcionamento dos investimentos privados pelo Estado (Entrevista 7, prefeitura, grifo nosso).
>
> Em 2002, o plano diretor trouxe, pela primeira vez, a outorga onerosa do direito de construir e foi regulamentada para valer na lei de 2004 que é a lei que regulamenta o plano diretor. Daí, o troço decolou foi com a lei de 2004. Com a lei de 2004 que veio o controle de estoque. Naquele momento, em que o estoque acaba. Para o empreendedor é quando começa o problema dele. *Para o regulador, é a hora que ele começa*

---

[376] Art. 146, inciso XII; art. 212 da Lei Municipal nº 13.430/02.

[377] Art. 211, §1º, da Lei Municipal nº 13.430/02.

[378] Quadro nº 8, parte III, da Lei Municipal nº 13.885/04.

[379] SÃO PAULO. Secretaria Municipal de Desenvolvimento Urbano. *PDE 10 anos*: Plano Diretor Estratégico da Cidade de São Paulo. São Paulo: SMDU, 2012. fls. 180.

[380] SÃO PAULO. Secretaria Municipal de Desenvolvimento Urbano. *PDE 10 anos*: Plano Diretor Estratégico da Cidade de São Paulo. São Paulo: SMDU, 2012. fls. 180.

> *a trabalhar. Que ele está falando: "aqui não, aqui está saturado, aqui eu não quero mais. Vai para outro bairro"* (Entrevista 5, prefeitura, grifo nosso).

Tal ampliação dos poderes da Prefeitura sobre o mercado construtivo da cidade merece um olhar cuidadoso sobre a realidade concreta, capaz de trazer à tona uma série de limites e dificuldades de aplicação dessas novas regras urbanísticas. O estoque acaba sendo extinto pelo plano diretor seguinte.

O ordenamento territorial nas cidades brasileiras deve evitar usos e edificações excessivos ou inadequados à infraestrutura disponível. A função social da propriedade urbana, de acordo com a legislação paulistana, orienta-se pela distribuição de usos e intensidades de ocupação do solo de forma equilibrada em relação à infraestrutura disponível, aos transportes e ao meio ambiente, de modo a evitar ociosidade e sobrecarga dos investimentos coletivos. A intensificação da ocupação do solo está condicionada à ampliação da capacidade de infraestrutura.[381]

Ocorre, porém, que, de acordo com Bonduki,[382] frente à inexistência de estudos que pudessem fixar os parâmetros para o cálculo do estoque com segurança, a Secretaria de Planejamento definiu as quantidades a partir da média histórica de aprovação de novas edificações residenciais e não residenciais em cada distrito.

Um primeiro desafio identificado durante as entrevistas foi justamente o das distorções geradas pelos critérios utilizados para o cálculo do estoque para cada distrito cristalizado nos quadros anexos à legislação de uso e ocupação do solo:

> *O problema foi como o estoque foi calculado. Muitas críticas sobre aqueles números, que o cálculo estava errado. Houve um erro, mas como princípio está correto.* O plano diretor hoje de 2014 abre todas as possibilidades para o mercado escolher onde ele quer investir. A fronteira do investimento é a do mercado. Mercado decide. Se é operação urbana(...) Ele escolhe onde vai (Entrevista 7, prefeitura, grifo nosso).
>
> O plano de 2002 apostava em uma inteligência estatal capaz de direcionar o mercado. (...). *Em alguns distritos você teve paralisação do mercado imobiliário.* Porque não tinha mais estoque (Entrevista 7, prefeitura, grifo nosso).

---

[381] Art. 2º, inciso VI, alínea "c", Estatuto da Cidade c/c art. 12, Lei Municipal nº 13.420/02.

[382] BONDUKI, Nabil. *A luta pela reforma urbana no Brasil.* Do Seminário de Habitação e Reforma Urbana ao plano diretor de São Paulo. São Paulo: Instituto da Cidade, 2018.

Sobre o tema, também se pronunciou o representante do mercado imobiliário:

> Na época do plano diretor de 2002, o(a) [Secretário(a) de Planejamento] implementou a ideia de colocar estoques de potencial em cada distrito da cidade. *Ok, mas como calcular esse estoque? Isso é um problema. O que eles fizeram? Pegaram o consumo por distrito dos anos anteriores que a economia estava parada e projetaram para os dez anos seguintes. E o que aconteceu? Acabou o estoque.* Quando implantaram o modelo de estoques por distrito, foi ajustado que seria publicado um relatório, com periodicidade definida, para as pessoas saberem o que estava acontecendo com o estoque. O que aconteceu? Não fizeram nada, não publicaram nada. Daí de repente, a Cyrella estava aprovando um prédio lá na Liberdade e, durante o licenciamento, chegaram à conclusão que estava tudo certo, mas teriam que ser retirados do projeto — creio que cinco andares — pois o estoque de potencial construtivo tinha acabado. E ninguém avisou antes. E assim foi (Entrevista 9, mercado imobiliário, grifo nosso).
>
> O que o pessoal não percebeu é que a redução populacional não significa redução na demanda. Não compreenderam isso. *A implantação dos estoques foi um erro muito grande, porque não tinha nexo algum.* Nenhum tipo de planejamento. *E causou muito problema* (Entrevista 9, mercado imobiliário, grifos nossos).
>
> A dinâmica imobiliária no período do plano de 2002 mudou muito.

Segundo Bonduki,[383] esse método para o cálculo do potencial construtivo teria gerado grandes distorções e, mesmo com o *boom* imobiliário dos anos 2000, o estoque se esgotou. Uma parte dos relatos dos(as) entrevistados(as) também destacou que o cálculo do estoque acabou não dialogando com o potencial de adensamento construtivo e populacional da cidade no período:

> Eu fui uma pessoa que combati o estoque. Porque piorou. E fez o mercado imobiliário sair pela tangente. Porque se tivesse sido feito corretamente(...) *mas a conta foi errada. O cálculo foi errado. Fizeram em cima do histórico de crescimento da cidade* (Entrevista 8, prefeitura, grifo nosso).
>
> Há dois adensamentos. Um de construção e o outro populacional. Por que a gente quis adensar no centro? Porque o centro tinha uma grande infraestrutura subutilizada. Tinha muita infraestrutura e comércio e pouca habitação. No final de semana ficava vazio. Esse foi um ponto positivo do conceito do plano diretor de 2002. Foi um avanço, uma conquista. *Não funcionou porque o estoque foi mal calculado e impediu que*

383 BONDUKI, Nabil. *A luta pela reforma urbana no Brasil*. Do Seminário de Habitação e Reforma Urbana ao plano diretor de São Paulo. São Paulo: Instituto da Cidade, 2018.

> *houvesse maior crescimento naquela época, um adensamento populacional.* Teria sido benéfico para cidade (Entrevista 8, prefeitura, grifo nosso).
> *O estoque foi feito em cima de uma projeção de consumo dos últimos cinco anos em um mercado não aquecido.* Então quando você faz uma projeção de estoque você não calcula em cima da capacidade instalada. Se fez uma projeção em cima do que se construiu na cidade e dos que os técnicos na época achavam melhor ou não. Não tinha ciência, evidência(...) não tinha um estudo que falava aqui, pela rede coletora de esgoto, cabem 200 mil pessoas. Não tinha isso. E tudo bem. É um processo histórico. E avançou muito (Entrevista 6, prefeitura, grifo nosso).

Por fim, há também um entendimento por parte de integrantes da Prefeitura de que a regulação do estoque construtivo por distrito ampliou o poder dos burocratas, e poderia explicar, em parte, os casos de corrupção envolvendo a aprovação dos empreendimentos imobiliários. As denúncias de corrupção do período[384] estariam relacionadas à discricionariedade administrativa[385] na definição da prioridade na lista de empreendimentos imobiliários aprovados, segundo relatos dos(as) entrevistados(as):

> Eu acho que foi bom ter acabado com o estoque. O estoque não funcionou. Toda lei que é mais restritiva pode ter mais corrupção. Quando estava acabando o estoque, tinha gente querendo passar um protocolo na frente do outro. A gente leu no jornal. *E tinha a ver com a prioridade do estoque.* Eles calcularam sobre o histórico do crescimento e não sobre infraestrutura. Se fosse com base na infraestrutura disponível ainda. Foi tudo errado. Eu defendi o fim do estoque (Entrevista 8, prefeitura, grifo nosso).
> Nos processos lá na Corregedoria, praticamente *não tinha ilegalidade nos processos dele(a). Ele(a) recebia para acelerar o processo, para fazer o trabalho dele.* Porque tem um mercado imobiliário pujante. O país está crescendo. *Faz muita diferença para um empreendimento, um mês da aprovação do projeto. E estoque também* (Entrevista 7, prefeitura, grifo nosso).
> *Na outorga teve fraude.* O pessoal andou juntando guia falsa. *Não dá para dizer que tenha sido corrupção.* Não foi apurado nada. Não tinha um

[384] "Haddad e Serra debatem corrupção em São Paulo" (*Folha de São Paulo*, 24 de outubro de 2012); "MP investiga ex-diretor da Prefeitura que comprou 106 imóveis em 7 anos" (*O Estado de São Paulo*, 15 de maio de 2012); "Assessor ignorou parecer e liberou obra" (*O Estado de São Paulo*, 15 de maio de 2012). Sobre o tema, *vide* Hoyler (2018).

[385] No presente caso, utiliza-se o conceito em seu sentido jurídico entendido, grosso modo, como o exercício da liberdade de praticar determinado ato, segundo critérios de conveniência e oportunidade, conferido à Administração Pública pela legislação. Cf. Mello (2009, 2010); Di Pietro (2010) e Meirelles (2010). Vale notar que o conceito de discricionariedade comporta, porém, múltiplos sentidos a depender da perspectiva — econômica, sociológica ou política. Sobre o tema, vale a consulta a Lotta e Santiago (2018) e Lipsky (1980).

> servidor que tivesse facilitado. O fato é que não tinha controle para saber se a guia tinha sido recolhida no banco, caído na conta da Prefeitura. Juntou guia falsa. Agora está fazendo eletronicamente. Na época não estava fazendo (Entrevista 5, prefeitura, grifo nosso).

Contudo, apesar das dificuldades enfrentadas na regulamentação e aplicação do estoque de potencial construtivo e as diversas percepções sobre a experiência, muitos defendem a sua importância no aprofundamento do papel da Prefeitura na regulação dos empreendimentos imobiliários na cidade:

> *Em vez de você melhorar o procedimento, melhorar o controle, melhorar a exigência em relação aos servidores, melhorar os critérios, melhorar a tecnologia da informação, você vai lá e acaba com o estoque.* A partir do momento que você acaba com o estoque você passa a decisão para o empreendedor. Quem está decidindo onde está transformando agora é muito mais o empreendedor do que a Prefeitura (Entrevista 5, prefeitura, grifo nosso).
> Foi feito um estudo. (...). Mas é lógico que não acertou. As coisas mudaram. Planejamento é isso. Tem que rever. Tem que calibrar a regra e tal. *O estoque é uma das marcas da implementação desse plano diretor.* Uma série de distritos, que ficaram com o estoque consumido, tinha demanda de mercado para construir mais, mas levaram um não do planejamento. *E se tem alguma coisa significativa no planejamento é o não.* É você dizer que não vai acontecer em razão do plano diretor adotado. Isso acabou sendo revisto (Entrevista 5, prefeitura, grifo nosso).
> *Os instrumentos foram trazidos por esse plano diretor e em grande parte foram implementados. O problema é que uma primeira versão desses instrumentos era obviamente passível de aperfeiçoamento. Quando você está trazendo coisas novas e por alguma razão há uma falha, sempre vai ter alguém com a ideia de jogar o bebê com a água do banho.* Assim(...) teve um problema do estoque por distrito. É lógico que ia dar conflito quando o estoque estivesse acabando. É óbvio que a gente deveria juridicamente ter solucionado isso melhor. Quando esses conflitos começaram a se tornar dramáticos, o pessoal que era contra o estoque teve mais voz para dizer: "Acaba com o estoque, acaba o problema jurídico". Deu conflito interno dentro da Prefeitura. Tem dois processos. Um chegou antes e o outro ficou pronto antes (Entrevista 5, prefeitura, grifo nosso).
> Definir o coeficiente básico e máximo foi um primeiro passo. E tem o estoque. *Eu sou fã do estoque* de potencial construtivo da outorga. *Ele foi eliminado no plano diretor de 2014. Eu achei um equívoco.* Entre 2014 até 2016 ficou meio congelado lá, foi permitido usar até a revisão(...), mas daí foi morto e enterrado em 2016. Porque ali era uma forma de controlar mais ainda, de direcionar mais ainda. *Porque não adianta controlar o crescimento da cidade com o preço de outorga onerosa. A outorga onerosa na composição do valor do investimento é pouca coisa. Está longe de significar um não.* Vai

> custar lá 5% a mais. Eles reclamam(...) é claro(...) está certo(...) quem está pagando grita(...), mas não é que o empreendedor abandona uma frente de desenvolvimento boa, que tem demanda de mercado, que ele vai conseguir vender, porque a outorga onerosa ficou 5% a mais. A questão é se ele vai conseguir passar para frente. Se o consumidor topar pagar, ele não vai receber um não da Prefeitura. *A opção feita na lei de 2016 no plano diretor de controlar no valor da outorga, ela não dá o não* (Entrevista 5, prefeitura, grifo nosso).
>
> *Em 2014, a gente queria calcular melhor os estoques. Foi uma derrota de dentro governo. Ah não(...) o plano diretor tem que ser autoaplicável* (Entrevista 7, prefeitura, grifo nosso).

Apesar da extinção do estoque pelo plano diretor seguinte (Lei Municipal nº 16.050/14), a experiência da criação do estoque de potencial construtivo revela a possibilidade de ampliação da capacidade regulatória da Prefeitura sobre os empreendimentos imobiliários a partir das regras de uso e ocupação do solo definidas pelos planos diretores municipais.

A regulação urbanística da propriedade é uma grande conquista e, apesar de falhas pontuais durante o processo de implementação, é um mecanismo fundamental para o planejamento territorial municipal.

Não se trata aqui de ignorar a importância da ampliação do controle sobre os atos administrativos e das políticas de combate à corrupção envolvendo a aprovação de empreendimentos imobiliários nas cidades brasileiras.

Para além de soluções simplistas, contudo, é importante ressaltar que as normas urbanísticas devem também ser capazes de garantir a flexibilidade necessária para o processo de aprendizagem, criatividade e inovação na gestão pública.[386] A indeterminação regulatória, em muitos casos, é positiva, especialmente quando combinada com a ampliação da transparência e gestão democrática da política urbana.

Especialmente no âmbito do planejamento territorial, a garantia do binômio flexibilidade/rigidez é um dos desafios centrais para a concretização da função social da propriedade urbana. É fundamental, contudo, se atentar sobre a importância de ampliar uma agenda de pesquisa — sobretudo no âmbito dos estudos jurídicos — voltada à compreensão dos processos administrativos de aprovação dos empreendimentos imobiliários com foco nos setores de licenciamento urbanístico das prefeituras, a fim de compreender com profundidade

---

[386] Sobre o tema, *vide* Coutinho (2013), Sundfeld (2013) e Annenberg (2014).

os dilemas e desafios relacionados ao exercício da discricionariedade administrativa e impacto dos planos diretores nessa frente.[387]

4.1.1.7 A revisão frustrada do plano diretor

Em 2005, um ano após a promulgação da lei de uso e ocupação do solo e dos planos regionais, foram instituídos grupos de trabalho na Prefeitura[388] para iniciar a revisão intermediária do plano diretor prevista então para o ano de 2006.[389]

As regras estabelecidas pelo plano diretor para revisão eram amplas: adequar as ações estratégicas, incluir áreas para aplicação dos instrumentos do Estatuto da Cidade, além de alterar os coeficientes de aproveitamento básico, mínimo e máximo.[390] A lei de uso e ocupação do solo urbano e planos regionais também definiu regras para revisão do plano diretor. Autorizou, por exemplo, a mudança na quantidade de estoques de potencial construtivo.[391]

Iniciou-se, então, o processo participativo de discussão da revisão do plano diretor, incluindo a realização de audiências públicas regionais e audiências nas subprefeituras, bem como a submissão do processo ao Conselho Municipal de Política Urbana.[392]

A revisão do plano diretor foi, porém, suspensa judicialmente por uma série de processos permeados por recursos e decisões distintas. As ações judiciais propostas[393] questionavam o processo participativo, com fundamento na Resolução nº 25/05 do Conselho Nacional das Cidades

---

[387] Para um estudo sobre oS processos de aprovação de empreendimentos imobiliários em São Paulo no período de 2010 a 2014, *vide* Hoyler (2018).

[388] A Portaria nº 2.395/05 institui grupo de trabalho para elaboração de projeto de lei de revisão do plano diretor. Para consultar os resultados do grupo de trabalho e os estudos e debates que subsidiaram a revisão do plano diretor de 2006, *vide* Processo Administrativo nº 2005.0097149-4. Os diversos volumes com os resultados do grupo de trabalho foram acessados graças a pedido elaborado com base na Lei de Acesso a Informações (Lei Federal nº 12.527/11).

[389] Arts. 293, Lei Municipal nº 13.430/02.

[390] Arts. 293 c/c 300, §§2º e 3º, Lei Municipal nº 13.430/02.

[391] Art. 200, §1º, Lei Municipal nº 13.885/04.

[392] Para uma comparação entre o processo participativo realizado para revisão do plano diretor de 2002 na gestão do Prefeito Gilberto Kassab e a elaboração do plano diretor de 2014 pelo Prefeito Fernando Haddad, *vide* Araujo (2016).

[393] As ações e respectivos recursos judiciais foram propostos pelo Ministério Público, Defensoria Pública, Instituto Polis, Centro Gaspar Garcia de Direitos Humanos, Associação Defenda São Paulo, entre outras organizações da sociedade civil ("Discussão do plano diretor é vetada", *O Estado de São Paulo*, 23 de maio de 2007). Para uma descrição detalhada dos processos e decisões judiciais sobre revisão do plano diretor de São Paulo no período,

bem como a extensão da revisão, que modificava o plano diretor, os planos regionais e a legislação de uso e ocupação do solo.

O prazo de revisão do plano diretor foi prorrogado até 2007[394] e um projeto de lei de revisão encaminhado para a Câmara Municipal de São Paulo pelo Poder Executivo.[395] Por fim, após decisões judiciais que suspenderam a tramitação legislativa, o projeto de lei foi retirado de pauta por solicitação do Poder Executivo em 2013.[396]

A revisão frustrada do plano diretor foi tema das entrevistas de integrantes da Prefeitura de São Paulo que, na época, atuavam no âmbito da sociedade civil:

> *O processo de revisão apresentado em 2007 era muito difícil de entender.* A gente começou a organizar grupos para entender aquela proposta, tentou fazer um quadro comparando o que era plano diretor, a lei de zoneamento vigente e as propostas que estavam sendo apresentadas e não conseguia organizar o quadro comparativo, tamanha a *confusão e obscuridade do texto. Difícil entender a redação.* Não tinha entendimento claro sobre diversas passagens da proposta. Isso foi levando a uma irritação do grupo. *A gente estudava, fazia quadros comparativos, que não davam certo e que nunca terminavam.* Enfim(...) até o momento a discutir estratégias sobre isso e se chegou à conclusão que entrar nas filigranas técnicas seria uma armadilha. Porque a gente ia ficar discutindo detalhes técnicos e não teria resultado político nenhum a essa proposta que estava sendo apresentada pela Prefeitura (Entrevista 1, prefeitura, grifo nosso).
> Apesar de toda a oposição à revisão, o Executivo mandou para Câmara e a gente continuou fazendo oposição na Câmara. *A gente continuou a articulação com o Ministério Público* (Entrevista 1, prefeitura, grifo nosso).
> Aproveitamos a repercussão para fazer diversas denúncias sobre o processo. O principal argumento era: *se temos uma revisão, temos que ter uma avaliação. O que foi implementado na prática,* que resultado que deu, para, a partir daí, ter referências para uma proposta de revisão (Entrevista 1, prefeitura, grifo nosso).
> *Pelo que eu soube depois, eram os técnicos que utilizavam a legislação, que usavam para fazer as suas cotas nos processos e tudo mais.* Eles viram os problemas no dia a dia. E a partir desses problemas do dia a dia que foi construída essa proposta. *Agora ficou muito confusa.* Porque misturou tudo (Entrevista 1, prefeitura, grifo nosso).

---

incluindo a análise das entrevistas das organizações da sociedade civil reunidas em torno da Frente em Defesa do Plano Diretor, *vide* Araujo (2016).

394 Lei Municipal nº 14.253/06.

395 Projeto de Lei municipal nº 671/2007.

396 Ofício CMSP nº 892/2013, de 26 de abril de 2013.

O(a) representante do mercado imobiliário também se pronunciou sobre a revisão intermediária do plano diretor:

> A revisão do plano na época prevista acabou não ocorrendo. *Foi para Câmara, mas o Ministério Público entrou com uma ação e pediu para retirar. A alegação era que se estava revendo o plano diretor e lei de zoneamento ao mesmo tempo. O Ministério Público entendia que deveria ser revisto somente o plano diretor*. Contudo havia questões interligadas. Alterações que não podiam ser feitas só no plano diretor. *Surgiu também outra discussão: se lei de zoneamento pode mudar plano diretor ou não. Pode. A lei de zoneamento tem feito ajustes no plano diretor. A lei de zoneamento é uma lei com quórum qualificado assim como plano. A lei de zoneamento de 2004 mudou o plano de 2002*. E a lei de zoneamento atual também mudou o plano diretor. Por vezes são necessários alguns ajustes. Uma calibragem (Entrevista 9, mercado imobiliário, grifos nossos).
>
> *O mercado era favorável ao ajuste de algumas questões*. Na época, o projeto de lei foi enviado pelo [Gilberto] Kassab, sendo o(a) Secretário(a) o [nome Secretário(a)]. Eram medidas corretivas, importantes. Mas acabaram não ocorrendo (Entrevista 9, mercado imobiliário, grifo nosso).

Os integrantes da Prefeitura, por sua vez, explicaram sua percepção do processo de revisão do plano diretor:

> A gestão do(a) [secretário(a) municipal] tinha a história da revisão do plano diretor porque ia terminar a vigência. *O plano diretor ia terminar em 2012. Tinha um projeto de revisão na Câmara (...)*. Isso deu algum trabalho. Porque a gente cuidava disso aí. Tinha reunião na Câmara. Apesar que o projeto em si era um projeto aparentemente com alterações insignificantes. Em 2006, tinha uma disputa(...) lógico que tinha coisa que mudava. Mas não dá para comparar a mudança que o atual [plano diretor] fez, com aquela proposta nesse texto de 2006. *Era uma linha de revisão mesmo. Mas como era um objeto muito grande e tem uma série de preferências de quem redige, eles resolveram alterar*. Então ficou parecendo que mudava muita coisa, mas não mudava muita coisa. O projeto Nova Luz, as operações urbanas não precisavam alterar o plano diretor. O plano diretor vinha muito bem. *Mas essa história acabou sendo mal interpretada* (Entrevista 5, prefeitura, grifo nosso).
>
> *No começo do governo [José] Serra, eles criaram um grupo de trabalho em cima dos erros*. O trabalho coordenado pelo(a) [nome servidor(a) público(a)], mas quando foi se aproximando o prazo isso foi se precipitando. Em 2009, 2010, tinha esse projeto de lei tramitando. *Essa era uma visão da gestão do [Gilberto] Kassab do que precisa ser revisto no plano diretor. Era o dever dele como Prefeito encaminhar a revisão. E estava lá* (Entrevista 5, prefeitura, grifo nosso).

Pode-se perceber que as regras relacionadas ao processo de revisão do plano diretor e elaboração das leis regulamentadoras foram objeto de conflito político e judicial intenso durante seu período de vigência.

Se, de um lado, o Estatuto da Cidade não determina a necessidade de realização de uma revisão intermediária do plano diretor antes do final dos dez anos de vigência, nada impede que haja alterações pontuais do plano durante o período de implementação. Trata-se de garantir um espaço para flexibilidade do planejamento do território e adaptação à dinâmica da vida nas cidades.

Contudo, no texto do plano diretor que autoriza a revisão de 2006, não há de maneira expressa limites formais e materiais para as eventuais alterações ao plano diretor, o que acabou aprofundando os conflitos entre os atores e os interesses em jogo na definição do direito de construir na cidade. Não ficam claros, pela lei municipal, os procedimentos necessários para a garantia da legitimidade democrática do processo de revisão e a extensão possível da revisão. Tais normas sobre revisão e alteração do plano diretor podem ser consideradas como gargalos jurídico-institucionais na implementação dos planos diretores.[397]

4.1.2 A outorga onerosa do direito de construir

O conceito de "solo criado" remonta aos anos 1970 e as primeiras experiências de aplicação foram observadas na Itália, França, Grã-Bretanha, Espanha, Chicago e Colômbia.[398] Nesse período, surgem também no Brasil os primeiros estudos sobre o conceito e justificativas para aplicação do "solo criado".[399]

Partindo do pressuposto de que as regras de uso e ocupação do solo urbano são capazes de gerar injusta valorização de imóveis nas distintas regiões da cidade, a incorporação do "solo criado" seria uma forma de garantir o direito de construir de maneira igualitária a todos,

---

397 Sobre os gargalos jurídico-institucionais do plano diretor, *vide* item 4.2 da obra.

398 REZENDE, Vera F. *et al.* Revisão bibliográfica comentada dos fundamentos da outorga onerosa do direito de construir. *Revista Direito à Cidade*, v. 3, n. 2, p. 156-205, 2011.

399 Vale a pena consultar Rezende *et al.* (2009) e Rezende *et al.* (2011), que fazem levantamento profundo e detalhado das matrizes conceituais do instrumento, incluindo cada um dos autores do período e argumentos utilizados para fundamentar a aplicação da outorga onerosa do direito de construir no país.

promovendo uma maior justiça social,[400] gerar a repartição justa dos ônus e benefícios do processo de urbanização,[401] garantir a estabilidade e segurança das transações imobiliárias em razão da uniformização do preço dos imóveis urbanos,[402] submeter os interesses privados à função social da propriedade,[403] ou ainda atuar como fonte de recursos em um contexto de carência de fontes de financiamento para o processo de urbanização.[404]

A origem da outorga onerosa do direito de construir relaciona-se justamente com esse debate. O direito de propriedade de imóveis urbanos deveria corresponder também à busca por um coeficiente básico e único para a cidade, garantindo-se o mesmo potencial construtivo para todos os terrenos. O que excedesse esse básico comum deveria ser objeto de pagamento do proprietário, por tratar-se de "solo criado".[405]

Destaque-se aqui os argumentos utilizados pela Carta de Embu (1976), documento de referência sobre a possibilidade de regulamentação do "solo criado" no Brasil.[406] Muito embora o processo constituinte não tenha aprovado a redação original da Emenda da Reforma Urbana, não prevendo de maneira expressa que o direito de propriedade não pressupõe o direito de construir,[407] a função social da propriedade urbana foi submetida ao processo de planejamento municipal, permitindo-se assim a regulação dos potenciais construtivos via plano diretor.

---

400 Moreira *et al.* (1975), Moreira (1977) e Azevedo *apud* Brasileiro (1977); Hori (1977) *apud* Rezende, Vera F. *et al.* A outorga onerosa do direito de construir e o solo criado: uma necessária avaliação das matrizes conceituais. *Revista Brasileira de Estudos Urbanos e Regionais*, v. 11, n. 2, p. 51-71, nov. 2009.

401 Silva e Saule Júnior (1993); Ribeiro e Cardoso (1991) *apud Ibidem*, p. 55.

402 Campos Filho (1977) e Ferraz (entrevista *apud* Brasileiro, 1977) *apud* Rezende, *op. cit.*, 2011.

403 Fagundes (1977), Fortuna (entrevista *apud* Brasileiro, 1977), Moreira (1977) e Hori (1977) *apud* REZENDE, Vera F. *et al.* A outorga onerosa do direito de construir e o solo criado: uma necessária avaliação das matrizes conceituais. *Revista Brasileira de Estudos Urbanos e Regionais*, v. 11, n. 2, p. 51-71, nov. 2009.

404 Setúbal (1977) *apud Ibidem*, p. 56.

405 O conceito de "solo criado" é apontado também como fundamento de outros instrumentos urbanísticos brasileiros tais como a transferência do direito de construir, cf. Nobre (2016).

406 Diversos urbanistas e juristas assinaram a Carta de Embu, entre eles, Álvaro Villaça Azevedo, Celso Antônio Bandeira de Mello, Dalmo do Valle Nogueira Filho, Eros Roberto Grau, Eurico de Andrade Azevedo, Fábio Fanucchi, José Afonso da Silva, Maria de Lourdes Cesarino Costa, Mario Pazzaglini Filho, Miguel Seabra Fagundes, Jorge Hori, Antonio Cláudio Moreira Lima, Clementina De Ambrosis, Domingos Theodoro de Azevedo Netto, Luis Carlos Costa e Norberto Amorim (Rezende *et al.*, 2011).

407 Art. 4º da Emenda Popular da Reforma Urbana. Sobre a inserção do plano diretor na Assembleia Nacional Constituinte, *vide* Fontes (2010, 2012).

Durante os anos 1990, o "solo criado" foi previsto na legislação de diversas cidades do país.[408] Mas é nos anos 2000 que se pode observar os maiores avanços regulatórios e institucionais sobre o assunto.[409]

O Estatuto da Cidade regulamenta em nível nacional a outorga onerosa do direito de construir,[410] autorizando a possibilidade de cobrança de contrapartida acima do coeficiente de aproveitamento básico, que pode ser único ou diferenciado por zona, nos termos do determinado pelo plano diretor. Ao plano diretor caberia também definir os coeficientes máximos a serem estabelecidos conforme a capacidade de infraestrutura e densidade esperada. À lei municipal específica caberia ainda a definição da fórmula de cálculo, as possibilidades de isenção e a contrapartida. Os recursos arrecadados com a cobrança de outorga onerosa são vinculados à execução dos objetivos da política urbana e ambiental.

A outorga onerosa do direito de construir foi prevista em 70% da nova geração de planos diretores[411] elaborada após a criação do Ministério das Cidades (2003) e da Campanha Nacional Plano Diretor Participativo (2005). No caso de São Paulo, a outorga foi não somente prevista, mas regulamentada e aplicada pelo poder público.

O plano diretor de São Paulo de 2002 — fruto de intensos embates em torno do coeficiente de aproveitamento básico da cidade — regulamentou a outorga onerosa do direito de construir.[412] De maneira geral, estabeleceu o coeficiente de aproveitamento básico, determinou as áreas de aplicação da outorga, os procedimentos básicos de cobrança e a fórmula do cálculo da contrapartida. O cálculo da contrapartida da outorga em São Paulo incorpora fatores de planejamento e sociais para garantir o interesse público na definição dos valores a serem pagos. O estoque de potencial construtivo por distrito foi considerado como objeto da legislação de uso e ocupação do solo e dos planos regionais das

---

408 REZENDE, Vera F. *et al.* Revisão bibliográfica comentada dos fundamentos da outorga onerosa do direito de construir. *Revista Direito à Cidade*, v. 3, n. 2, p. 156-205, 2011.

409 CYMBALISTA, Renato *et al.* A Outorga Onerosa do Direito de Construir após o Estatuto da Cidade: um panorama de implementação nos municípios brasileiros. *Revista Brasileira de Estudos Urbanos e Regionais*, v. 9, n. 2, p. 73, 2007.

410 Art. 4º, inciso V, alínea "n"; arts. 28 a 31 e art. 26, incisos I a IX; art. 50, inciso IV da Lei Federal, nº 10.257/01.

411 SANTOS JUNIOR, Orlando Alves dos; MONTANDON, Daniel Todtmann. Síntese, Desafios e Recomendações. In: SANTOS JUNIOR, Orlando Alves dos; MONTANDON, Daniel Todtmann (org.). *Os planos diretores municipais pós Estatuto da Cidade*: balanço crítico e perspectivas. Rio de Janeiro: Letra Capital: Observatório das Cidades: IPPUR/UFRJ, 2011. p. 33.

412 Arts. 209 a 216, Lei Municipal nº 13.430/02.

subprefeituras, bem como os coeficientes de aproveitamento mínimo e máximo. Os recursos arrecadados com a outorga onerosa do direito de construir compunham o Fundo Municipal de Desenvolvimento Urbano.

A outorga onerosa do direito de construir e o Fundo Municipal de Desenvolvimento Urbano foram ainda regulamentados pela lei de uso e ocupação do solo e planos regionais[413] bem como por diversos decretos municipais.[414]

A pesquisa empírica realizada sobre a implementação do plano diretor revela que a outorga onerosa do direito de construir foi efetivamente aplicada e arrecadou, durante a vigência do plano diretor de São Paulo, um valor total de R$1,7 bilhão.[415]

Os recursos do Fundo Municipal de Desenvolvimento Urbano devem necessariamente ser executados para implementação da política urbana municipal. Sobre os recursos do fundo executados durante o período, vale notar que os valores representaram em média 7% do investimento da Prefeitura.[416]

A obrigatoriedade de pagamento de valores para se construir acima do coeficiente básico combinada com a existência de um fundo específico vinculado à execução da política urbana é mudança trazida pelo Estatuto da Cidade e pelo plano diretor de São Paulo de 2002, que foi colocada em prática pela gestão pública municipal, revelando a ampliação da capacidade da Prefeitura em regular o mercado imobiliário da cidade. Tais transformações foram reconhecidas como conquistas relevantes por uma série de entrevistados(as):

---

413 Arts. 20 e seguintes, Lei Municipal nº 13.885/04.

414 Os procedimentos de cobrança e cálculo da outorga foram estabelecidos pelos decretos municipais nº 43.232/03, nº 43.394/03 e nº 44.703/04. O Fundo Municipal de Desenvolvimento Urbano foi instituído pelo plano diretor de São Paulo de 2002 e foi regulamentado pelo Decreto Municipal nº 43.231/2003; pelo Decreto Municipal nº 43.881/03 e pelo Decreto Municipal nº 47.661/06. Para um panorama das principais regras aprovadas no período sobre outorga onerosa do direito de construir e o Fundo Municipal de Desenvolvimento Urbano, *vide* linha do tempo integrante do apêndice A.

415 MONTANDON, Daniel. A implementação do Estatuto da Cidade na escala local: a experiência de São Paulo. In: ROSSBACH, Ana Cláudia (org.). *Estatuto da Cidade*: a velha e a nova agenda urbana: uma análise de 15 anos da lei. São Paulo: Citties Alliance: Publisher Brasil, 2016. p. 79; NOBRE, Eduardo. Recuperação da valorização imobiliária para financiamento da transformação urbana. In: NOBRE, Eduardo. *Eixos de Estruturação da Transformação Urbana*: Inovação e Avaliação em São Paulo. Brasília: IPEA, 2016. p. 182.

416 Conforme tabela disponível no *site* da Prefeitura de monitoramento do plano diretor: https://monitoramentopde.gestaourbana.prefeitura.sp.gov.br/, consulta em: 16 mar. 2020. Sobre o tema, *vide* ainda Paim (2019, p. 23) e Santoro, Lopes e Lemos (2016).

> A sistemática de *criar pela primeira vez a outorga onerosa* com coeficiente máximo e coeficiente básico, *de acordo com o Estatuto, foi muito significativa*. Também foi muito significativa a diminuição de coeficiente básico. Ainda que tenha sido com as regras de transição, com a manutenção do Adiron, que são coisas que fizeram parte da negociação (Entrevista 5, prefeitura, grifo nosso).
>
> A lógica da outorga onerosa do direito de construir no plano diretor de 2002 é uma lógica que começou com uma intenção arrecadatória, mas deu um passo em direção de ser um instrumento de indução de padrões de ocupação do solo em determinadas partes da cidade e depois se tornou um mecanismo de incentivo, com descontos na arrecadação e na contrapartida financeira. *Então você acaba tendo essas três dimensões da outorga onerosa: a dimensão arrecadatória, a dimensão indutora de padrões de ocupação e como incentivo por meio de descontos* (Entrevista 1, prefeitura, grifo nosso).
>
> *O mais chocante foi a arrecadação de um bilhão para o FUNDURB*. Daí eu falei: bom, quero conversar com essa pessoa. Era um(a) funcionário(a) de carreira (...). *A maior parte do recurso foi para desapropriar terreno para construir parques*. Parte foi para conjuntos habitacionais, obras viárias de acesso ao Itaquerão (...). Mas me falaram: você tem que falar com fulano(a) lá no Martinelli! Ele(a) ficava sozinho numa sala. Quando perguntei: você tem os dados do FUNDURB? Daí ele(a) me mostrou um gaveteiro. – Ah! Então (...) o FUNDURB é essa gaveta aqui. Me colocaram para fazer esse trabalho e eu comecei a organizar os dados (Entrevista 1, prefeitura, grifo nosso).

Ocorre, porém, que, apesar dos avanços trazidos pelas mudanças regulatórias, o instrumento da outorga incidiu sobre 12,5% dos empreendimentos imobiliários realizados no período, impactando de maneira supostamente tímida a arrecadação do Município, já que os valores totais representariam 0,5% da arrecadação da cidade.[417]

Tais críticas ao real alcance do instrumento foram levantadas também pelas entrevistas realizadas:

---

[417] MONTANDON, Daniel. A implementação do Estatuto da Cidade na escala local: a experiência de São Paulo. In: ROSSBACH, Ana Cláudia (org.). *Estatuto da Cidade*: a velha e a nova agenda urbana: uma análise de 15 anos da lei. São Paulo: Citties Alliance: Publisher Brasil, 2016. p. 79; SANTORO, Paula; LOPES, Mathews; LEMOS, Letícia. Para onde vão os recursos do Fundurb? *ObservaSP*, São Paulo, 2016. Disponível em: https://observasp.wordpress.com/2016/07/28/para-onde-vao-os-recursos-do-fundurb/ Acesso em: 10 nov. 2019. Durante os dois primeiros anos do plano diretor, a porcentagem de áreas construídas na cidade com o pagamento de outorga foi muito baixa (0,14% e 2,13%). Somente a partir de 2005 os índices passaram a 8,1% chegando a 16,78% em 2010 (SMDU, 2012, fls. 178).

> E aí o processo de implementação no tripé habitação, FUNDURB, obras públicas ele desmorona. Porque o FUNDURB não arrecada, porque *a outorga é muito barata*. FUNDURB arrecadou 1 bilhão de reais em dez anos. Não é nada. É muito pouco. Se você pensar que empreendimento habitacional grande, o valor de venda dele é 200 milhões. O orçamento da Prefeitura na época era 30 bilhões. Ou 25 bilhões. 200 milhões por ano é pouco. *Perto do que você teve de produção imobiliária do período. As operações urbanas arrecadaram em dez anos 10 bilhões. E a outorga onerosa 1 bilhão* (Entrevista 6, prefeitura, grifo nosso).
> *Um bilhão de reais é pouco*. Hoje a captação é de 100, 200 milhões por mês (Entrevista 8, prefeitura, grifo nosso).

As mudanças nas regras do jogo de construir na cidade de São Paulo, porém, não são triviais. Depois de décadas,[418] a legislação urbanística da cidade foi finalmente substituída. Criou-se coeficientes mínimos, básicos e máximos, definiu-se um estoque de potencial construtivo, foram instituídos a outorga onerosa do direito de construir e um fundo de desenvolvimento urbano. Trata-se de conquistas relevantes para a gestão do território na cidade de São Paulo. Criou-se mecanismos para o financiamento e a execução da política urbana e ampliou-se a capacidade de induzir o desenvolvimento urbano e regular os empreendimentos imobiliários na cidade. Ressalte-se que a regulação de empreendimentos imobiliários em São Paulo implica em estabelecer normas para atividade econômica central para cidade e que produz o equivalente a 2,1 milhões de m^2 de construções verticais privadas, no valor de R$9,9 bilhões anuais.[419]

Tais avanços regulatórios expressam-se também no âmbito do sistema de justiça. O Tribunal de Justiça do Estado passou a incorporar as novas regras urbanísticas em suas decisões e interpretações.

As decisões identificadas no levantamento jurisprudencial[420] sobre outorga onerosa do direito de construir foram agrupadas em torno

---

[418] Em 2001, ano de promulgação do Estatuto da Cidade, o plano diretor de São Paulo vigente era ainda aquele aprovado na gestão do Prefeito Jânio Quadros (1986-1988): a Lei Municipal nº 10.676/88. Um plano composto essencialmente por princípios e diretrizes gerais. As principais regras de uso e ocupação da cidade permaneciam aquelas aprovadas sob a égide da ditadura militar pelas leis municipais nº 7.805/72 e nº 8.001/73 e suas alterações posteriores.

[419] Dados do Centro de Estudos da Metrópole da Faculdade de Filosofia, Letras e Ciências Humanas da Universidade de São Paulo (USP) e do Centro Brasileiro de Análise e Planejamento (CEBRAP) *apud* MARQUES, Eduardo (org.). *As políticas do urbano em São Paulo*. São Paulo: Editora UNESP; Centro de Estudos da Metrópole, 2018.

[420] Sobre os critérios utilizados, as etapas e os resultados do levantamento jurisprudencial, *vide* capítulo 3 da obra.

dos seguintes temas: *(i)* a natureza jurídica não tributária da outorga onerosa do direito de construir; *(ii)* critérios de priorização na aprovação de empreendimento e o estoque construtivo; *(iii)* garagens e o cálculo do coeficiente de aproveitamento; *(iv)* valor a ser pago para fins de outorga onerosa do direito de construir como critério para avaliação de indenização nas ações de desapropriação; *(v)* irregularidades, fraudes e crimes relacionados à cobrança e pagamento da outorga onerosa do direito de construir; *(vi)* o direito de protocolo; *(vii)* as regras de transição do plano diretor de 2002 e o de 2014; *(viii)* pagamento de outorga onerosa para fins de regularização de edificação; *(ix)* aplicação ou não de outorga em casos envolvendo conflitos de sobreposição do plano diretor e legislação específica.

As decisões judiciais fornecem ainda pistas sobre os principais conflitos na implementação do plano diretor no período. Há que se reconhecer ainda que o próprio plano diretor de 2002, ele mesmo fruto de embates e disputas durante o processo legislativo, criou regras que trouxeram obstáculos para sua própria aplicação.

Parte dos temas judicializados tem a ver com as regras secundárias criadas pelos arranjos institucionais da política urbana e dizem respeito a atividades relacionadas a outras normas. É o caso, por exemplo, das regras voltadas à produção legislativa posterior. As normas de vigência, transição, alteração e revisão estabelecidas pelo plano diretor serão consideradas como gargalos jurídico-institucionais e serão discutidas com profundidade no item 4.2 desta obra.

4.1.3 As Zonas Especiais de Interesse Social

As Zonas Especiais de Interesse Social (ZEIS) surgem no Brasil durante a década de 1980 em um contexto de luta pelo reconhecimento dos direitos dos moradores de assentamentos informais de baixa renda, incluídos aqui as favelas, os loteamentos clandestinos e irregulares e os cortiços. Foi durante o período da redemocratização do país que surgiram as primeiras experiências municipais de incorporação das ZEIS no planejamento das cidades, com destaque para as cidades de Recife (PE) e Belo Horizonte (MG), as quais previam em seus planos diretores e leis de uso e ocupação do solo "áreas especiais" para futura intervenção pública através de projetos de urbanização e regularização. Para estas áreas são estabelecidos parâmetros urbanísticos especiais, reconhecendo os padrões de ocupação existentes e prevendo a elaboração de planos com participação direta dos moradores para definir sua futura configuração e ordenamento.[421]

Durante a década de 1990, o Município de Diadema inova e introduz o conceito de "AEIS de vazios". O instrumento urbanístico, além de reconhecer os direitos de regularização fundiária, passa a servir também como ferramenta apta a garantir a reserva de terra para habitação de interesse social em áreas consideradas pelo plano diretor municipal como imóveis subutilizados ou não utilizados.[422]

As experiências municipais de regularização fundiária de favelas e de reserva de terras para fins habitacionais influenciam a construção do marco regulatório brasileiro. A proteção jurídica dos moradores de assentamentos urbanos de baixa renda é incorporada no próprio texto constitucional de 1988 de maneira expressa pelo art. 183 da Constituição Federal, que reconhece o direito de concessão de uso e o domínio aos ocupantes de área de até 250 m^2, utilizadas para fins de moradia.[423]

No âmbito federal, é durante a década de 1990 que se introduz o conceito de "zonas de urbanização específica" pela Lei Federal nº 9.785/99, que alterou a Lei Federal nº 6.766/79.

Mais adiante, o Estatuto da Cidade (Lei Federal nº 10.257/01) irá reconhecer de maneira expressa as Zonas Especiais de Interesse Social enquanto instrumento da política urbana,[424] cujo conceito é definido também pela Resolução nº 34/05 do Conselho Nacional das Cidades[425] e Resolução nº 369/06[426] do Conselho Nacional do Meio Ambiente.

Mais do que isso, o Estatuto determina que a regularização fundiária e urbanística de áreas ocupadas por população de baixa renda é considerada diretriz geral da política urbana[427] e, como tal, norma geral de direito urbanístico. É, portanto, obrigatória para o setor privado e o setor público nos três níveis da federação, incluindo o Poder Executivo, Legislativo e Judiciário.[428]

---

421 ROLNIK, Raquel; SANTORO, Paula F. *Zonas Especiales de Interés Social (ZEIS) em ciudades brasileñas*: trayectoria de implementación de um instrumento de política de suelo. Massachusetts, EUA: Lincoln Institute of Land Policy, 2014.

422 *Idem*, 2014.

423 Sobre a proteção jurídica da moradia dos assentamentos informais de baixa renda, vale a consulta às obras de Betânia Alfonsin, Nelson Saule Junior e Edesio Fernandes.

424 Art. 4º, inciso V, alínea "f", Lei Federal nº 10.257/01.

425 Art. 5º, Resolução Conselho Nacional das Cidades.

426 Art. 9º, §3º, Resolução Conama nº 369/06

427 Art. 2º, inciso XIV, Lei Federal nº 10.257/01.

428 SILVA, José Afonso da. *Direito urbanístico brasileiro*. 4. ed. São Paulo: Malheiros Editores. 2006; SUNDFELD, Carlos Ari. O Estatuto da Cidade e suas diretrizes gerais. In: DALLARI,

Após o Estatuto da Cidade, o ciclo subsequente de planos diretores municipais incorpora, de maneira generalizada, as Zonas Especiais de Interesse Social, que acabam previstas em 81% dessa nova geração de planos diretores.[429]

É com a edição da Lei Federal nº 11.977/09 — em grande parte revogada pela atual Lei Federal nº 13.465/17 — que se consolida, em nível federal, o conceito jurídico de ZEIS e seu papel enquanto instrumento de regularização fundiária.[430]

As regras sobre Zonas Especiais de Interesse Social e suas interfaces com o planejamento territorial e regularização fundiária foram debatidas por muitos anos no Congresso Nacional por ocasião da tramitação do projeto de lei que instituía a "Lei de Responsabilidade Territorial", o Projeto de Lei federal nº 3.057/00. Grande parte desse conteúdo foi incorporado pela Medida Provisória nº 459/09, que deu origem à Lei Federal nº 11.977/09,[431] que instituiria não somente as regras nacionais para regularização fundiária de assentamentos informais de baixa renda, mas também o Programa Minha Casa Minha Vida.

O marco jurídico nacional da regularização fundiária definia então as Zonas Especiais de Interesse Social como "parcela da área urbana instituída pelo plano diretor ou definida por outra lei municipal, destinada predominantemente à moradia de população de baixa renda e sujeita a regras específicas de parcelamento, uso e ocupação do solo".[432] A própria definição de regularização fundiária de baixa renda incluía de maneira expressa os imóveis situados em ZEIS.[433]

Adilson; FERRAZ, Sérgio (org.). *Estatuto da Cidade*: comentários à Lei Federal 10.257/2001. São Paulo: Malheiros Editores Ltda., 2002; MEDAUAR, Odete. A força vinculante das diretrizes gerais da política urbana. In: FINK, Daniel Roberto (org.). *Temas de direito urbanístico — 4*. São Paulo: Imprensa Oficial do Estado: Ministério Público do Estado de São Paulo, 2005.

[429] SANTOS JUNIOR, Orlando Alves dos; MONTANDON, Daniel Todtmann. Síntese, Desafios e Recomendações. In: SANTOS JUNIOR, Orlando Alves dos; MONTANDON, Daniel Todtmann (org.). *Os planos diretores municipais pós Estatuto da Cidade*: balanço crítico e perspectivas. Rio de Janeiro: Letra Capital: Observatório das Cidades: IPPUR/UFRJ, 2011. fls. 31.

[430] A revogação do capítulo específico sobre regularização fundiária de assentamentos informais urbanos foi uma das primeiras medidas legislativas tomadas após a posse de Michel Temer como Presidente da República. Os retrocessos da legislação e políticas de regularização fundiária representados pela edição da Lei Federal nº 13.465/17 mereceria pesquisa específica. Tendo em vista, porém, que a lei federal não operou efeitos durante a vigência do plano diretor de São Paulo de 2002, não se consitui como objeto de análise desse texto. Sobre o tema, cf. Leite e Mencio (2019); Alfonsin, Berni e Pereira (2019).

[431] Sobre o tema, *vide* Romeiro (2010) e Saule Junior (2008).

[432] Art. 47, inciso V, Lei Federal nº 11.977/09.

[433] Art. 47, VII, alínea "b", Lei Federal nº 11.977/09.

Os aspectos jurídicos das ZEIS devem ser entendidos também dentro do arcabouço jurídico mais amplo relacionado à política habitacional. Destaque-se aqui a Lei Federal nº 11.124/05 e o Decreto Federal nº 5.796/06, que instituem o Sistema Nacional de Habitação de Interesse Social e preveem regras e diretrizes para os planos municipais de habitação[434] e as leis que regulamentaram o Programa Minha Casa Minha Vida[435] e o Programa de Aceleração do Crescimento, que possuía ações voltadas para urbanização de assentamentos precários.[436]

As políticas setoriais nacionais, em especial na área habitacional, induziram políticas locais. Criou-se um sistema nacional de habitação que articula fundos, conselhos e planos, o que desenvolveu, ainda que de maneira tímida, capacidades estatais locais.[437]

Tais políticas federais causam impacto direto sobre a política habitacional em São Paulo, trazendo ao setor recursos significativos, estabelecendo um grande volume de subsídio para a população de baixa renda, a partir de um arranjo baseado na contratação ou no financiamento direto de empresas.[438] Os programas habitacionais federais influenciam a implementação das ZEIS em São Paulo.

Previstas pela primeira vez na legislação municipal de São Paulo, as ZEIS foram criadas, regulamentadas e aplicadas pelo poder público. A novidade regulatória merece ser reconhecida, especialmente após as tentativas frustradas anteriores.[439] Ao longo dos anos 2000, conforme

---

434 Art. 12, inciso III; art. 14, inciso III; art. 17 da Lei Federal nº 11.124/05.

435 A política habitacional no Brasil é regulada também por uma série de outros diplomas legais de maneira direta e indireta, os quais não serão tratados no presente livro, tais como a Lei Federal nº 11.079/04, que institui as parcerias público-privadas, e as leis federais relacionadas ao sistema de financiamento habitacional (Lei Federal nº 9.513/97, Lei Federal nº 10.931/04, entre outras). Sobre o tema, *vide* Rolnik (2011; 2015); Santos (2016) e Royer (2009).

436 Leis Federais nº 11.578/07; nº 12.462/11 e nº 12.688/12.

437 ARRETCHE, Marta (coord.). *Capacidades administrativas dos municípios brasileiros para a política habitacional*. Brasília: Ministério das Cidades/CEM, 2012; MARQUES, Eduardo; PULHEZ, Magaly; PAGIN, Stefano. Produção pública da habitação. In: MARQUES, Eduardo (org.). *As políticas do urbano em São Paulo*. São Paulo: Editora UNESP; Centro de Estudos da Metrópole, 2018.

438 O MCMV produziu no 3,2 milhões de unidades habitacionais no país, pelo custo de R$200 bilhões até 2014. O PAC Urbanização destinou recursos para 1.300 favelas e abrangeu 2,5 milhões de domicílios e 7,6 milhões de habitantes (Vieira, 2005 *apud* Marques *et al.*, 2018). Em São Paulo, o PAC Urbanização destinou R$2 bilhões até 2018 (Akaishi *et al.*, 2018).

439 Destaque-se aqui o projeto de lei que instituía plano diretor elaborado durante a gestão da Prefeita Luiza Erundina (1989-1992), que, embora houvesse previsão de ZEIS, não foi aprovado pela Câmara Municipal de São Paulo (Villaça, 1999).

se verá a seguir, as novas regras urbanísticas foram incorporadas no dia a dia da gestão pública paulistana.

A criação de ZEIS foi uma das principais reivindicações dos movimentos sociais urbanos e organizações da sociedade civil durante o processo de elaboração e regulamentação do plano diretor de 2002.[440] O plano cria as ZEIS em áreas ocupadas por assentamentos informais de baixa renda e áreas vazias, descrevendo seus perímetros e delimitando-as em mapas.[441]

Foram instituídos quatro tipos de Zonas Especiais de Interesse Social:[442] *(i)* ZEIS 1: áreas ocupadas por população de baixa renda, abrangendo favelas, loteamentos precários e empreendimentos habitacionais de interesse social ou do mercado popular; *(ii)* ZEIS 2: áreas com predominância de glebas ou terrenos não edificados ou subutilizados, conforme estabelecido nesta lei, adequados à urbanização, onde haja interesse público na promoção de Habitação de Interesse Social (HIS) ou do Mercado Popular (HMP), incluindo equipamentos sociais e culturais, espaços públicos, serviços e comércio de caráter local; *(iii)* ZEIS 3: áreas com predominância de terrenos ou edificações subutilizados situados em áreas dotadas de infraestrutura, serviços urbanos e oferta de empregos, ou que estejam recebendo investimentos desta natureza, onde haja interesse público em promover ou ampliar o uso por Habitação de Interesse Social (HIS) ou do Mercado Popular (HMP), e melhorar as condições habitacionais da população moradora; e *(iv)* ZEIS 4: glebas ou terrenos não edificados e adequados à urbanização, localizados em áreas de proteção aos mananciais ou de proteção ambiental e destinados a projetos de Habitação de Interesse Social (HIS).

O plano diretor autorizou a criação de novos perímetros das zonas especiais e a alteração dos perímetros das existentes por lei, desde que seguidos critérios específicos.[443] Foi considerada obrigatória a constituição de Conselhos Gestores das ZEIS compostos por representantes dos moradores e do Poder Executivo os quais deveriam participar do processo de elaboração dos respectivos planos de urbanização.[444] Os planos de urbanização das ZEIS, por sua vez, deveriam ser aprovados por decretos específicos cujo conteúdo mínimo e regras de uso e

---

[440] BONDUKI, Nabil. *A luta pela reforma urbana no Brasil*. Do Seminário de Habitação e Reforma Urbana ao plano diretor de São Paulo. São Paulo: Instituto da Cidade, 2018.

[441] Art. 167, inciso IV, Lei Municipal nº 13.430/02.

[442] Art. 171, Lei Municipal nº 13.430/02.

[443] Art. 167, §2º, Lei Municipal nº 13.430/02; art. 181.

[444] Art. 167, §1º, Lei Municipal nº 13.430/02.

ocupação estão, em parte, estabelecidos pelo próprio plano diretor.[445] Foram instituídas também regras específicas voltadas à gratuidade e descontos da outorga de direito de construir para construção de empreendimentos privados de HIS e HMP em ZEIS.[446]

Um primeiro desafio enfrentado pela gestão pública municipal foi a delimitação dos perímetros das áreas ocupadas pelos assentamentos informais de baixa renda. Diversos foram os critérios utilizados para definir os perímetros exatos das ZEIS, incluindo estratégias específicas para cada espécie de ocupação. No caso das favelas, por exemplo, somou-se aos dados disponíveis nos cadastros da Prefeitura, no Censo IBGE (2000), as vistorias *in loco*, a contratação de assessoria específica e o diálogo com movimentos de moradia organizados e empreendedores imobiliários.[447]

De maneira geral, as entrevistas reconheceram as dificuldades de promover o mapeamento total das áreas. Na época, a Prefeitura ainda não possuía os mapas digitais da cidade:[448]

> Primeiro tinha as ZEIS 1 de favelas. Então mapearam todas as favelas, ocupações. E fizeram isso. *Foi um trabalho* à mão. Que não existia. *A gente tinha que ir em Habi, fazer vistoria, de vez em quando, vistoria de helicóptero, para delimitar as áreas de ZEIS. Porque não tinha isso. Imagina que isso foi um trabalho manual*. A 13.885/04 que delimitou as ZEIS mesmo. Em 2002 só tinha conceito. A gente começou, mas ficou fazendo esse trabalho. A gente não acabou em 2002. Só em 2004 que realmente foi a delimitação. *Essa cartografia inteira toda feita na mão, pintada no lápis de cor* (Entrevista 8, prefeitura, grifo nosso).
>
> Eu e o corpo técnico conhecíamos todas as favelas. *Nada era computador*. Eu e os técnicos do físico e do social fazíamos na rua, de carro. O pessoal do social conhecia bem as favelas pela natureza do trabalho. (...) minha participação no plano diretor foi com as ZEIS (Entrevista 10, prefeitura, grifo nosso).
>
> As HABIs regionais não tinham ainda esse mapa maravilhoso. As HABIs regionais tinham um caderno. O MOC. Mas era super fidedigno. Teve umas correções, mas os desenhos eram feitos em campo. Se fazia ajustes apenas. *Esses cadernos foram a grande base para elaboração das ZEIS*. Teve

[445] Arts. 175 a 177, Lei Municipal nº 13.430/02.

[446] Art. 117, Lei Municipal nº 13.430/02.

[447] Para uma descrição detalhada sobre os critérios utilizados para demarcar as ZEIS em São Paulo, *vide* Caldas (2009); Santo Amore (2013) e Gatti (2015). Sobre os desafios de estimar a população moradora de assentamentos informais de baixa renda em São Paulo, *vide* Torres, Marques e Saraiva (2003).

[448] Atualmente, as ZEIS delimitadas pela legislação urbanística de São Paulo estão disponíveis no seguinte endereço eletrônico: www.geosampa.sp.gov.br. É possível também identificar nesse *site* os mapas com as ZEIS criadas pela Lei Municipal nº 13.885/04.

> outras fontes também. Aí surgiram outras coisas, ZEIS de áreas vazias, ZEIS 3, linha férrea da Zona Leste, cortiços no centro, entre outras. ZEIS 4 era manancial (Entrevista 10, prefeitura, grifo nosso).
>
> E o processo participativo na SEHAB sempre foi super importante. *As HABIs regionais, as assistentes sociais, são as melhores para conhecer as favelas da cidade.* Melhor que o IBGE. Sabem a rua, o que é favela, o que não é (Entrevista 10, prefeitura, grifo nosso).
>
> Tinha algo do INPE, principalmente nas ZEIS 4, que eram nas áreas de mananciais. O pessoal que fazia ia lá no INPE para checar, mas confirmavam com vistoria. Foi feito assim. Na mão (Entrevista 8, prefeitura, grifo nosso).
>
> ZEIS 3 de cortiços foi feito com base no cadastro de cortiços de HABI (Entrevista 8, prefeitura).
>
> Eu sabia traçar a favela no mapa. Minuciosamente. (...). Tem critérios(...) Tem favela em área pública e tem favela em área privada. O que caracteriza é a ocupação, a ausência de propriedade, a irregularidade urbanística. Você percebia por algumas características específicas. Por exemplo, o poste. Era um kit da Eletropaulo. Diferente de qualquer casa. A ligação de água era um cavalete sem relógio (Entrevista 10, prefeitura, grifo nosso).

No total, de acordo com a Prefeitura,[449] foram delimitados em São Paulo 964 perímetros de ZEIS, sendo 640 ZEIS 1; 147 ZEIS 2; 145 ZEIS 3 e 32 ZEIS 4, os quais representam um total de 139.451.518,94 m^2. O levantamento não incluiu todo o universo dos assentamentos informais de baixa renda como objeto da proteção legal, mas há que se reconhecer os esforços nessa frente. No caso das ZEIS 1, por exemplo, do total de 438.739 domicílios situados em favelas na cidade, 88% foram delimitados como ZEIS. As ZEIS 1 foram também demarcadas nas áreas ocupadas por loteamento ilegais. Do total de 482.336 loteamentos ilegais da cidade, 47,1% foram delimitados como ZEIS.

Após a promulgação do plano diretor, a criação de ZEIS se mantém como reivindicação dos movimentos de moradia e associações de bairro durante todo o processo de regulamentação do plano diretor, em especial durante a aprovação da legislação de uso e ocupação do solo

[449] SÃO PAULO. Secretaria Municipal de Desenvolvimento Urbano; Secretaria Municipal de Habitação. *Revisão do plano diretor estratégico*: habitação. São Paulo, 2013. Disponível em: http://gestaourbana.prefeitura.sp.gov.br/. Acesso em: 23 jun. 2020. Vale notar que Marques, Saraiva e Torres (2003) destacam que muitas vezes os dados oriundos de levantamentos diretos ou amostrais, geralmente utilizados pelas prefeituras, podem apresentar distorções. As Secretarias Municipais de Habitação, de acordo com os autores e autora, não são necessariamente boas produtoras de dados. Os dados oficiais aqui utilizados foram produzidos durante a avaliação desenvolvida pela Prefeitura do plano diretor de 2002 com a finalidade de subsidiar a elaboração do plano diretor subsequente em 2014.

e dos planos regionais, bem como das leis específicas das operações urbanas consorciadas.

Previstas pela primeira vez na legislação municipal paulistana, as ZEIS foram, durante os anos 2000, criadas, regulamentadas e aplicadas pelo poder público. A novidade regulatória foi reconhecida pelas entrevistas realizadas:

> As ZEIS foram uma *inovação* do plano diretor de 2002 (Entrevista 4, prefeitura, grifo nosso).
> *Outro avanço foi a função social da propriedade, as ZEIS. As pessoas aceitaram as ZEIS.* Que não existiam aqui em São Paulo(...) E era uma coisa bastante difícil. No plano diretor da Erundina já existia tudo isso, mas eles não quiseram saber. Não foi nem votado (Entrevista 8, prefeitura, grifo nosso).

O impacto da instituição das ZEIS no plano diretor para a consolidação das mudanças institucionais na gestão territorial das favelas da cidade foi abordado também pelas entrevistas:

> Eu ajudei a escrever uma parte do plano diretor, foi a parte das ZEIS. Do que tinha que fazer para regularização. Eu ajudei o(a) [nome gestor(a) público(a)] a escrever, fizemos juntos(as). *Esse plano de ZEIS foi super importante. Hoje o trabalho em favela é muito mais normatizado, sabe? Antes a gente fazia do jeito que vinha na cabeça, o que a gente achava que era, vinha da experiência de cada um.* Hoje não. Tem uma sequência, uma receitinha de bolo. Todo aquele plano de ZEIS. Inicia em 2002. Regularização física, pensando na fundiária. E vou te dizer mais(...) (Entrevista 10, prefeitura, grifo nosso).
> A gente fazia um plano para a favela inteira. Era um plano de urbanização. E tinham três propostas. A gente apresentava as três e sempre saía uma quarta. Sabe quanto durava esse projeto? Uns dois anos, dois anos e meio, dependendo do tamanho e complexidade da área. Não tinha como ser menos. A não ser que resolvesse passar como um trator. Se quisesse que eles incorporassem a política, tinha que ser algo assim. Minha equipe se reunia à noite uma vez por mês para discutir os projetos. Isso era o plano de urbanização que depois foi previsto no plano diretor. *E daí veio o Conselho de ZEIS. Antes, a gente também se reunia com as lideranças — já chamávamos de conselho de urbanização da favela — mas, daí, se institucionalizou com o plano diretor. Virou o Conselho de ZEIS* (Entrevista 10, prefeitura, grifo nosso).
> *Faz uma diferença. É obrigado. Se está em uma lei desse porte, é porque é obrigado. Não pode trabalhar sem um Conselho Gestor e isso para mim é fundamental.* Pode ser manipulado, isso e aquilo outro, mas é sempre uma

chance a mais. Faz parte da urbanização. (...). O Conselho de ZEIS 1 se consolida (Entrevista 10, prefeitura, grifo nosso).

Quando chegou na Marta [Suplicy], não teve muita briga para discussão da política — a não ser aquilo da contratação de assistentes sociais. Porque a política já estava na cabeça de todo mundo. *E a hora que foi para o plano diretor, foi aquilo*. Com uma mudança ou outra, *aquilo passou a se institucionalizar* (Entrevista 10, prefeitura, grifo nosso).

A SEHAB foi sempre um órgão meio *hippie*, cada um faz o que quer (...) *Então para SEHAB foi bom isso [as regras do plano diretor]. Passou a ter um procedimento. O plano diretor dá esse procedimento*. É bom? É bom sim! É claro que é bom! Essa é a minha visão (Entrevista 10, prefeitura, grifo nosso).

Tinha uma área em [bairro de São Paulo] que o tribunal queria e era ZEIS. Ela ocuparia mais que a porcentagem permitia e nós negamos. Sabe o que fizeram? Me ligaram perguntando quem eu pensava que eu era, que eles iam na Câmara e mudavam. *Mas acho que até hoje está parado. Eu falei para ele que não era o que eu queria, mas o que a lei exigia. Então ajuda a segurar* (Entrevista 10, prefeitura, grifo nosso).

Para compreender os avanços relacionados à previsão de ZEIS no plano diretor, é importante também o olhar sobre as normas editadas após a sua aprovação.

Os aspectos jurídicos das ZEIS em São Paulo consolidam-se também por meio de decretos que buscam dar efetividade às diretrizes do plano diretor. O Decreto Municipal nº 44.667/04,[450] por exemplo, regulamenta o plano diretor de 2002 e estabelece regras para as Zonas Especiais de Interesse Social, seus Planos de Urbanização e para os Empreendimentos de Habitação de Interesse Social (HIS) e Habitação do Mercado Popular (HMP).[451]

[450] Durante o período de vigência do plano diretor de 2002, esse decreto foi objeto de alteração por diversas normas posteriores, quais sejam: Decreto Municipal nº 45.127/04; Decreto Municipal nº 47.702/06; Decreto Municipal nº 49.130/08; Decreto Municipal nº 51.674/10; Lei nº 15.764/13; Decreto Municipal nº 54.297/13; Decreto Municipal nº 54.074/13; Decreto Municipal nº 54.297/13; Decreto Municipal nº 54.556/13; Decreto Municipal nº 55.036/14, que foi revogado integralmente pelo Decreto nº 56.759/16, após a promulgação do novo plano diretor da cidade (Lei Municipal nº 16.050/14).

[451] Destaque-se aqui que o plano diretor definiu empreendimentos de HIS e HMP (art. 146, incisos XIII e XIV) assim como a percentagem de empreendimentos de HIS e HMP por lote ou gleba para cada tipo de ZEIS (art. 176). Os números de HIS e HMP por lote/gleba localizados em ZEIS foram reduzidos quando da aprovação da lei de uso e ocupação do solo e dos planos regionais (Lei Municipal nº13.885/04). Nas ZEIS 1, por exemplo, os percentuais foram alterados de 70% de HIS (art. 176, inciso I, plano diretor) para 80% de HIS e HMP, sendo 50% para HIS e 30% HIS ou HMP (art.139, inciso II, alínea "a", Lei Municipal nº 13.885/05). Os limites e possibilidades de leis específicas posteriores alterarem o plano diretor serão

As ZEIS 1, representadas pelas áreas ocupadas por favelas e loteamentos ilegais, devem ser objeto de urbanização e regularização fundiária. Nessa frente, importante lembrar a criação do Programa de Regularização Fundiária de Favelas em Áreas Públicas Municipais, um dos primeiros programas do país a aplicar a concessão especial para fins de moradia, inovação trazida pelo Estatuto da Cidade.[452]

A primeira fase do programa teve início ainda na gestão da Prefeita Marta Suplicy[453] e uma segunda fase na gestão de Gilberto Kassab.[454] Em um primeiro momento, houve desafetação por lei das áreas públicas ocupadas e a suspensão dos processos de reintegração de posse em andamento. Mais adiante, a desafetação das áreas públicas foi autorizada por decreto.[455]

Tal mudança acompanhou a alteração do art. 180, inciso VII da Constituição Estadual que exigia até então que a desafetação de bens públicos comuns, em especial as áreas verdes e institucionais dos loteamentos, fosse feita somente por lei. Em 2007 e 2008, foram aprovadas emendas autorizando a destinação dessas áreas que estivessem ocupadas por núcleos habitacionais de interesse social destinados à população de baixa renda.

Até 2011, o programa de regularização fundiária da Prefeitura de São Paulo foi responsável pela concessão de cerca 60 mil títulos de concessão especial para fins de moradia e concessão de direito real de uso em áreas ocupadas por favelas.[456]

Nas ações relacionadas de regularização fundiária, vale ainda destacar a criação do Programa Paraisópolis,[457] do Programa

---

objeto de grande controvérsia ao longo do processo de implementação dos planos diretores no país. Sobre o tema, *vide* o item 4.2 da obra.

[452] Vale a análise do parecer jurídico produzido pelo Instituto Pólis para elaboração e implementação do programa municipal, disponível no seguinte endereço eletrônico: https://www.mdr.gov.br//images/stories/ArquivosSNPU/Biblioteca/RegularizacaoFundiaria/Parecer_Juridico_Baixa_Renda.pdf, consulta em: 06 fev. 2020.

[453] O programa foi instituído em sua primeira fase pelas seguintes normas municipais: Lei Municipal nº 13.514/03 e Decreto Municipal nº 43.474/03.

[454] A segunda fase do programa municipal de regularização fundiária em áreas públicas foi instituída pela Lei Municipal nº 14.665/08; Decreto Municipal nº 49.498/08; Decreto Municipal nº 50.123/2008; Decreto Municipal nº 50.139/2008; Decreto Municipal nº 51.085/2009; Decreto Municipal nº 53.035/2012 e Decreto Municipal nº 53.191/2012.

[455] Art. 5º, Lei Municipal nº 14.665/08.

[456] SÃO PAULO. Secretaria Municipal de Desenvolvimento Urbano. *PDE 10 anos*: Plano Diretor Estratégico da Cidade de São Paulo. São Paulo: SMDU, 2012. p. 121.

[457] Regulamentado pela Lei Municipal nº 14.062/05, bem como a edição dos decretos municipais nº 42.871/03; nº 46.018/05; nº 46.117/05; nº 46.345/05; nº 46424/05; nº 47144/06 e nº 47.272/06.

de Regularização de Loteamentos Irregulares[458] e do Programa de Conjuntos Habitacionais.[459]

A urbanização de favelas, uma frente importante de atuação da Prefeitura no período,[460] foi executada no âmbito de diversos programas específicos, tais como o Programa Bairro Legal, Cingapura, Procav, Programa Mananciais, entre outros,[461] e foi destaque das entrevistas:

> [Sobre os programas municipais voltados para a atuação em favelas da cidade] Cheguei a contratar cerca de 600 milhões de reais em projetos e obras contratadas e em licitação. Um processo muito legal, muita participação. *Tudo para urbanização.* Provisão habitacional foi para COHAB. Eu trabalhava todos os dias até à noite, todos os finais de semana (Entrevista 10, prefeitura, grifo nosso).
>
> O programa de favelas estava muito largado quando a gente chegou na SEHAB na gestão da Marta Suplicy. Não tinha uma política habitacional para o município, um plano de urbanização de favela. Então qual foi a ideia? Continuar o Cingapura. Que eu acho que foi certo. Eram projetos ruins, mas estava aí, na rua. Tivemos que rever contrato, um 'trampo'. *E criamos o Programa de Urbanização de Favelas. O plano de urbanização de favela foi inserido em todos os editais* (Entrevista 10, prefeitura, grifo nosso).

A incorporação das ferramentas de regularização fundiária previstas no Estatuto da Cidade e sua repercussão na política habitacional municipal foram também reconhecidas pelos(as) entrevistados(as):

> *A concessão dos títulos de regularização fundiária foi um grande avanço.* Ninguém dá muita atenção a isso. Mas foi onde mais se avançou no plano. Porque só dependia de o técnico fazer. *E mesmo governos mais conservadores* avançaram nisso (Entrevista 6, prefeitura, grifo nosso).
>
> Sobre instrumentos de regularização fundiária, o(a) [integrante da gestão Serra-Kassab] avançou bastante, a prioridade dele(a) era urbanização de favelas e regularização fundiária (Entrevista 1, prefeitura, grifo nosso).

---

[458] Esse programa específico beneficiou 52.636 famílias (São Paulo, 2012, p. 122).

[459] O programa beneficiou 10 mil unidades habitacionais situadas em diversos conjuntos (São Paulo, 2012, p. 125).

[460] Em 2012, as obras de urbanização de favelas já tinham beneficiado 19.666 famílias (São Paulo, 2012).

[461] Para um panorama geral da produção pública de habitação no período, incluindo as ações de construção de unidades por empreiteiras, a produção por mutirões e provisão habitacional nas áreas centrais da cidade, *vide* Marques *et. al.* (2018).

As políticas de combate à precariedade habitacional, incluindo aqui a regularização fundiária e urbanística de assentamentos informais de baixa renda, consolidaram-se durante o período de vigência do plano diretor de 2002, durante as gestões dos diversos partidos políticos.[462]

As novas regras sobre regularização fundiária geraram impactos também no entendimento e interpretação das políticas pela Procuradoria Municipal, que incorpora as determinações previstas para regularização fundiária do Estatuto da Cidade e a Medida Provisória nº 2.220/01. A importância das transformações regulatórias (e seu impacto nos pareceres da Procuradoria do Município) foi relatada em uma das entrevistas realizadas:

> A MP 2.220 garante gratuidade em área pública. Vou te contar uma coisa que você vai rir. Em favela, como a gente fez provisão habitacional dentro da favela tinha aquela discussão. Paga ou não paga? A gente pediu um parecer para o(a) [advogado(a) especializado(a) em direito urbanístico], paga ou não paga? Paga o valor da casa, mas tira o valor que ele investiu na dele. Como você vai pedir para ele pagar uma nova se você arrebentou a dele? A gente tinha um pouco de medo de dar saltos tão grandes. *Eu e uma assistente social fomos na Procuradoria com essa proposta*. E ela falou não. *Que a MP dizia claramente que era gratuita de forma clara. Então não paga nada. E escreveu depois*. Está bom. Então nunca pagou. Provisão habitacional em razão de remoção interna não pagaria nada (Entrevista 10, prefeitura, grifo nosso).
>
> Porque às vezes a gente fica com medo de incorrer em algum comprometimento administrativo e ser questionado pelo Tribunal de Contas do Município, de ter esses avanços, sendo que *uma pessoa que não é tão comprometida, ela vai para o estrito jurídico e tem uma interpretação mais progressista do que a gente imagina. Por isso, eu sempre aposto na lei. Tem sempre coisas boas. Quando você vai a algum lugar que não tem regra nenhuma, você não tem de onde começar*. Nem que seja para discordar da lei, você tem de onde partir (Entrevista 10, prefeitura, grifo nosso).

O PAC destinou recursos federais significativos para São Paulo durante o período e executou ações em mais de 40 assentamentos precários.[463]

---

[462] Nesse mesmo sentido, Marques *et al.* (2018) e Akaishi *et al.* (2018). Há, porém, que se reconhecer que "(...) governos de diferentes matizes partidários diferem sobretudo quanto à integração dos programas habitacionais ao planejamento urbano, à habitação na área central e ações cogeridas como movimentos sociais, como o caso dos mutirões" (Marques; Pulhez; Pagin, 2018, p. 141).

[463] O PAC Urbanização destinou até 2018 R$2 bilhões para urbanização de favelas em São Paulo, sem contar os recursos oriundos do MCMV para remoções em razão das obras

O levantamento de dados realizados não permitiu compreender todas as interfaces entre urbanização e regularização fundiária, garantida também de maneira expressa pelos princípios do Estatuto da Cidade[464] e pela Lei Federal de Regularização Fundiária.[465]

As ações de titulação não foram acompanhadas necessariamente das correspondentes ações urbanização e vice-versa. Tais aspectos podem relacionar-se à eventual prioridade de concessão de títulos em áreas já urbanizadas, ausência de recursos suficientes para as obras em todas as ZEIS delimitadas ou os critérios de prioridade definidos pelo poder público.

As entrevistas realizadas destacaram também as dificuldades na implementação de uma política de regularização fundiária de forma plena:[466]

> *Há um desencontro entre urbanização e regularização fundiária.* Um processo interrompido. Fica essa sensação. (...). Minha sensação é que esses instrumentos ficam sempre pela metade. Por exemplo, regularização fundiária. O [nome do(a) funcionário(a) público(a)] fez essa avaliação (Entrevista 1, prefeitura, grifo nosso).
>
> *Urbanização tinha que ficar junto com regularização fundiária de favelas.* Mas era separado porque tinha uma urgência política (Entrevista 10, prefeitura, grifo nosso).
>
> Eu tenho uma crítica. Tudo bem que segurança na posse é uma coisa importante. Mas ninguém tira alguém de favela na periferia. Não há interesse, o desgaste é muito grande, para pouco resultado. Não é porque o mundo é bonzinho. *Mas a regularização fundiária, sem a regularização urbanística confina uma vida de baixa qualidade.* Porque o esgoto continua o que é (Entrevista 10, prefeitura, grifo nosso).
>
> Teve favela regularizada — e isso em todas as gestões — que me dá vontade de chorar. *Você mantém uma qualidade humana, ambiental precaríssima em nome de uma segurança na posse que eu sei que não é tão relevante.* É uma crítica que eu tenho desde o começo (Entrevista 10, prefeitura, grifo nosso).

realizadas. (Akaishi *et al.*, 2018).

464 Art. 2º, inciso XIV, Estatuto da Cidade.

465 Art. 48, inciso I, Lei Federal nº 11.977/09.

466 Vale trazer o conceito de regularização fundiária definido por Alfonsin (2007, p. 78): "é um processo conduzido em parceria pelo poder público e população beneficiária, envolvendo as dimensões jurídica, urbanística e social de uma intervenção que, prioritariamente, objetiva legalizar a permanência de moradores de áreas urbanas ocupadas irregularmente para fins de moradia e, acessoriamente, promove melhorias no ambiente urbano e na qualidade de vida do assentamento, bem como incentiva o pleno exercício da cidadania pela comunidade sujeito do projeto".

Apesar das dificuldades, é necessário reconhecer as conquistas fundamentais do período representadas especialmente no mapeamento das favelas da cidade, a delimitação e aplicação das Zonas Especiais de Interesse Social, e os programas voltados à segurança da posse e da moradia.

No âmbito da gestão democrática, foram instituídos 40 Conselhos Gestores em ZEIS 1.[467] Nas ZEIS 3, foi instituído um único Conselho Gestor no interior do perímetro do Projeto Nova Luz na Subprefeitura da Sé.[468]

Note-se que a ausência de participação popular na elaboração do plano de urbanização das ZEIS-3 suspendeu o Projeto Nova Luz na região central da cidade em ação civil pública proposta pela Defensoria Pública do Estado de São Paulo.[469]

Vale notar, ainda, que outros instrumentos de gestão e planejamento da política habitacional foram previstos no plano diretor, tais como o plano municipal de habitação, o Conselho Municipal de Habitação, as conferências municipais e a assistência técnica e jurídica gratuita para população de baixa renda. Durante o período de vigência do plano diretor de 2002, foram elaborados dois planos municipais de habitação, em 2003 e 2009, os quais não foram incorporados pela legislação municipal. A pesquisa identificou o Projeto de Lei nº 509/11 proposto pelo Poder Executivo, que instituiria um plano municipal de habitação e que tramitou na Câmara Municipal de São Paulo, mas não foi aprovado. O Conselho Municipal de Habitação foi criado[470] e os representantes eleitos por votação direta.[471]

A pesquisa mostra ainda que a efetividade das ZEIS depende substancialmente da política habitacional executada também por outros entes federativos, razão pela qual é importante levar em consideração

---

[467] SÃO PAULO. Secretaria Municipal de Desenvolvimento Urbano; Secretaria Municipal de Habitação. *Revisão do plano diretor estratégico*: habitação. São Paulo, 2013. Disponível em: http://gestaourbana.prefeitura.sp.gov.br/. Acesso em: 23 jun. 2020.

[468] GATTI, Simone. *Entre a permanência e o deslocamento*: ZEIS-3 como ferramenta de manutenção da população de baixa renda em áreas centrais. O caso da ZEIS-3 inserida no perímetro do Nova Luz. 2015. Tese (Doutorado) — Faculdade de Arquitetura e Urbanismo, Universidade de São Paulo, São Paulo, 2015. p. 47.

[469] GATTI, Simone. *Entre a permanência e o deslocamento*: ZEIS-3 como ferramenta de manutenção da população de baixa renda em áreas centrais. O caso da ZEIS-3 inserida no perímetro do Nova Luz. 2015. Tese (Doutorado) — Faculdade de Arquitetura e Urbanismo, Universidade de São Paulo, São Paulo, 2015.

[470] Art. 168, Lei Orgânica Municipal; Lei Municipal nº 13.425/02.

[471] SÃO PAULO. Secretaria Municipal de Desenvolvimento Urbano. *PDE 10 anos*: Plano Diretor Estratégico da Cidade de São Paulo. São Paulo: SMDU, 2012. p. 129.

os programas estaduais e federais executados na cidade no período e voltados para a construção de novas unidades habitacionais e para a realização de obras de urbanização de favelas.

No caso de São Paulo, pode-se destacar a existência do Programa Cidade Legal, do Programa Mananciais e do Programa Ação em Cortiços do governo estadual.[472] No âmbito federal, foram criados o programa Minha Casa Minha Vida (2009), voltado para produção de novas unidades habitacionais, e o Programa de Aceleração do Crescimento (2007), cuja uma das ações centrais era justamente a urbanização de assentamentos informais de baixa renda.

Akaishi *et al.*[473] afirmam que, apesar dos limites, o PAC Urbanização e Saneamento Integrado ampliou não somente os recursos disponíveis para urbanização de favelas, mas também a escala e velocidade das intervenções.[474]

Rolnik e Santoro[475] ressaltam a mudança radical do cenário de produção habitacional em São Paulo após o Programa Minha Casa Minha Vida, o que acaba gerando impacto relevante na implementação das ZEIS na cidade. Segundo as autoras, há uma inversão da tendência até então observada em relação às ZEIS: a maioria dos novos empreendimentos habitacionais de HIS passam a ser construídos em locais delimitados como ZEIS e não fora deles. Além disso, há um incremento significativo do número de unidades habitacionais construídas na cidade: de 45 mil unidades entre 2003 e 2007 para 68 mil entre 2005 e 2010.[476]

---

[472] De acordo com a Prefeitura, o programa Mananciais, que sucedeu o Programa de Saneamento da Guarapiranga, beneficiou 60.0000 famílias (São Paulo, 2012, p. 125). O programa foi instituído com base na Lei Estadual de Proteção dos Mananciais (Lei Estadual nº 9.866/97); Lei Estadual da Guarapiranga nº 12.233/06 e Lei Estadual da Billings nº 13.579/09.

[473] AKAISHI, Ana Gabriela; SARAIVA, Camila Pereira; CARDOSO, Luciana Coube; SILVA, Patrícia Cezario. O Programa de Aceleração do Crescimento no contexto das urbanizações de favelas em São Paulo. In: CARDOSO, Adauto Lucio; DENALDI, Rosane. (org.). *Urbanização de favelas no Brasil*: um balanço preliminar do PAC. Rio de Janeiro: Letra Capital, 2018.

[474] Como limites, a autoras apontam para o descompasso entre a necessidade de remoção das famílias para execução das obras de urbanização e a capacidade de construção de unidades habitacionais para atender a essas famílias. Em sentido contrário às transformações do período, *vide* Ferreira (2017).

[475] ROLNIK, Raquel; SANTORO, Paula F. *Zonas Especiales de Interés Social (ZEIS) em ciudades brasileñas*: trayectoria de implementación de um instrumento de política de suelo. Massachusetts, EUA: Lincoln Institute of Land Policy, 2014.

[476] Autoras fundamentam o argumento na pesquisa de Caldas (2009), desenvolvida sobre o período de 2003 a 2007, e do SECOVI, sobre o período de 2005 a 2011. Fazem, inclusive, ressalva sobre a sobreposição das fontes entre 2005 e 2007, o que não prejudicaria os

Sobre o impacto de programas federais e estaduais na implementação das ZEIS, vale trazer trechos das entrevistas realizadas:

> Foi o início das ZEIS. Foi uma época que teve pouco investimento em ZEIS. *As ZEIS começaram a ter mais resultado a partir de 2008 com o Minha Casa Minha Vida*. Isso deu uma dinamizada nas ZEIS. Quando o mercado também ficou muito ruim, sem financiamento. O que tinha de financiamento era o PMCMV (Entrevista 4, prefeitura, grifo nosso).
>
> Efetividade dos instrumentos. Por exemplo: preempção não saiu do papel, a outorga saiu do papel, *as ZEIS foram demarcadas, mas não sei se teve uma transformação real do território. E se teve, provavelmente foi por causa do Programa Minha Casa Minha Vida acoplado à mudança de zoneamento.* As obras do PAC foram um pouco depois (Entrevista 7, prefeitura, grifo nosso).

O representante do mercado imobiliário também reconhece o impacto dos programas federais na implementação das ZEIS:

> E não se faz guetos de pobres. As ZEIS têm um pouco disso. Qual a ideia das ZEIS? Você desvaloriza o terreno. Você obriga que o mercado só faça para determinada renda. Mais fictício impossível. Nós criamos HMP de 6 a 10. HIS até 6. Você estrutura o percentual de tal forma que tenha um subsídio cruzado. Você acaba misturando um pouco. O que acontece? Os percentuais propostos não criam as condições necessárias para viabilizar economicamente os empreendimentos. Na época isso foi alertado. O(A) relator(a) na Câmara, na época, não acreditou. *Nos anos seguintes não saiu nada de interesse social nas tais ZEIS. Quando começa a funcionar? Com PMCMV. Porque veio o subsídio direto para o comprador que não tem dinheiro.* O subsídio cruzado passa a não ser o único responsável pela equação de viabilidade. *Alguma coisa que vem de cima.* Os percentuais deveriam ter sido alterados. Mas não quiseram fazer isso (Entrevista 9, mercado imobiliário, grifos nossos).
>
> *Portanto esse modelo começou a funcionar em 2009, 2010. Começou a sair habitação de interesse social em São Paulo. Em ZEIS e fora de ZEIS também.* Em São Paulo você tem um uma alternativa, que se chama EHIS, Empreendimento de Habitação de Interesse Social (EHIS). Se você fizer o empreendimento de interesse social em lugar que não é ZEIS você tem os mesmos benefícios. Essa para mim é a postura correta. Onde for possível fazer, que se faça. Para que criar o gueto? Com essa ideia de manobrar o mercado, as ZEIS acabavam sendo longe das áreas mais centrais também (Entrevista 9, mercado imobiliário, grifo nosso).

---

resultados tendo em vista o aumento substancial de unidades produzidas na cidade de acordo com os dois levantamentos realizados.

> A ideia de ZEIS. Uma coisa é você querer fazer habitação de interesse social. *Outra coisa é você querer reservar áreas da cidade para controlar o preço e fazer habitação de interesse social*. São coisas que parecem que vão para o mesmo destino, mas nem sempre. Eu acho que temos que estabelecer mecanismos para fazer habitação de interesse social e ter um *mix* de renda na cidade. Mas não a ideia de gueto. Nem para um lado, nem para o outro. Isso não dá certo. Tem que ter *mix* de renda de forma planejada (Entrevista 9, mercado imobiliário, grifo nosso).

Há, porém, que se reconhecer também que as ZEIS foram descaracterizadas em alguns casos — especialmente no caso das ZEIS 2 que, apesar de destinadas à produção habitacional de baixa renda, foram ocupadas por empreendimentos de alta e média renda. Esse processo de descaracterização das ZEIS deve-se a múltiplos fatores: a valorização do salário mínimo do período,[477] as definições de HIS e HMP trazidas pelo próprio plano diretor[478] e as mudanças legislativas sobre os percentuais da produção habitacional exigida para as ZEIS,[479] durante a implementação do plano diretor.

> A parte de ZEIS e de regularização fundiária tem avanços significativos. Acho que o plano diretor traz esses princípios de maneira contundente e agressiva para época. Perdemos nas faixas do que era HIS. Que subiu muito. Era 1 a 3, 3 a 6. Daí *cria-se HMP de 6 a 10. Uma distorção. Uma política real de valorização do salário mínimo que começa no governo Lula, que pega esse período*. É quando amplia a produção de HIS em SP, porque você não está fazendo HIS, mas HMP. E no HMP está fazendo classe média alta. A gente

[477] O salário mínimo variou de R$200,00 em 2002 a R$724,00 em 2014 (DIEESE, consulta em 18 de março de 2020, no seguinte endereço eletrônico: https://www.dieese.org.br/analisecestabasica/salarioMinimo.html).

[478] O plano diretor de 2002 definiu HIS como a produção habitacional destinada a famílias com renda mensal de até 6 salários mínimos e, de HMP, entre 6 e 16 salários mínimos (arts. 146, incisos XIII e XIV, Lei Municipal nº 13.430/02). Tais definições, aliadas ao aumento do salário mínimo do período, acabam por distanciar as áreas destinadas às ZEIS 2 da faixa prioritária para combater o déficit habitacional, concentrado nas famílias de até 3 salários mínimos. O atual plano diretor da cidade (art. 46, Lei Municipal nº 16.050/14) tenta corrigir a distorção e traz novos conceitos: *(i)*HIS 1 para renda familiar de até 3 salários mínimos; *(ii)* HIS 2 para renda familiar até 6 salários mínimos; e *(iii)* HMP, cujo valor atualizado não poderá ultrapassar 10 salários mínimos.

[479] A Lei de uso e ocupação do solo e dos planos regionais (Lei Municipal nº 13.885/04) alteraram os percentuais mínimos exigidos para HIS e HMP para cada categoria de ZEIS. Para as ZEIS 2, por exemplo, o plano diretor previa a produção de 70% para HIS (art. 176, inciso II, alínea "e", Lei Municipal nº 13.430/02). Posteriormente, a lei de uso e ocupação do solo e planos regionais alteraram os valores, estabelecendo a exigência de área construída em ZEIS 2 de 80% para HIS e HMP, sendo 40% para HIS e 40% para HIS ou HMP (art. 138, inciso II, alínea "b", Lei Municipal nº 13.885/04).

> estava fazendo habitação na época para quem ganhava 6 mil reais. Na época, o 1% mais rico da população. Tinha um porcentual de HMP em ZEIS. E você tinha também flexibilidade. Se era HMP em qualquer zona da cidade tinha uma série de benefícios. E você não tinha controle de demanda. Nunca teve. Até hoje não tem. Fez, usou o benefício, ninguém acompanha muito (Entrevista 6, prefeitura, grifo nosso).
> *O grande problema continua sendo a descaracterização das ZEIS*. Sempre se acha um jeito de alterar a demanda. Principalmente para as ZEIS de provisão habitacional. (...). Descaracterizam as ZEIS, porque eles não usavam nossa demanda, nosso cadastro [da Prefeitura] (Entrevista 10, prefeitura, grifo nosso).

Outra regra criada pelo plano diretor que gerou dificuldades na implementação das ZEIS em São Paulo foi a do "direito de protocolo". Essa regra de transição acabou permitindo a vigência das regras do plano anterior, gerando, meses antes da aprovação do novo plano diretor, uma enxurrada de pedidos de aprovação — o que acabou autorizando empreendimentos de alta e média renda localizados em áreas delimitadas como ZEIS.

Para além dos esforços de aplicação e interpretação dedicados pelo Executivo, a Câmara de Vereadores e o Poder Judiciário também influenciaram o processo de implementação das ZEIS, ora reconhecendo a centralidade da ferramenta, ora ignorando a necessidade de proteção dos direitos dos moradores dessas áreas.

No âmbito da Câmara de Vereadores, foram 19 projetos de lei que tramitaram na Câmara Municipal de São Paulo, durante o período de vigência do plano diretor, e que versavam expressamente sobre as Zonas Especiais de Interesse Social. Todos foram propostos pelos próprios parlamentares e os principais temas tratados foram: isenção e remissão do IPTU,[480] criação, extinção e mudanças de perímetro de ZEIS no plano diretor ou nos planos regionais,[481] adaptação da política de regularização fundiária à Lei Federal nº 11.977/09,[482] garantia de

[480] Projeto de Lei municipal nº 784/05.

[481] Projetos de Lei municipal nº 361/12; nº 480/08; nº 666/08; nº 545/07; nº 385/07 e nº 242/07.

[482] Projeto de Lei municipal nº 318/10, o qual foi aprovado pela Câmara Municipal de São Paulo (Lei Municipal nº 15.720/13).

assistência técnica para construção de HIS,[483] regularização fundiária em área de mananciais,[484] entre outros.[485]

Do total de decisões judiciais levantadas proferidas pelo Tribunal de Justiça de São Paulo sobre as ZEIS, apenas 14 relacionavam-se ao plano diretor de São Paulo de 2002. Os principais temas que foram objeto das decisões judiciais[486] foram: *(i)* a permanência e a remoção de moradores de áreas delimitadas como ZEIS; *(ii)* a aprovação de loteamento de alto padrão em ZEIS ("direito de protocolo"); *(iii)* conflitos de competência entre as Câmaras de Direito Privado e de Direito Público do TJ-SP em casos envolvendo ZEIS; *(iv)* impossibilidade de regularização fundiária em mananciais em áreas não demarcadas como ZEIS; *(v)* possibilidade de construção de empreendimentos habitacionais com um elevador e os parâmetros mínimos definidos de HIS e HMP em ZEIS; *(vi)* ZEIS como fator de depreciação do imóvel para fins de cálculo de desapropriação. As áreas mencionadas expressamente pelas decisões foram: Favela dos Eucaliptos, "Cracolândia", Favela do Tanque e Jardim Toca.[487]

De maneira geral, nas decisões analisadas, o Tribunal de Justiça de São Paulo reconheceu a aplicabilidade das ZEIS enquanto instrumento da política urbana em São Paulo, muito embora grande parte das decisões mapeadas na segunda instância tenha sido a remoção dos moradores. As justificativas variam: ocupações localizadas em áreas de risco; falta de indenização aos proprietários; ausência de delimitação de ZEIS para ocupação em área de manancial; entre outras.[488]

---

[483] Projeto de Lei municipal nº 276/09.

[484] Projeto de Lei municipal nº 630/02.

[485] Projetos de Lei municipal nº 322/07; nº 475/09; nº 196/10; nº 209/11; nº 605/11; nº 248/12; nº 469/12; nº 295/13; nº 318/13.

[486] Sobre os critérios utilizados, as etapas e os resultados do levantamento jurisprudencial, *vide* capítulo 3 da obra.

[487] Vale destacar que já o mapeamento jurisprudencial sobre ZEIS em São Paulo durante o período de vigência do plano diretor não capta o universo total de decisões judiciais proferidas no período de vigência do plano diretor. Como exemplo, vale citar alguns conflitos judiciais de notoriedade pública e que versaram sobre áreas delimitadas como ZEIS, tais como o caso envolvendo o Jardim Edith localizado no perímetro da operação urbana Água Espraiada (Romeiro, 2010); do Edifício São Vito ("Justiça barra demolição do São Vito", *O Estado de São Paulo*, de 16 de julho de 2010; Loureiro *et al.*, 2014); da Favela Real Parque e da Favela do Moinho (Caldas, 2009, p. 144-145).

[488] A real extensão dos deslocamentos e remoções ocorridas em São Paulo no período mereceria uma pesquisa jurisprudencial mais ampla, incluindo a primeira e segunda instância bem como o julgamento de recursos pelo Superior Tribunal de Justiça e Supremo Tribunal Federal. Tal tarefa investigativa deveria abarcar uma amostra significativa do ponto de vista estatístico e incluir, sobretudo, as decisões que resultaram no deslocamento

Pelo exposto, pode-se observar avanços importantes na implementação das ZEIS em São Paulo. O plano diretor de 2002 delimitou as ZEIS pela primeira vez na cidade de São Paulo. Criou regras e procedimentos de aplicação dessa ferramenta da política urbana, que passa a ser incorporada aos poucos também pelos atores estatais do sistema de justiça, como a Procuradoria Municipal, a Defensoria Pública do Estado de São Paulo e o Poder Judiciário. São institucionalizados instrumentos e ferramentas de gestão democrática como os conselhos e conferências. Amplia-se, assim, as capacidades estatais de gestão do território de forma a incluir a proteção dos direitos dos moradores de assentamentos informais de baixa renda. Ressalte-se aqui as ações de urbanização e titulação dos moradores de favelas e a produção habitacional de interesse social na cidade de São Paulo no período.

As conquistas na implementação das ZEIS em São Paulo devem-se também às leis federais instituídas de âmbito nacional e à execução dos programas habitacionais de outros entes federativos. Destaque-se aqui a promulgação do Estatuto da Cidade e da Lei Federal nº 11.977/09, a criação do Programa Minha Casa Minha Vida e do Programa de Aceleração do Crescimento.

Tais avanços, porém, foram acompanhados de uma série de limites e contradições. Em muitos casos, a delimitação de áreas como ZEIS não impediu a remoção dos moradores ou foram ocupadas por empreendimentos de alta e média renda. Como exemplo, pode-se citar as tensões e conflitos ocorridos nas ZEIS localizadas em perímetros de operações urbanas. É o que se verá a seguir.

4.1.4 As operações urbanas consorciadas

As origens das operações urbanas consorciadas criadas pelo Estatuto da Cidade remetem ao governo do Prefeito Jânio Quadros nos anos 1980 em São Paulo.[489]

Inicialmente, nascem as operações interligadas com a promulgação da Lei Municipal nº 10.208/86, denominada "Lei do Desfavelamento", que permitia a flexibilização de parâmetros urbanísticos para o setor privado com a finalidade de buscar soluções para

---

de moradores de áreas de assentamentos informais de baixa renda que não incorporaram em seus fundamentos a nova legislação urbanística brasileira.

[489] Sobre as operações interligadas, *vide* Bassul (2005); Fix (2001); Levin (2014); Sandroni (2008, 2013); Sarue e Pagin (2018); Wilderode (1997).

a política habitacional. Os proprietários de áreas ocupadas por favelas poderiam alterar os índices de uso e ocupação do solo, desde que construíssem e doassem habitações de interesse social. A negociação do potencial construtivo se estabelecia por iniciativa do empreendedor imobiliário e era negociado lote a lote.[490] A prefeitura deveria tomar "as providências com a transferência da população da favela ou núcleo para as novas habitações, objeto da operação interligada".[491]

O plano diretor da cidade em vigor (Lei Municipal nº 10.676/88) previa também a possibilidade de regulamentar as "operações urbanas" e a competência, da então denominada Comissão Normativa de Legislação Urbanística, de aprová-las.[492]

A proposta de plano diretor elaborada durante a gestão da Prefeita Luiza Erundina (1989-1992) — que não foi sequer submetida à votação pela Câmara Municipal — previa também operações urbanas na cidade. As operações urbanas acabaram, porém, previstas na Lei Orgânica do Município[493] e na lei específica que criou a Operação Urbana Anhangabaú.[494]

Mais adiante, já na gestão do Prefeito Paulo Maluf (1993-1996), foi aprovada a Lei Municipal nº 11.773/95, que instituía o programa "Direito à Moradia" e previa que as operações interligadas modificassem os parâmetros de uso e ocupação do solo, desde que os empreendedores privados destinassem os recursos da contrapartida para o Fundo Municipal de Habitação.[495] Esses recursos foram utilizados para financiar o Programa Habitacional Cingapura.[496]

Em 2001, foi instituída a Comissão Parlamentar de Inquérito para investigar as operações interligadas na Câmara Municipal de São Paulo, que concluiu pela ausência de parâmetros legais para pagamento de contrapartida, pela ampla discricionariedade da Comissão Normativa

---

490 SARUE, Betina; PAGIN, Stefano. Política de renovação urbana: conflitos, instrumentos e gradualismo. *In*: MARQUES, Eduardo (org.). *As políticas do urbano em São Paulo*. São Paulo: Editora UNESP; Centro de Estudos da Metrópole, 2018. p. 319.

491 Art. 7º, Lei Municipal nº 10.209/86.

492 Art. 20, alínea "c" e art. 27, inciso II, Lei Municipal nº 10.676/88.

493 Art. 152, Lei Orgânica Municipal.

494 Instituída pela Lei Municipal nº 11.090/91 e absorvida posteriormente pela Operação Urbana Centro (art. 18, Lei Municipal nº 12.349/97).

495 Esse fundo foi instituído pela Lei Municipal nº 11.632/94.

496 SARUE; PAGIN, *op. cit.*, p. 321.

de Legislação Urbanística — CNLU na definição de valores e fraudes relacionadas à construção de unidades habitacionais.[497]

O Ministério Público do Estado de São Paulo ingressou com Ação Direta de Inconstitucionalidade contra a lei das operações interligadas, que foi julgada procedente pelo Órgão Especial do Tribunal de Justiça do Estado de São Paulo no início do ano de 2001.[498] Os fundamentos da decisão apoiavam-se no fato de o Poder Executivo, via Comissão Normativa de Legislação Urbanística vinculada à Secretaria de Planejamento, estabelecer normas para condutas e situações individuais em todo o território da cidade, possibilitando o desvirtuamento contínuo do plano diretor. A regulação dos parâmetros urbanísticos seria objeto de lei[499] e, como tal, de competência da Câmara Municipal de São Paulo.[500]

Vale trazer as lembranças dos(as) entrevistados(as) sobre as operações interligadas. O(a) representante do mercado imobiliário, por exemplo, destacou o papel do SECOVI na criação do instrumento urbanístico ainda durante o período militar:

> Aqui em São Paulo, se discutia a operação urbana. Nós trouxemos para São Paulo, na gestão Jânio Quadros. Fomos para uma visita técnica no Canadá. (...). Esse negócio é muito legal. *Conversamos com o Jânio, e ele colocou no plano diretor. Aliás, foi um plano diretor que passou por decurso de prazo. Na época da ditadura, existia esse sistema.* Se em um determinado prazo, o Legislativo não votasse, entrava em vigor. Foi o último que entrou em vigor nesse sistema (Entrevista 9, mercado imobiliário, grifo nosso). *O conceito da operação urbana já estava nesse plano [de 1988]. Depois veio uma lei para uma operação urbana específica. A partir daí levamos a ideia para o Estatuto da Cidade.* Essa operação urbana específica foi a primeira operação urbana que eu participei, também aqui em São Paulo. A Operação

---

[497] SÃO PAULO. Câmara Municipal de São Paulo. *Relatório final da Comissão Parlamentar de inquérito para apurar as Operações interligadas (Leis nº 10.209/86 e nº 11.426/93) realizadas no município de São Paulo desde a promulgação da lei nº 10.209/86*. São Paulo, 2001. Disponível em: http://documentacao.saopaulo.sp.leg.br/iah/fulltext/relatoriocomis/RELFINRDP08-0111-2001.pdf. Acesso em: 20 jan. 2020; SARUE, Betina; PAGIN, Stefano. Política de renovação urbana: conflitos, instrumentos e gradualismo. *In*: MARQUES, Eduardo (org.). *As políticas do urbano em São Paulo*. São Paulo: Editora UNESP; Centro de Estudos da Metrópole, 2018. p. 321.

[498] A operação declarada inconstitucional em 2001 pelo Tribunal de Justiça do Estado de São Paulo (Ação Direta de Inconstitucionalidade, nº 045.3520/5-00, julgamento em 14 de fevereiro de 2001). Sobre o tema, *vide* Levin (2014, p. 77) e Sarue e Pagin (2018, p. 321).

[499] Art. 181, Constituição do Estado de São Paulo.

[500] Sobre os limites formais e materiais das leis específicas que regulamentam os planos diretores, *vide* também o item 4.2 da obra sobre os gargalos jurídico-institucionais na implementação do plano diretor.

> Urbana Água Espraiada. Depois da operação no Centro que não incluía o conceito de CEPAC. Houve até uma discussão se era válida ou não a Operação Urbana Água Espraiada. Ela veio depois do Estatuto, mas antes do plano de 2002. O Ministério Público entrou com uma ação alegando a impossibilidade por ser anterior ao plano diretor. Mas o plano diretor do Jânio já previa operação. Portanto, poderia ter acontecido (Entrevista 9, mercado imobiliário, grifo nosso).

Nos anos 1990, surgem experiências de operações urbanas em diversos Municípios brasileiros, como Natal e Belo Horizonte.[501] Em São Paulo, as operações urbanas são inseridas na Lei Orgânica do Município.[502] São criadas a Operação Urbana Anhangabaú (Lei Municipal nº 11.090/1991),[503] a Operação Urbana Faria Lima (Lei Municipal nº 11.732/95) e a Operação Urbana Água Branca (Lei Municipal nº 11.774/95).

A declaração de inconstitucionalidade das operações interligadas em 2001[504] é seguida da aprovação do Estatuto da Cidade que passa a prever regras federais para as operações urbanas consorciadas e outorga onerosa do direito de construir. Esse histórico foi retomado pelo representante do mercado imobiliário:

> Antes da outorga onerosa, existia um instrumento no Brasil, uma *ideia que foi trazida pelo Secovi do Canadá*, que era a operação interligada. Ocorreu na época que o Jânio era prefeito e acabou sendo suspensa judicialmente, em função da forma que era praticada. Ela era operada, caso a caso, por meio de um laudo de avaliação. Cada operação tinha um laudo para determinar os valores(...) em cada empreendimento se calculava o potencial construtivo e seu valor. A Prefeitura fazia o cálculo. Então era bastante complicado. O empreendedor mandava o seu laudo, e era feita a comparação. O Ministério Público entendeu que havia delegação legislativa para o Executivo. Aí começou a discussão, que acabou no Tribunal de Justiça de São Paulo. *O pleno do Tribunal de Justiça considerou inconstitucional a operação interligada. A ação subiu para o Superior Tribunal de Justiça, mas nesse meio tempo foi aprovado o Estatuto da*

---

501 BONDUKI, Nabil. *Estudo 28*: Gestão, organização e financiamento do solo urbano. Projeto perspectivas de investimentos sociais no Brasil. Belo Horizonte: Cedeplar; UFMG, 2010. p. 20.

502 Art. 152, Lei Orgânica Municipal de São Paulo.

503 Essa operação urbana será absorvida posteriormente pela Operação Urbana Centro (art. 18, Lei Municipal nº 12.349/97).

504 Ação Direta de Inconstitucionalidade, nº 045.3520/5-00, julgamento em 14 de fevereiro de 2001, Tribunal de Justiça do Estado de São Paulo.

Cidade, que criou a outorga onerosa, substituindo a operação interligada (Entrevista 9, mercado imobiliário, grifos nossos).

O Estatuto da Cidade institui, finalmente em nível federal, as novas regras para as operações urbanas, denominando-as de consorciadas. Definida como um "conjunto de intervenções e medidas coordenadas pelo Poder Público municipal, com a participação dos proprietários, moradores, usuários permanentes e investidores privados", as operações urbanas consorciadas trazem a promessa de "alcançar em uma área transformações urbanísticas estruturais, melhorias sociais e a valorização ambiental".[505]

Para obter essa mudança estrutural do espaço urbano, o Estatuto da Cidade prevê a possibilidade de flexibilização de índices urbanísticos, incluindo os parâmetros de parcelamento, uso e ocupação do solo e subsolo urbano, bem como das normas edilícias. É autorizada também a flexibilização das normas edilícias e a regularização de construções, reformas e ampliações executadas em desacordo com a legislação.[506]

As transformações estariam voltadas para a recuperação de ambientes degradados e uma intervenção urbanística mediada por uma ampla negociação que envolveria os agentes públicos, empreendedores privados e sociedade civil. O Estatuto da Cidade aposta na gestão democrática da operação e no potencial redistributivo do instrumento, que estaria voltado também para objetivos relacionados à erradicação da pobreza e desigualdades sociais.[507]

Com efeito, à lei específica municipal que institui a operação urbana foram conferidos amplos poderes. O Estatuto da Cidade determina que a lei específica irá instituir um plano da operação, com o seguinte conteúdo mínimo: *(i)* definição da área para aplicação das operações urbanas consorciadas baseada no plano diretor; *(ii)* programa básico de ocupação da área; *(iii)* programa de atendimento econômico e social para a população diretamente afetada pela operação; *(iv)* finalidades da operação; *(v)* estudo prévio de impacto de vizinhança; *(vi)* contrapartida a ser exigida dos proprietários, usuários permanentes e investidores

[505] Art. 32 c/c art. 4º alínea "p", Estatuto da Cidade.

[506] Art. 32, §2º, Estatuto da Cidade.

[507] LOMAR, Paulo José Vilella. Concessão urbanística. In: DALLARI, Adilson; FERRAZ, Sérgio (org.). *Estatuto da Cidade*: comentários à Lei Federal 10.257/2001. São Paulo: Malheiros Editores Ltda., 2002. p. 251. Vale notar que Paulo Lomar integrou a assessoria jurídica da Secretaria Municipal de Planejamento Urbano da Prefeitura de São Paulo na gestão da Prefeita Marta Suplicy.

privados; *(vii)* forma de controle da operação, obrigatoriamente compartilhada com representação da sociedade civil; e *(viii)* a natureza dos incentivos a serem concedidos aos proprietários, usuários permanentes e investidores privados.[508]

Pode-se afirmar que o Estatuto da Cidade dá respostas para parte das críticas e controvérsias ligadas à aplicação das operações interligadas e operações urbanas em São Paulo, definindo de maneira clara que a lei específica, ao instituir a operação urbana consorciada, deverá estabelecer um perímetro para flexibilização dos parâmetros urbanísticos, uma forma de gestão compartilhada com a sociedade civil, bem como um programa de ocupação da área e um programa de proteção da população afetada pela operação.

Vale ainda ressaltar duas mudanças regulatórias relevantes trazidas pelo Estatuto da Cidade. É determinado que os recursos obtidos sejam aplicados exclusivamente no perímetro da operação urbana consorciada.[509] Além disso, foi autorizada a emissão de certificados de potencial adicional de construção (CEPAC) pelo Município, os quais poderiam ser alienados em leilão ou utilizados para pagamento de obras necessárias à operação. Tais certificados podem ser livremente negociados e utilizados exclusivamente na área objeto da operação.[510]

A flexibilização de parâmetros urbanísticos serviria, em tese, como moeda de troca das intervenções urbanísticas financiadas por meio do pagamento das contrapartidas. Em um contexto de falta de recursos financeiros para urbanização, os CEPACs antecipariam o recebimento dos recursos que, de outra forma, seriam pagos em pequenas parcelas e de longo prazo.[511]

Alguns anos depois da promulgação do Estatuto da Cidade, a utilização do CEPAC será regulamentada pela Resolução nº 401/03 da CVM,[512] que detalha os procedimentos para negociação do CEPAC, incluindo a necessidade de registro prévio, acesso amplo a informações, envio de relatórios pela prefeitura etc. O CEPAC é valor mobiliário que

---

[508] Art. 33, Estatuto da Cidade.

[509] Art. 33, §1º, Estatuto da Cidade.

[510] Art. 34, Estatuto da Cidade.

[511] LOMAR, Paulo José Vilella. Concessão urbanística. In: DALLARI, Adilson; FERRAZ, Sérgio (org.). *Estatuto da Cidade*: comentários à Lei Federal 10.257/2001. São Paulo: Malheiros Editores Ltda., 2002. p. 282.

[512] A Comissão de Valores Mobiliários foi instituída pela Lei Federal nº 6.385/76 com o objetivo de fiscalizar, normatizar, disciplinar e desenvolver o mercado de valores mobiliários no Brasil.

pode ser ofertado publicamente por meio de leilão e negociado livremente no mercado. Sua natureza jurídica exige, portanto, o respeito às determinações da Lei Federal nº 6.385/76, que dispõe sobre valores mobiliários e a Comissão de Valores Mobiliários (CVM).

A implementação das operações urbanas em São Paulo foi objeto de estudos dos mais diversos campos de conhecimento, incluindo aqui pesquisas na área do urbanismo, ciência política, economia e do direito.[513]

De acordo com Fix,[514] a "fórmula mágica" de um esperado jogo de ganha-ganha jamais aconteceria. O interesse do mercado estaria vinculado ao investimento prévio do poder público, que acaba antecipando a execução de recursos públicos.[515]

Ao invés de solucionar o problema do financiamento de projetos de transformação urbana, os governos acabariam assumindo a maior parte dos riscos, intensificando tendências à segregação socioterritorial, seja pela elevação do preço da terra urbana do perímetro e entorno, seja pelo comprometimento indireto de recursos orçamentários em áreas contíguas às operações; ou, ainda, pela inclusão posterior de projetos não previstos originalmente nos planos de intervenção.[516]

O instrumento não teria servido para reestruturar ou reurbanizar áreas desprovidas de infraestrutura ou redirecionar crescimento e expansão urbana, e sim, para investir mais em áreas que já concentravam os maiores investimentos da cidade.[517] O próprio Estatuto da Cidade é alvo das críticas, pois teria incorporado também instrumentos de política urbana voltados para atender exclusivamente os interesses do capital.[518]

---

[513] Para um olhar dos urbanistas sobre o tema, *vide* Castro (2006), Ferreira e Maricato (2002); Fix (2001, 2004, 2009) e Menegon (2008). No âmbito do direito, vale a consulta às obras de Levin (2014); Lomar (2002), Massonetto (2003) e Santos (2016). Na ciência política, Sarue e Pagin (2018) e na economia, Biderman e Sandroni (2005).

[514] FIX, Mariana. A fórmula mágica da parceria público-privada: Operações Urbanas em São Paulo. In: SCHICCHI, Maria Cristina; BENFATTI, Dênio (org.). *Urbanismo*: dossiê São Paulo — Rio de Janeiro. Campinas, PUCCAMP/PROURB, 2004.

[515] *Idem*, 2004.

[516] SANTOS, Álvaro Luís Pereira dos. *Intervenções em centros urbanos e conflitos distributivos*: modelos regulatórios, circuitos de valorização e estratégias discursivas. 2016. Tese (Doutorado) — Faculdade de Direito, Universidade de São Paulo, São Paulo, 2016.

[517] ROLNIK, Raquel; SAULE JÚNIOR, Nelson (org.). *Estatuto da cidade*: guia para implementação pelos municípios e cidadãos: Lei nº 10.257, de 10 de julho de 2001 que estabelece diretrizes gerais da política urbana. 2. ed. Brasília: Câmara dos Deputados, Coordenação de Publicações, 2002. p. 71.

[518] MASSONETTO, Luís Fernando. Operações urbanas consorciadas: a regulação urbana em questão. *Revista da Procuradoria Geral do Município de Porto Alegre*, n. 17, 2003; SANTOS, *op. cit.*

Há autores, porém, que reconhecem a importância do instrumento de captação da valorização fundiária pela Prefeitura[519] e aqueles que avaliam que as regras existentes sobre operações urbanas não seriam o problema, mas sua aplicação, pois o instrumento pode ainda servir para "promover os espaços habitáveis e evitar o uso de recursos públicos nas atividades urbanísticas".[520]

Apesar das controvérsias, a nova geração de planos diretores incorporou o instrumento de forma generalizada: 71% preveem operações urbanas consorciadas.[521] O plano diretor de São Paulo também o faz e cria operações urbanas consorciadas, estabelecendo novas condições para as já existentes. Garante também amplos poderes às leis específicas das operações urbanas, as quais serão objeto de conflitos e tensões ao longo do processo de implementação do plano diretor, conforme se verá a seguir.[522]

Após a promulgação do Estatuto da Cidade, antes ainda da aprovação do novo plano diretor, foi instituída a Operação Urbana Água Espraiada (Lei Municipal nº 13.260/01). Embora o plano diretor de São Paulo de 2002 tenha instituído novas operações urbanas, elas não serão aplicadas nos anos 2000. As quatro operações urbanas de São Paulo que estavam em andamento antes da aprovação do plano diretor, por sua vez, foram adaptadas às novas regras federais e municipais e continuam em funcionamento até os dias de hoje na cidade.

O plano diretor de 2002 recepciona as operações urbanas já existentes na cidade de São Paulo — Centro, Faria Lima, Água Espraiada e Água Branca — e prevê outras nove operações — Diagonal Sul, Diagonal Norte, Carandiru-Vila Maria, Rio Verde-Jacu, Vila Leopoldina, Vila Sônia, Celso Garcia, Santo Amaro e Tiquatira.[523]

---

519 BIDERMAN, Ciro; SANDRONI, Paulo. *Avaliação do impacto das grandes intervenções urbanas nos preços dos imóveis do entorno*: o caso da operação urbana Faria Lima. Brasília: ANPAD, 2005. p. 1-16.

520 LEVIN, Alexandre. *Operação urbana consorciada*: concertação público-privada para a justa de distribuição dos benefícios decorrentes da atividade urbanística. 2014. Tese (Doutorado) — Faculdade de Direito, Pontifícia Universidade Católica de São Paulo, São Paulo, 2014. p. 6.

521 SANTOS JUNIOR, Orlando Alves dos; MONTANDON, Daniel Todtmann. Síntese, Desafios e Recomendações. In: SANTOS JUNIOR, Orlando Alves dos; MONTANDON, Daniel Todtmann (org.). *Os planos diretores municipais pós Estatuto da Cidade*: balanço crítico e perspectivas. Rio de Janeiro: Letra Capital: Observatório das Cidades: IPPUR/UFRJ, 2011. p. 33.

522 As regras sobre elaboração de leis específicas previstas no plano diretor são consideradas como gargalos jurídico-institucionais na implementação no plano diretor. Mais detalhes, *vide* item 4.2.

523 Art. 225, §2º, Lei Municipal nº 13.430/02.

As operações urbanas são consideradas instrumento da política urbana municipal.[524] O plano diretor determina ainda as principais características do instrumento e estabelece uma definição,[525] finalidades,[526] a possibilidade de utilização do coeficiente de aproveitamento máximo 4,[527] bem como a garantia de flexibilização dos índices urbanísticos e regularização das edificações.[528]

Determina, ainda, que as operações urbanas devem priorizar o atendimento habitacional às famílias de baixa renda removidas em função das obras, devendo preferencialmente ser assentadas no perímetro dessas operações, nas proximidades ou, na impossibilidade destas opções, em outro local a ser estabelecido com a participação das famílias.[529]

Na linha traçada já pelo Estatuto da Cidade, são garantidos amplos poderes às leis específicas das operações urbanas.[530] Além do conteúdo mínimo já previsto na lei federal, o plano diretor determina que cabe às leis específicas: estabelecer coeficientes máximos maiores do que os previstos pelo plano;[531] definir os estoques de potencial construtivo[532] e cálculo da contrapartida;[533] definir as regras de aplicação de todos os instrumentos urbanísticos,[534] incluindo o parcelamento, edificação e utilização compulsórios;[535] a outorga onerosa do direito de construir;[536] as Zonas Especiais de Interesse Social;[537] elaborar estudo prévio de impacto ambiental; dar solução habitacional dentro de seu perímetro ou vizinhança próxima, no caso de remoção dos moradores de favelas e cortiços; garantir a preservação dos imóveis e espaços urbanos de especial valor histórico, cultural, arquitetônico, paisagístico e ambiental e criar conta ou fundo específico que deverá receber os

---

[524] Art. 198, inciso XXII, Lei Municipal nº 13.430/02.

[525] Art. 225, Lei Municipal nº 13.430/02.

[526] Art. 227, Lei Municipal nº 13.430/02.

[527] Art. 226, Lei Municipal nº 13.430/02.

[528] Art. 228, Lei Municipal nº 13.430/02.

[529] Art. 81, Lei Municipal nº 13.430/02.

[530] Art. 225, §1º, art. 229, Lei Municipal nº 13.430/02.

[531] Caso estejam situadas nas Zonas Industriais de Reestruturação (art. 163, §2º) ou Zonas Mistas (art. 165, §9º).

[532] Art. 212, §5º, Lei Municipal nº 13.430/02.

[533] O cálculo das contrapartidas nas leis específicas das operações urbanas já existentes continuaria a vigorar (art. 213, §1º).

[534] Art. 234, Lei Municipal nº 13.430/02.

[535] Art. 201, §6º, Lei Municipal nº 13.430/02.

[536] Art. 231, Lei Municipal nº 13.430/02.

[537] Arts. 173 e 301, Lei Municipal nº 13.430/02.

recursos de contrapartidas financeiras decorrentes dos benefícios urbanísticos concedidos. Os próprios planos regionais deveriam submeter-se às leis específicas das operações urbanas.[538]

O plano diretor cria uma engrenagem regulatória que permite que as leis específicas das operações urbanas não somente flexibilizem as regras de parcelamento, uso e ocupação do solo do próprio plano e dos planos regionais, como também criem regras específicas de aplicação dos instrumentos urbanísticos do Estatuto da Cidade, tais como a outorga onerosa do direito de construir, as ZEIS e o parcelamento, edificação e utilização compulsórios.

Ao planejar a política urbana para a próxima década, o plano possibilita que grande parte da cidade seja regida por um regime jurídico de exceção. Um território em fragmentos:

> A operação urbana é, grosso modo, *a exceção à lei de uso e ocupação do solo*. (...) A chave da operação urbana é(...) o que ela oferece? A *flexibilidade na lei geral* (Entrevista 2, prefeitura, grifo nosso).
>
> Convivência tensa e nem sempre harmônica, entre o plano e a operação. Entre o todo e a parte. *O plano e o território fragmentado*. E que agora se acentua com o PIU. O plano de 2002 responde à totalidade, mas prevê uma série de exceções no território. Isso não avança. Cria um sistema geral para cidade, mas fragmenta o território (Entrevista 7, prefeitura, grifo nosso).
>
> A operação urbana é para quê? Se tem outorga onerosa e fundo no plano geral(...) Quando que o espaço precisa ser transformado de uma forma mais global? Por que não poderia utilizar o recurso da outorga? (Entrevista 2, prefeitura, grifo nosso).

As novas operações criadas pelo plano diretor, porém, não foram aplicadas. A simples previsão de operações urbanas no plano diretor ou em lei específica não garantiu que fossem executadas na cidade. A possível flexibilização de grande parte do território acaba por não acontecer integralmente tal como prevista pela legislação. No final das contas, as promessas de exceção não se realizam de forma plena.

O fato de as novas operações urbanas não terem se concretizado e de o zoneamento ter sido aplicado normalmente nesses territórios foram tema das entrevistas:

> Ainda que as operações do plano de 2002 não tenham sido implementadas(...) Elas surgem no plano diretor de 2002 como instrumento urbanístico para fazer o que é necessário na cidade. Que tem um

---

538 Art. 232, Lei Municipal nº 13.430/02.

> potencial de reestruturação, com potencial de renovação. *Hoje o que funciona* — Água Espraiada, Faria Lima, Centro, Água Branca. Todas nasceram, como definição territorial, antes do Estatuto da Cidade e foram adaptadas depois. Com exceção da Água Espraiada (Entrevista 2, prefeitura, grifo nosso).
>
> Esse trabalho de organização de informações mostrou que a maior parte do dinheiro das operações já foi gasto. Que os programas de intervenção não se completaram. Que algumas coisas foram deixadas de fora. *O boom imobiliário meio que já passou e as novas propostas não rodaram. Não aconteceram. Todas que foram propostas depois de 2002 não aconteceram* (Entrevista 2, prefeitura, grifo nosso).
>
> Quando o instrumento de exceção não é aplicado, prevalece a lei geral. *Nesses territórios, embora no plano fossem uma maioria de exceção, no processo de implementação foram territórios de aplicação da lei geral e não da exceção* (Entrevista 2, prefeitura, grifo nosso).
>
> As AIUs e OUC, *enquanto não tem lei específica, o que vale é o zoneamento normal* (Entrevista 5, prefeitura, grifo nosso).

O projeto de lei que instituiria a operação Vila Sônia foi suspenso judicialmente por ausência de participação popular em seu processo de elaboração. A operação Rio Verde-Jacu, embora tenha sido regulamentada,[539] tampouco foi implementada.[540] São elaborados os planos urbanísticos das operações Carandiru/Vila Maria e Vila Leopoldina, mas os projetos de lei não chegam a ser encaminhados.[541]

Múltiplos são os fatores que levaram a não aplicação das novas operações urbanas instituídas pelo plano diretor. Sobre a operação urbana Rio Verde-Jacu, por exemplo, além da falta de licenciamento ambiental,[542] os(as) entrevistados(as) apontaram a inviabilidade econômica e a falta de interesse do mercado como causas da não aplicação da lei específica:

> Faria Lima foi um sucesso também porque o mercado queria. Jacu Pêssego, nada. Foi revogada. *Foi elaborada uma lei específica para a Jacu Pêssego, mas ela não teve interesse do mercado.* Mesmo que seja do interesse do Município desenvolver alguma região, *sem interesse do mercado*

539 Lei Municipal nº 13.872/04; Decreto Municipal nº 45.082/04.

540 Apesar de não implementada, foi identificada ação judicial, julgada improcedente, com pedido voltado à tentativa de obter os benefícios da Operação Urbana Verde-Jacu.

541 BONDUKI, Nabil. *Estudo 28*: Gestão, organização e financiamento do solo urbano. Projeto perspectivas de investimentos sociais no Brasil. Belo Horizonte: Cedeplar; UFMG, 2010. p. 24.

542 Balbim e Campagner (2011, p. 70) identificaram a ausência de Estudo Prévio de Impacto Ambiental e de Relatório de Impacto Ambiental (EIA-RIMA) como causa da não aplicação da Operação Urbana Consorciada Rio Verde Jacu.

> *a operação não funciona*. Se não existe esse interesse, o Município deve provocá-lo, mesmo que para isso precise fazer algum investimento antecipado (Entrevista 9, mercado imobiliário, grifos nossos).
>
> De todas as operações urbanas, a Água Branca foi a que mais avançou. *A Jacu Pêssego não tinha viabilidade econômica*. Operação urbana pressupõe interesse privado, onde você antecipa recebíveis a preço menor e dá títulos de potencial construtivo (...). A Água Espraiada, a Faria Lima e Centro já estavam estabelecidas por lei na época da Marta [Suplicy]. E havia também operações urbanas que não estavam alinhadas ao plano diretor. A Água Espraiada previa abrir uma rodovia no meio da cidade. A avenida e os parques se sobrepunham às favelas. Do ponto de vista urbanístico é higienista, nojento. E faz uma estrada para chegar rápido ao litoral. Não faz sentido nenhum do ponto de vista urbanístico (Entrevista 6, prefeitura, grifo nosso).

Apesar de as novas operações urbanas propostas não terem sido aplicadas, não se pode deixar de mencionar que as operações urbanas já existentes desde os anos 1990 em São Paulo foram expressamente recepcionadas pela lei municipal de 2002 e foram adaptadas aos novos comandos legais durante o período de vigência do plano diretor.

O processo de implementação do plano diretor mostra que as leis específicas das operações urbanas existentes foram alteradas de forma a proceder mudanças nos planos de intervenção e adaptação ao Estatuto da Cidade e às Resoluções da Comissão de Valores Mobiliários (CVM). Esse foi o caso das operações urbanas Faria Lima, Água Espraiada e Água Branca. A única operação urbana que não foi adaptada após a promulgação do plano diretor de 2002 foi a operação urbana Centro.[543]

De maneira geral, as operações urbanas foram consideradas como um instrumento central tanto para a gestão pública como para o mercado imobiliário:

> Paralelamente, não dá para entender a época sem a lei de operações urbanas. Porque elas ocupavam no imaginário, no tempo das equipes técnicas até mais espaço que a própria discussão do plano diretor. Lembro de ter participado muito mais de reuniões técnicas sobre operações do que sobre o plano diretor. O que fazer com a Água Espraiada, com a Faria Lima (...) (Entrevista 7, prefeitura, grifo nosso).
>
> Você tinha uma preocupação muito grande de: 1) incorporar os novos instrumentos; 2) incorporar as novas categorias do Estatuto da Cidade;

[543] Para a linha do tempo com as alterações das leis específicas e decretos que regulamentam as operações urbanas em São Paulo durante o período de vigência do plano diretor de 2002, *vide* apêndice A.

> mas, ao mesmo tempo, incorporar e recepcionar da melhor forma possível as operações urbanas. Tanto para recepcionar aquelas que estavam em andamento, Faria Lima e Água Espraiada, dentro daquele ciclo (...) E o próprio plano prevê uma série de outras operações urbanas. *Porque esse é um dos instrumentos do Estatuto que o plano diretor recepciona. O plano diretor abraça o instrumento da operação urbana como algo virtuoso* (Entrevista 7, prefeitura, grifo nosso).
>
> *Operação urbana foi importante* (Entrevista 9, mercado imobiliário, grifo nosso).
>
> Algumas tensões que a gente vivia na época. Pela Secretaria de Finanças a gente discutia especialmente a modelagem financeira. Como colocar os instrumentos financeiros, o impacto financeiro tanto do plano como das operações urbanas? Como colocar de pé o CEPAC? Aprovação junto à CVM (...) A questão de sair uma Portaria da Previ autorizando investidor institucional a comprar CEPAC. *Tinha uma gestão muito forte por parte da administração para viabilizar a operação urbana* (Entrevista 7, prefeitura, grifo nosso).

A previsão em lei federal da emissão de certificados de potencial adicional de construção solucionou dúvida antiga. O CEPAC já estava previsto na legislação paulistana desde os anos 1990. Com efeito, a lei que criou a Operação Urbana Faria Lima[544] previa a possibilidade de a Prefeitura emitir certificados de potencial construtivo, que poderiam ser livremente negociados e aplicados em outras operações urbanas ou operações interligadas da cidade.

De acordo com Fix,[545] porém, durante a tramitação dessa lei específica, Marcos Cintra, vereador autor do projeto de lei, enfrentou grande oposição em razão da necessidade da gestão do título financeiro ser conduzida pelo Banco Central. Apesar de aprovado na lei municipal, o CEPAC não foi aplicado pela Prefeitura. Parte da literatura aponta também como uma das razões da não aplicação do CEPAC antes da promulgação do Estatuto da Cidade, as controvérsias jurídicas e incertezas relacionadas à emissão do novo título e o aumento da dívida pública do Município.[546]

---

[544] Arts. 6º a 8º da Lei Municipal nº 11.732/95.

[545] FIX, Mariana. *Parceiros da Exclusão: duas histórias de construção de uma "nova cidade" em São Paulo*: Faria Lima e Água Espraiada. São Paulo: Boitempo, 2001.

[546] SANDRONI, Paulo. *Os Certificados de Potencial Adicional de Construção (CEPACs) como instrumento para o financiamento do Desenvolvimento Urbano*. Massachusetts, EUA: Lincoln Institute of Land Policy, 2013. Disponível em: https://www.lincolninst.edu/sites/default/files/pubfiles/sandroni-wp14ps1po-full_0.pdf. Acesso em: 20 jun. 2020; ROLNIK, Raquel. *A guerra dos lugares*. A colonização da terra e da moradia na era das finanças. São Paulo: Editora Boitempo, 2015.

É o Estatuto da Cidade e, posteriormente, as resoluções da Comissão de Valores Mobiliários que acabam por legitimar as mudanças regulatórias no nível municipal, conforme relato dos(as) entrevistados(as):

> *As operações urbanas que passaram a ser chamadas de consorciadas para ficarem idênticas ao Estatuto da Cidade. As que preexistiam tiveram uma adaptação. Foi de fato quando se deflagrou o processo com o CEPAC.* Porque o início da operação Faria Lima era feito com base em pagamento de contrapartida, avaliação do imóvel. Porque não tinha sido regulamentado ainda o CEPAC (Entrevista 4, prefeitura, grifo nosso).
> Na operação urbana criou-se a figura do CEPAC. Naquela época, quem teve a ideia dos CEPACs foi o Marcos Cintra, Secretário de Planejamento do Maluf. A CVM regula a emissão dos papéis para dar mais transparência ao processo. E tem que ter um cuidado. *O comprador desse papel precisa ter uma certa segurança. Então até hoje a CVM faz, o que eu acho que está muito certo.* A CVM quer saber qual o valor das obras, como é o cronograma de uso dos recursos. Antigamente, existia a expectativa que, como o CEPAC é um bem mobiliário, que haveria o investidor que comprasse o CEPAC que não fosse o incorporador imobiliário. Mas percebeu-se com o tempo, em função dos problemas que podem aparecer, que o investidor, em sua maioria é do mercado imobiliário (Entrevista 9, mercado imobiliário, grifo nosso).

A reestruturação do mercado imobiliário no período acompanhada da possibilidade de compra e venda dos CEPACs permitem a conexão entre mercado imobiliário e setor financeiro e transformam o regime jurídico da propriedade localizada nas áreas de operação urbana, incorporando um componente de financerização:[547]

> É difícil falar que as mudanças na Água Espraiada e na Faria Lima teriam acontecido com o plano diretor e sem outros aspectos relacionados ao crédito e abertura de mercado. *Mas fato é que o plano diretor e a legislação urbanística abriram possibilidade de o mercado financeiro vir e transformar aquela parcela do território. A legislação dos anos 70 não permitia isso. A cidade entra no circuito de captação de recursos, de entrar no circuito do capital imobiliário nacional e internacional.* Mas há uma mudança no *real state* e o plano diretor se abre para isso. Não dá para dizer que há uma causalidade, mas há um papel do plano diretor na recepção desses investimentos (Entrevista 7, prefeitura, grifo nosso).

[547] Sobre o processo de financeirização da terra urbana na escala global, *vide* Rolnik (2015). Sobre a reestruturação do Sistema Financeiro Imobiliário no Brasil, *vide* Royer (2009), Gomes (2015) e Santos (2016).

Os valores arrecadados com as operações urbanas foram significativos. De acordo com os dados da Prefeitura,[548] foi arrecadado, até o ano de 2014,[549] um total de R$6.379.137.555,56.

O valor superior a 6 bilhões de reais distribui-se da seguinte maneira: a Operação Urbana Faria Lima arrecadou R$2.021.869.983,78; a Operação Urbana Água Espraiada arrecadou R$3.625.660.524,31; a Operação Urbana Água Branca arrecadou R$683.472.618,66 e a Operação Urbana Centro R$48.134.428,81.

De acordo com Nobre (2016, p. 177), os investimentos realizados até 2014 caracterizam-se pelo predomínio das obras viárias: 43% em obras e serviços, correspondendo principalmente às obras viárias; 19% em desapropriação para viabilização dessas obras; 14% para transporte coletivo e 17% para HIS.

Ocorre, porém, que grande parte dos recursos arrecadados já foram gastos e os programas de intervenção previstos na legislação não se completaram. Os investimentos em habitação de interesse social, por exemplo, foram considerados ainda insuficientes para atender a demanda das famílias que moram nas áreas atingidas por grande parte da literatura.[550] Além disso, a concentração de investimentos públicos e privados é em parte responsável pela valorização do preço da terra, o que teria gerado a expulsão de moradores de baixa renda e de classe média baixa, aprofundando processos de gentrificação.[551]

A pesquisa sobre a implementação do plano diretor de São Paulo mostra que, de um lado, foram arrecadados recursos significativos para os fundos específicos das operações. Esses recursos, de natureza

[548] Pedido de acesso a informações (protocolo nº 44134) respondido em 26 de dezembro de 2019 com dados atualizados até 31 de dezembro de 2014.

[549] A arrecadação inclui os valores recebidos com leilão de CEPAC, a colocação privada de CEPACs, pagamento de outorga onerosa do direito de construir e a receita financeira líquida.

[550] Santos (2016) identificou que as metas das operações urbanas avançam, mas em velocidades distintas. O autor traz como exemplo o caso das obras de HIS previstas na Operação Urbana Água Espraiada. Sarue e Pagin (2018) ressaltam que os investimentos que impliquem em valorização dos terrenos e dos CEPACs são priorizados. De acordo com os autores, os investimentos em HIS são menos expressivos do que os relacionados às obras viárias.

[551] SANTOS, Álvaro Luís Pereira dos. *Intervenções em centros urbanos e conflitos distributivos*: modelos regulatórios, circuitos de valorização e estratégias discursivas. 2016. Tese (Doutorado) — Faculdade de Direito, Universidade de São Paulo, São Paulo, 2016; BIDERMAN, Ciro; SANDRONI, Paulo. *Avaliação do impacto das grandes intervenções urbanas nos preços dos imóveis do entorno*: o caso da operação urbana Faria Lima. Brasília: ANPAD, 2005. p. 1-16.

vinculada, são efetivamente executados, tal como reconhecido pelos(as) entrevistados(as):

> Em tese, como as operações urbanas têm o recurso vinculado, o que consegue fazer de obras e intervenções pontuais no território é pela operação. *Acaba tendo efetividade* (Entrevista 4, prefeitura, grifo nosso).

De outro lado, a ausência de regras sobre a ordem de prioridade a ser definida para a execução das obras previstas no programa de intervenção das operações e a possibilidade de alteração das leis específicas — inclusive para promover a extinção, a criação e as mudanças das ZEIS no interior do perímetro das operações — geram incertezas e podem criar obstáculos para a proteção dos moradores de baixa renda que residem nessas regiões. Nessa linha de raciocínio, afirmou um(a) dos(as) entrevistados(as):

> Tivemos uma novidade, em 2016. Os dados sobre as operações urbanas eram sempre divulgados de forma agregada (obras, custeio), em grandes números. O que conseguimos, em um trabalho de formiguinha, foi vincular os gastos aos contratos e às obras. Deu para ver o que foi feito e o que falta fazer. (...) *Você pode ver que a maior parte do dinheiro já foi gasto, as habitações não foram feitas e o dinheiro está acabando.* Para a discussão da implementação das operações urbanas, isso é muito importante (Entrevista 2, prefeitura, grifo nosso).
> *Pouco do que precisa ser realizado de HIS foi realizado.* E do pouco que foi realizado, há uma tendência a se gastar muito mais [em obras de habitação] do que no restante da cidade (...). A obra mesmo é cara. São projetos de arquitetos renomados. A produção habitacional é priorizada e não a consolidação das ocupações já existentes (Entrevista 2, prefeitura, grifo nosso).

O valor gasto nas obras das operações também foi tema destacado pelas entrevistas:

> As operações urbanas captaram muito dinheiro. (...) A Água Espraiada teve um grande volume de recursos arrecadados. *Por outro lado, tem obras nas operações urbanas que levam muitos recursos.* A Ponte Estaiada, os túneis da Faria Lima, por exemplo. Arrecada muito dinheiro, mas é gasto em coisas muito caras. Isso é muito questionado, por vários autores. A Ponte Estaiada, por exemplo. Precisava ter gasto esse recurso? (Entrevista 2, prefeitura, grifo nosso).

Apesar das críticas, há que se reconhecer as alterações regulatórias ocorridas após a promulgação do Estatuto da Cidade e do plano diretor de São Paulo. As leis específicas foram sendo alteradas, estabelecendo novas condições e desenhos institucionais para sua realização, os quais dialogaram com as críticas existentes às operações executadas na cidade até então, e representaram também conquistas pontuais. Vale, portanto, detalhar o processo de implementação de cada uma das operações urbanas na cidade de São Paulo durante os anos 2000.

4.1.4.1 Operação Urbana Centro

A Operação Urbana Centro foi instituída pela Lei Municipal nº 12.349/97 e absorveu a Operação Urbana Anhangabaú.[552] *Não f*oram identificados na pesquisa sinais de que a aprovação do plano diretor de 2002 tenha trazido consequências significativas para aplicação desse instrumento, que acaba tendo um retorno financeiro bem mais tímido que as outras operações da cidade, apesar de o coeficiente de aproveitamento máximo poder chegar a 6,[553] regra distinta da prevista para o restante das operações urbanas. Não há menção expressa de aplicação do CEPAC, sendo certo que a arrecadação dos recursos é feita até os dias de hoje via pagamento de outorga onerosa pelo direito de construir.

As variadas razões da baixa arrecadação de recursos pela Operação Urbana Centro foram apontadas pelos(as) entrevistados(as). O(a) representante do mercado imobiliário considerou o investimento público prévio na região central fundamental para criação de interesse do mercado imobiliário:

> O [João]Dória queria fazer a revitalização do Centro. Resolvemos chamar o [nome de arquiteto(a) urbanista] novamente. O setor pagou de novo um projeto. Na minha opinião, o primeiro projeto elaborado para revitalização do centro com condições de se viabilizar. *Mas para isso tem que haver um investimento antecipado da Prefeitura, para gerar o interesse* (Entrevista 9, mercado imobiliário, grifo nosso).
>
> Hoje no Centro não tem o interesse necessário. Hoje o coeficiente de aproveitamento é igual a seis para uso residencial na operação urbana Centro. Sem pagar nada e mesmo assim não funciona da forma desejada. *Não funciona porque não existe o interesse* (...). É necessário fazer os investimentos corretos para criar o interesse. A operação urbana só funciona se tiver interesse. Se não existir, é necessário criar esse interesse (Entrevista 9, mercado imobiliário, prefeitura, grifo nosso).

---

552 Art. 18, Lei Municipal nº 12.349/97.

553 Art. 3º, Lei Municipal nº 12.349/97.

Outro motivo do baixo desempenho da Operação Urbana Centro apontado nas entrevistas foi a ação direta de inconstitucionalidade[554] interposta pelo Ministério Público Estadual que, inspirada na decisão prévia específica sobre as operações interligadas, suspendeu os efeitos dos dispositivos legais que autorizavam a transferência de potencial construtivo para áreas exteriores ao perímetro da operação:

> Antes do plano diretor tinha aquela lei das operações interligadas, que gerou uma ação direta de inconstitucionalidade. E que acabou prejudicando também a Operação Urbana Centro. Ela tinha previsão de uma possibilidade de transferência de potencial construtivo também para fora do perímetro da operação. *Ela acabou sendo entendida também como inconstitucional, como uma espécie de interligada e isso acabou prejudicando a Operação Urbana Centro*. Ela está em vigor, mas não realizou tudo que podia ter realizado em razão dessa Adin (Entrevista 4, prefeitura, grifo nosso).
>
> As transferências do direito de construir na região foram suspensas porque a maior parte do potencial para transferir estava na Operação Urbana Centro. Essa operação *foi suspensa porque teve ação judicial com liminar* contra o art. 9º da lei da Operação Urbana Centro e, daí, pararam as transferências que eram o grande motriz. E que voltou agora, no plano diretor de 2014 (Entrevista 6, prefeitura, grifo nosso).

Vale lembrar que, apesar dos resultados mais tímidos da Operação Urbana Centro, o Projeto Nova Luz e um novo instrumento da política urbana — a concessão urbanística[555] — foram criados também na região central da cidade durante o período de implementação do plano diretor de 2002.[556] Nas áreas do Projeto Nova Luz, poderiam ser aplicadas as regras da Operação Urbana Centro.[557]

[554] Adin nº 9027248-22.1999.8.26.0000, julgada em 11 de março de 2002 pelo Tribunal de Justiça do Estado de São Paulo.

[555] Art. 198 e art. 239, plano diretor, XII; art. 39 e seguintes; art. 82, inciso IV da Lei Municipal nº 13.885/04; art. 44, inciso III, alínea "j", plano regional da Sé. Foram aprovadas também leis específicas que instituíram a concessão urbanística na cidade de São Paulo: a Lei Municipal nº 14.917/09 e a Lei Municipal nº 14.918/09. A concessão urbanística, embora não prevista no Estatuto da Cidade, foi tema da dissertação de mestrado de Paulo Lomar, assessor jurídico da SMDU durante a gestão da Prefeita Marta Suplicy (Lomar, 2001).

[556] Diversos foram os investimentos públicos estaduais e municipais durante o período de implementação do plano diretor no centro da cidade.

[557] Art. 3º, Lei Municipal nº 14.918/09.

O Projeto Nova Luz[558] foi lançado em 2005 e envolveu a declaração de utilidade pública para fins de desapropriação de extenso perímetro para promover intervenções urbanísticas no distrito de Santa Ifigênia, bem como a criação de um programa de incentivos fiscais destinados a promover o desenvolvimento econômico da região.[559]

O Projeto Nova Luz significou também a realização de demolições, remoções e deslocamentos na *área* denominada como "Cracolândia"[560] e foi considerado como causa de uma série de violações dos direitos dos comerciantes e moradores do centro da cidade.[561]

As leis que instituíram a concessão urbanística foram objeto de questionamento também por ações diretas de inconstitucionalidade propostas pelo Ministério Público do Estado de São Paulo[562] e pelo Sindicato do Comércio Varejista de Material Elétrico e Aparelhos Eletrodomésticos no Estado de São Paulo.[563] O Projeto Nova Luz acabou sendo suspenso por ação civil pública proposta pela Defensoria Pública em 2012.[564]

---

558 Sobre o Projeto Nova Luz e o processo de aprovação das leis municipais que regulamentaram a concessão urbanística, *vide* Souza (2011).

559 Foi aprovada a Lei Municipal nº 14.096/05, com redução do IPTU, ITBI e ISS, entre outros benefícios tributários destinados às pessoas jurídicas que investem e desenvolvem suas atividades na região. Para um panorama dos investimentos na área central da cidade promovidos pelo Município de São Paulo e pelo Governo do Estado de São Paulo, *vide* Cymbalista (2008) e Souza (2011).

560 Sobre o Projeto Nova Luz, a concessão urbanística e as ZEIS 3, *vide* Gatti (2015).

561 FÓRUM CENTRO VIVO. *Violações dos direitos humanos no centro de São Paulo*: propostas e reivindicações para políticas públicas. São Paulo: Fórum Centro Vivo (mimeo), 2006. (Dossiê de denúncia); ROLNIK, Raquel. *Territórios em conflito*. São Paulo: espaço, história e política. São Paulo: Três estrelas, 2017. p. 98. Para um mapa das remoções na região desde o lançamento do Projeto Nova Luz, *vide* http://www.labcidade.fau.usp.br/violacoes-violencias-e--remocoes-nos-campos-eliseos/, consultado em: 23 de março de 2020.

562 Adin nº 9031477-73.2009.8.26.0000, julgamento em 17 de outubro de 2012, Tribunal de Justiça do Estado de São Paulo, que decidiu pela obrigatoriedade de garantir a participação popular nas outorgas específicas de cada concessão.

563 Adin nº 0069502-46.2011.8.26.0000, julgamento em 9 de outubro de 2013, Tribunal de Justiça do Estado de São Paulo, que extinguiu a ação sem julgamento de mérito por ilegitimidade de parte.

564 A liminar foi concedida em 2012 e a sentença julgada favorável em 2013 fundamentada na ausência de efetiva participação popular na elaboração do plano de urbanização das ZEIS 3. Posteriormente, o Prefeito Fernando Haddad cancelou o Projeto Nova Luz substituindo-o, em alguma medida, pelas ações da Parceria Público Privada Casa Paulista em parceria com o governo do Estado de São Paulo (GATTI, 2015). Vale notar que a possibilidade de concessionário promover desapropriação diretamente para fins de urbanização foi prevista de maneira expressa em nível nacional graças à Lei Federal nº 12.873/13.

4.1.4.2 Operação Urbana Faria Lima e Operação Urbana Água Espraiada

As Operações Urbanas Faria Lima e Água Espraiada foram as que mais arrecadaram recursos durante o período analisado. Ambas já existiam antes do plano diretor, mas tiveram suas leis específicas adaptadas ao Estatuto da Cidade, ao plano diretor e às resoluções da CVM.

A Operação Urbana Faria Lima foi instituída pela Lei Municipal nº 11.732/95 que definiu o perímetro da operação, as possibilidades de pagamento das contrapartidas para o potencial construtivo adicional, incluindo o CEPAC, o programa de investimento, a gestão da operação, os incentivos e contrapartidas.

Essa legislação foi regulamentada por diversos decretos municipais[565] e acabou sendo substituída em 2004 pelas Leis municipais nº 13.769/04 e nº 13.871/04 e pelo Decreto Municipal nº 45.213/04. A nova legislação estabelece outras formas de gestão — compartilhadas pela CTLU, EMURB e SEMPLA —, divide o perímetro por setores, prevê o pagamento de contrapartidas via outorga onerosa do direito de construir e CEPAC, institui um grupo de gestão paritário, além de definir os parâmetros urbanísticos e o limite máximo de potencial construtivo.

Em 2011, a legislação é alterada novamente pela Lei Municipal nº 15.519/11 e pelo Decreto Municipal nº 53.094/12, os quais alteram o programa de investimentos, modificando o valor do CEPAC e as obras previstas, bem como definem a SP Urbanismo como gestora da operação.

A Operação Urbana Água Espraiada, por sua vez, foi criada após o Estatuto da Cidade, mas antes da promulgação do plano diretor de São Paulo de 2002 (Lei Municipal nº 13.430/02). Foi regulamentada pelos Decretos municipais nº 42.898/03 e nº 44.845/04. A lei específica de 2001 definiu objetivos e diretrizes, o perímetro da operação, o programa de intervenções, a forma de gestão, a possibilidade de utilização dos CEPACs, incentivos e limitações urbanísticas, a necessidade de licenciamento ambiental e um setor específico de ZEIS.

A Operação Urbana Água Espraiada previa o CEPAC e aplicou-o durante o período, o que foi relatado nas entrevistas realizadas:

> *A primeira operação que tivemos uma grande participação foi a Água Espraiada.* Super interessante e funcionou. A operação urbana tem uma estruturação conceitual diferente da outorga, embora tenha uma outorga onerosa

[565] Decretos municipais nº 35.051/1995; nº 35.373/1995 e nº 41.257/2001.

> ali. A outorga você aplica de forma ampla na cidade e a operação urbana é uma intervenção urbana localizada e de forma específica (Entrevista 9, mercado imobiliário, grifo nosso).

Mais adiante, foi instituída a Lei Municipal nº 15.416/11, que alterou o órgão responsável pela gestão da operação — a SP Obras e a SP Urbanismo passam a ser responsáveis por sua execução em substituição à extinta EMURB[566] —; exigiu a aplicação de 10% da receita obtida com a alienação dos CEPACs para habitação de interesse social e fez alterações nas obras viárias previstas originalmente, incluindo a construção de túnel e de obras de interligação entre a Avenida Jornalista Roberto Marinho e a Rodovia dos Imigrantes.

A lei de 2011 altera também os limites da Operação Urbana Água Espraiada e autoriza mudanças no perímetro por decreto do Prefeito. Esse dispositivo legal será declarado inconstitucional pelo Tribunal de Justiça do Estado de São Paulo que considera a matéria reserva de lei, conforme o art. 181 da Constituição do Estado de São Paulo.[567]

Os limites territoriais das operações urbanas assim como o conteúdo mínimo das leis específicas e as interfaces entre as leis específicas, plano diretor e Estatuto da Cidade serão objeto de disputas ao longo da implementação do plano diretor de São Paulo. É o que relata um(a) dos(as) entrevistados(as):

> *Ela independe do plano diretor*. Ela é uma lei específica. Mas o plano tem que estruturar melhor a operação urbana. A operação veio do Estatuto da Cidade, com todos os requisitos específicos necessários. *Mas com a utilização da operação, percebemos que faltam requisitos não previstos no Estatuto da Cidade, mas o plano precisa prever*. Por exemplo, a operação urbana traça um perímetro, onde são flexibilizados os parâmetros, mas qual o plano urbanístico daquele perímetro? O Estatuto não previa isso. Nas primeiras operações não existiu esse plano urbanístico (Entrevista 9, mercado imobiliário, grifos nossos).
>
> Teve *judicialização de casos específicos*. Na Água Espraiada, acho, aconteceu isso. A descrição literal na lei tinha alguma imprecisão no mapa. E teve um empreendimento aprovado com os benefícios da operação urbana, mas o Ministério Público entendeu diferente (Entrevista 2, prefeitura, grifo nosso).

---

566 A cisão da EMURB em duas empresas públicas municipais — SP Urbanismo e SP Obras — foi instituída pela Lei municipal nº 15.056/09.

567 Processo nº 0001252.24.2012.8.26.000, julgado em 09 de outubro de 2013.

Conforme será tratado pelo item 4.2 da obra, o mecanismo regulatório instituído pelo plano diretor de 2002, que confere amplos poderes às leis específicas das operações urbanas consorciadas, constitui-se como um gargalo jurídico-institucional na implementação do plano diretor. Seguindo a lógica do próprio texto constitucional de 1988 e do Estatuto da Cidade, há uma série de hipóteses expressas em que se exige regulamentação posterior via lei municipal específica. Ao estabelecer as regras para produção de outras regras, o plano diretor posterga os conflitos para momentos posteriores.

A falta de clareza sobre a extensão da lei municipal específica — por exemplo, se ela poderia ou não alterar o plano diretor e a legislação de uso e ocupação do solo — e sobre os efeitos do atraso em sua aprovação, no caso das operações urbanas, podem ser apontados como origem de parte conflitos identificados durante o processo de implementação. A possibilidade de demarcação ou supressão de ZEIS no perímetro das operações via lei específica são exemplos desse tipo de conflito.

A análise da implementação do plano diretor de São Paulo mostra que se a Operação Urbana Água Espraiada teve, de fato, um desempenho econômico excepcional, arrecadando mais de 3 bilhões de reais no período, as favelas existentes na região do Córrego Espraiada, por outro lado, foram palco de conflitos permanentes durante o processo de implementação do plano diretor.

O interesse do mercado imobiliário e a valorização imobiliária da região antes e depois da Operação Urbana Água Espraiada foram temas destacados na entrevista com o (a) representante do mercado:

> Tem um exemplo que eu sempre dou. A Berrini era um charco, um lodo, um lamaçal. Daí a Prefeitura abriu a avenida. O que realmente mudou o cenário regional até em termos de valor. Mas a valorização que houve com a construção da avenida e a valorização que houve com os prédios construídos pela iniciativa privada na Berrini é numa proporção de 10 para 100 (Entrevista 9, mercado imobiliário).
> Vamos pegar o exemplo da Água Espraiada. Queremos conectar a Marginal e a Imigrantes. O que eu tenho que fazer para isso? São necessárias diversas obras, por exemplo, a Ponte Estaiada e outras(...). Quanto custa isso? Dessa forma cria-se um perímetro no entorno dessa intervenção e flexibiliza-se os parâmetros urbanísticos, mas para isso existe uma contrapartida em dinheiro. *A ideia da operação é interessante, mas só funciona se o mercado tiver interesse*. Então a discussão na época foi definir qual trecho da operação já teria interesse do mercado sem nenhum investimento inicial. Ajusta-se o preço do CEPAC às condições

> de mercado e assim são gerados recursos para iniciar as obras. *A Ponte Estaiada foi feita com recursos da operação. A operação foi toda pensada para ter interesse do mercado. Inclusive o valor do CEPAC* (Entrevista 9, mercado imobiliário, grifos nossos).
> *O mercado faz na cidade o que tem demanda* nas condições previstas na lei. Se deu algo errado com a cidade, não foi o mercado (Entrevista 9, mercado imobiliário).

De forma distinta da Operação Urbana Faria Lima, totalmente localizada em área de alta renda, a Operação Urbana Água Espraiada, porém, está localizada em um trecho de forte interesse imobiliário (Brooklin, Marginal do Rio Pinheiros e Avenida Berrini) e outro de exclusão social, caracterizada pela concentração de favelas na região do Jabaquara.[568]

As remoções e deslocamentos da população de baixa renda iniciaram-se antes da aprovação da lei específica[569] e foram objeto constante das disputas e embates para supressão e criação de ZEIS na elaboração do plano diretor, da lei de uso e ocupação do solo e planos regionais e das duas leis específicas da operação de 2001 e 2011.[570]

De acordo com Bonduki (2010), em 2001, 2002 e 2004, quando foram aprovadas, respectivamente, as leis da operação urbana, do plano diretor e dos planos regionais, não havia consenso dentro do próprio governo sobre o destino das áreas ocupadas por favelas e sua delimitação como Zona Especial de Interesse Social.[571]

Nesse sentido, importante notar que foi identificada uma série de disputas relacionadas à proteção jurídica dos moradores de áreas ocupadas por população de baixa renda na região, em geral, alvo de ameaças de remoção. O caso do Jardim Edith, favela localizada no interior do

---

[568] BONDUKI, Nabil. *Estudo 28*: Gestão, organização e financiamento do solo urbano. Projeto perspectivas de investimentos sociais no Brasil. Belo Horizonte: Cedeplar; UFMG, 2010. p. 38.

[569] Sobre as remoções das favelas durante a elaboração das obras de canalização do Córrego Água Espraiada nos anos 1990, em especial o caso da favela Jardim Edith, *vide* Fix (2007). Os moradores retirados da região teriam recebido um auxílio financeiro, o qual foi utilizado para adquirir terrenos e lotes na região de proteção dos mananciais (Fix, 2007; Bonduki, 2010).

[570] BONDUKI, *op. cit.*; FERREIRA, Paulo Emilio Buarque. *O file e a sobra*: as favelas no caminho do capital imobiliário. Tese (Doutorado) — Faculdade de Arquitetura e Urbanismo, Universidade de São Paulo, São Paulo, 2017.

[571] BONDUKI, *op. cit.*, p. 39.

perímetro da Operação Urbana Água Espraiada, é paradigmático[572] e foi lembrado durante a realização das entrevistas:

> A Água Espraiada *teve muitas remoções antes da lei*. A duplicação da Avenida Água Espraiada foi feita antes da lei e teve muita remoção. E essas famílias não foram contempladas na lei da operação urbana (Entrevista 2, prefeitura, grifo nosso).
>
> As ZEIS são objeto de disputa. Já ouvi um relato de movimentos de moradia que eles pleiteavam as ZEIS dentro das operações urbanas. *Tem uma história que a lei foi dormir com ZEIS e acordou sem.* Foi o(a) [nome de liderança popular do Jardim Edith] quem *conseguiu manter as ZEIS na lei específica. Foi a disputa. Uma disputa entre instrumentos*. Na Água Espraiada (Entrevista 2, prefeitura, grifo nosso).
>
> Jardim Edith é um caso que teve muitas perdas. *Foi uma parte muito pequena das famílias que moravam ali que foram atendidas*. Processo muito ruim. Muita pressão negativa sobre as famílias. Muitas desistiram, foram embora(...) Não conseguiram se manter na resistência. *As famílias que se mantiveram foram muito bem-sucedidas. Mas teve muitas perdas no processo* (Entrevista 2, prefeitura, grifo nosso).

Esse caso foi objeto de ação judicial proposta pela Defensoria Pública do Estado de São Paulo que garantiu a permanência de parte dos moradores que estavam ameaçados de remoção no perímetro da operação,[573] os quais serão beneficiados posteriormente por empreendimento habitacional de interesse social. Para o Jardim Edith, durante o período, foram destinados R$58.432.917,44.[574]

Em 2013, a construção do túnel de continuidade da Avenida Roberto Marinho foi suspensa na gestão do Prefeito Fernando Haddad (2013-2016).[575]

---

[572] Sobre o caso, *vide* Fix (2001); Rolnik (2017, p. 53 e p. 65) e Romeiro (2010).

[573] Em 2008, a remoção dos moradores foi suspensa em razão de Ação Civil Pública nº 0138359-24.2007.8.26.0053 (053.07.138359-0) proposta pela Defensoria Pública do Estado de São Paulo com fundamento na proteção jurídica dos moradores de áreas delimitadas como Zonas Especiais de Interesse Social. Sobre a decisão judicial, *vide* a reportagem "Justiça manda suspender remoção de moradores de favela", do Jornal *O Globo*, de 4 de abril de 2008 e Romeiro (2010) e Rolnik (2017). Note-se que a Defensoria Pública do Estado de São Paulo foi criada em 2006.

[574] Resposta ao pedido de acesso à informação, Protocolo nº 44134, respondido em 26 de dezembro de 2019, com dados atualizados até 31 de dezembro de 2014.

[575] FERREIRA, Paulo Emilio Buarque. *O file e a sobra*: as favelas no caminho do capital imobiliário. 2017. Tese (Doutorado) — Faculdade de Arquitetura e Urbanismo, Universidade de São Paulo, São Paulo, 2017. p. 113.

As decisões judiciais mapeadas que citam expressamente a Operação Urbana Faria Lima versam sobre: *(i)* a suspensão das ações de fiscalização voltadas para demolição ou remoção administrativa dos comércios de ambulantes; *(ii)* pagamento da contrapartida da operação urbana não ser condição para concessão do habite-se; *(iii)* aplicação da lei de anistia, apesar dos limites do coeficiente máximo estabelecidos na lei da operação urbana consorciada e no plano diretor; *(iv)* o não reconhecimento de abuso do poder discricionário da Comissão Normativa de Legislação Urbanística na aprovação de empreendimento de grande porte; *(v)* conflitos entre área tombada e empreendimento localizado no perímetro da operação urbana consorciada; e *(vi)* dispensa de licenciamento ambiental do túnel da Avenida Rebouças.

Os temas das decisões judiciais mapeadas que citam expressamente a Operação Urbana Água Espraiada versam sobre: *(i)* valor das desapropriações para fins de implantação do parque linear e para fins de construção de empreendimento de habitação de interesse social; *(ii)* remoção dos moradores do Jardim Edith e conflitos de competência; *(iii)* possibilidade de emissão de CEPAC para obras fora do perímetro original da operação e de licenciamento específico para cada uma das obras da operação; *(iv)* imprecisões nos limites territoriais das leis que instituíram as operações urbanas; *(v)* impossibilidade de indenização em razão da mudança de zoneamento promovida pela lei da operação; *(vi)* legitimidade da SP Obras para promover ações de desapropriação; *(vii)* reconhecimento do processo participativo para elaboração do licenciamento ambiental da operação urbana; *(viii)* legalidade do processo de licenciamento ambiental da operação urbana.

4.1.4.3 Operação Urbana Água Branca

A Operação Urbana Água Branca foi instituída nos anos 1990 pela Lei Municipal nº 11.774/95 que definiu seu perímetro, as diretrizes urbanísticas gerais, a fórmula de cálculo do potencial construtivo, o pagamento de contrapartidas, um estoque máximo para construir, as possibilidades de cessão onerosa de bem público, um fundo especial, um programa de obras e um grupo de gestão composto por integrantes de órgãos da Prefeitura.

Sua adaptação ao Estatuto da Cidade e ao plano diretor de 2002 ocorreu apenas em 2013, a partir da promulgação da Lei Municipal nº 15.893/13, composta por 76 artigos legais, além de diversos mapas e anexos. A lei municipal específica revogou a anterior e estendeu os limites geográficos da operação urbana;[576] regulamentou a outorga onerosa do direito de construir e o CEPAC; definiu objetivos, diretrizes e parâmetros urbanísticos; instituiu um programa de investimentos; indicou a necessidade de um Estudo de Impacto Ambiental; definiu os estoques máximos e determinou uma gestão compartilhada com a sociedade civil.

Vale destacar a previsão de que 22% dos valores arrecadados fossem destinados à habitação de interesse social, a programas e planos habitacionais, incluindo a urbanização de favelas.[577] Desses valores, 35% deveriam ser destinados à compra de terras.[578]

Embora tenha sido reformulada apenas no final do período de vigência do plano diretor de 2002, as conquistas da lei da Operação Urbana Água Branca foram mencionadas em várias entrevistas, nas quais os entrevistados destacaram o aprofundamento do processo participativo na sua elaboração, a composição e o funcionamento do Conselho Gestor, as propostas urbanísticas e o percentual mínimo para HIS:

> *A revisão da Água Branca teve muito processo participativo.* Teve várias rodadas. As pessoas que moram no lugar em geral participam. Mas os atores se movimentam de maneira diferente. Os representantes do mercado imobiliário são da cidade inteira. É uma vantagem. O(A) representante do SECOVI participa de todos os conselhos. Eles têm uma visão, uma leitura, uma proposta abrangente da cidade. Os movimentos organizados nas operações urbanas têm interesse territorial específico. Porque são as famílias que vão ser removidas daquele território. Se elas não lutarem. De partida já tem um posicionamento distinto. Elas estão negociando um direito delas que está sendo suprimido. Os representantes do mercado estão ali representando o que eles representam em todos os outros conselhos. Uma proposta para cidade (Entrevista 2, prefeitura, grifo nosso).
>
> *A revisão da Água Branca (2013) trouxe várias novidades, que poderiam tender a uma intervenção territorial mais democrática e mais redistributiva.* Tem um percentual mínimo maior para HIS, conselho gestor eleito a cada dois anos, um projeto urbanístico mais detalhado. Interessante perceber que

---

[576] LEVIN, Alexandre. *Operação urbana consorciada*: concertação público-privada para a justa de distribuição dos benefícios decorrentes da atividade urbanística. 2014. Tese (Doutorado) – Faculdade de Direito, Pontifícia Universidade Católica de São Paulo, São Paulo, 2014. p. 84.

[577] Art. 12, Lei Municipal nº 15.893/13.

[578] Art. 12, §4º, Lei Municipal nº 15.893/13.

> são pontos que eram discutidos nas críticas sobre operações urbanas (Entrevista 2, prefeitura, grifo nosso).
> *A gente aproveitou essa massa crítica que foi gerada por esse movimento econômico, esse investimento que foi feito durante o plano diretor nas outras operações. Na Água Espraiada, na Faria Lima.* Menos na do Centro. *A gente usou isso tudo para aperfeiçoar. Para criar uma nova forma de ver uma operação urbana.* Para intervir. O poder público está consorciado. Está oferecendo isso, isso e isso e a gente quer obter para fins de desenho isso, isso e isso. Quem lê o texto vê que tem um projeto urbanístico muito mais intenso do que os anteriores. Sem crítica aos anteriores. *Os instrumentos vão se aperfeiçoando. Chegou naquele momento que o instrumento estava se aperfeiçoando. Estava na hora de virar a página* (Entrevista 5, prefeitura, grifo nosso).
> *A ideia do(a) [secretário(a) municipal] era cumprir o plano diretor de 2002 e fazer as operações que estavam lá.* Ele achava os projetos interessantes. Eu mesmo sempre gostei do plano. Doutor(a) [*secretário(a) municipal*] era brilhante. E eu acho que o que estava lá valia a pena fazer. E daí a gente fez a revisão da operação Água Branca (Entrevista 5, prefeitura, grifo nosso).
> *A renovação da Água Branca é muito inovadora.* E foi feita com uma equipe dedicada, coesa, com participação de urbanistas, economistas e advogados. (...). A gente conseguiu fazer um trabalho que não tinha sido feito. *Ela é a operação urbana 2.0.* Tem uma proposta de intervir mais, desenhar mais, controlar mais o que vai acontecer. *O problema foi que ela chegou tarde.* (...). É o primeiro plano diretor, é a maior cidade do Brasil e teve um surto de crescimento brutal nesse período. Você não terá um objeto de estudo tão vigoroso. No caso da Água Branca, o instrumento não estava suficientemente desenvolvido para aproveitar o crescimento que teve (Entrevista 5, prefeitura, grifo nosso).

O aspecto importante da lei de 2013 foi a regulamentação do preço do CEPAC: definiu-se o valor mínimo de R$1.400,00 para usos residenciais e R$1.600,00 para usos não residenciais.[579] Note-se que o projeto de lei encaminhado pelo Poder Executivo[580] previa o valor mínimo de R$700,00.

A mudança de valor dos CEPACs,[581] operada durante o processo de tramitação legislativa na Câmara Municipal de São Paulo, combinada com a crise econômica do período, foi apontada pelas entrevistas

---

[579] Art. 40, §1º, Lei Municipal nº 15.893/13.

[580] Art. 38, §1º, Projeto de lei municipal nº 505/12.

[581] As mudanças de valor do CEPAC durante a implementação da Operação Urbana Consorciada Água Branca tem sido objeto de controvérsias até os dias de hoje. Sobre o tema, vale a consulta aos textos de Marcos Cintra, "Não matem o Cepac", publicado na *Folha de São Paulo*, em 30 de agosto de 2018; e de Heloísa Proença, "O Cepac está muito vivo", publicado na *Folha de São Paulo*, em 03 de setembro de 2018.

como uma das razões da baixa arrecadação durante a implementação da Operação Urbana Água Branca:

> *O triste foi o fato de a dinâmica econômica ter piorado tanto depois disso. A ponto de fazer leilão de CEPAC e não ter compra. Tudo bem que aumentaram um pouco o valor do CEPAC na Câmara. Exageraram ali.* (...). Tinha um valor no projeto de lei do [Gilberto] Kassab, feito com base em um cálculo. Mas na Câmara eles aumentaram o valor. Teve dois problemas: a crise de 2012, 2013. Se a Câmara quisesse revisar, tinha que ser para menor. (...). A Câmara definir o mínimo faz sentido, quando está com uma tendência de crescer, qualquer coisa(...) Se colocasse mínimo na Faria Lima em 2004 não tinha problema(...) porque decolou depois. Mas o problema foi essa regredida do mercado imobiliário. *E essa experiência na implementação do plano diretor acabou não produzindo tanto efeito quanto poderia* (Entrevista 5, prefeitura, grifo nosso).
> Mas no caso da Operação Água Branca, por exemplo, a lei específica já traz um planejamento urbanístico. Mas que erro foi cometido na operação Água Branca? O projeto de lei foi elaborado pelo Executivo. Pensando nas intervenções públicas, viárias, regras específicas para edificações etc. E enviaram para a Câmara. Na Câmara, os vereadores acharam que seriam necessárias mais obras do que as previstas. Conclusão: não haveria dinheiro para executar todas as obras que se pretendia. E qual foi a solução mágica? *Dobraram o valor do CEPAC! E esqueceram que só funciona a operação se o mercado tiver interesse.* (...). Na época isso foi alertado, mas assim mesmo a lei foi aprovada com esse valor mais alto do CEPAC. A operação não deu certo. A operação ficou anos vigendo sem interesse. O primeiro leilão deu vazio, não houve mais interesse do mercado pela inviabilidade do preço do CEPAC. Agora *está em tramitação um projeto de lei na Câmara* reduzindo pela metade o valor do CEPAC. Se não houver essa redução a operação não funcionará (Entrevista 9, mercado imobiliário, grifos nossos).

Para além de uma suposta falta de interesse do mercado imobiliário, os recursos da operação urbana foram bloqueados pelo Poder Judiciário em razão de ação judicial proposta pelo Ministério Público, conforme relato dos(as) entrevistados(as):

> Teve uma ação judicial que bloqueou os recursos da Água Branca em 2013. Teve uma ação do Ministério Público, na revisão, *para a prefeitura* **não** *usar os recursos captados na vigência da lei antiga, na implementação da nova*. O argumento é que o programa de intervenções de 1995 não foi cumprido. (...). O principal que está pendente na lei anterior são as habitações. (...). A promotoria disse, que o dinheiro existente, do tempo da outorga, deveria ser aplicado no programa de intervenções lá de trás (Entrevista 2, prefeitura, grifo nosso).

O levantamento jurisprudencial identificou decisões do Tribunal de Justiça do Estado de São Paulo relacionadas ao bloqueio dos recursos da operação. Como efeito, as decisões judiciais que mencionam expressamente a Operação Urbana Água Branca versam sobre os seguintes assuntos e fundamentos: *(i)* bloqueio dos recursos do fundo da operação, vinculação dos recursos arrecadados ao programa de intervenção anterior e a possibilidade de desvio de recursos destinados à enchente para obras viárias; *(ii)* bloqueio dos recursos do fundo da operação, liberação parcial de recursos condicionada à apresentação de projeto, planilha de gastos e manifestação do Ministério Público, fusão ou separação dos fundos de 1995 e 2013; *(iii)* critérios utilizados para cálculo da contrapartida pela Câmara Técnica de Legislação Urbanística (CTLU); *(iv)* conflito de competência em razão de ação de cobrança da contrapartida e ação civil pública que discute a fiscalização e aplicação das receitas arrecadadas; e *(v)* o valor a ser pago como contrapartida de empreendimento.

A demora na aprovação da lei específica — e o prazo de dez anos do plano diretor — bem como a ausência de diálogo entre a proposta urbanística da Operação Água Branca e o plano diretor de 2002 foram também destacadas nas entrevistas:

> A Água Branca foi um projeto mais cuidadoso elaborado pela SP Urbanismo. *Mas eram projetos que estavam desvinculados do plano diretor. Então não contribuíam para implementação do plano diretor.* A Operação Urbana Centro não foi revista. Então, em relação a isso [operações urbanas] não teve avanço nenhum (Entrevista 6, prefeitura, grifo nosso).
> Você vai criar uma mudança no regime das operações urbanas. Quando você tem condição de saber se essas mudanças frutificaram? Demora muito para saber porque, na verdade, você está definindo o regime de elaboração dos planos subsequentes. *Esse plano da Água Branca, por exemplo, (...) é um plano que foi feito depois de dez anos de vigência do plano diretor de 2002.* E se o mercado tivesse continuado forte, dali a cinco, dez anos você iria ver a transformação. Como eu posso falar do plano diretor de 2002, se eu não tenho como esperar esse resultado todo. *As definições das AIUs e OUCs podem ainda trazer resultados bons ou maus que ainda não temos condições de aferir* (Entrevista 5, prefeitura, grifo nosso).

A Operação Urbana Água Branca foi, de fato, adaptada muito depois da promulgação do Estatuto da Cidade e do plano diretor de 2002. Destaque-se que a lei introduziu também o "direito de protocolo",[582]

[582] Art. 70, Lei Municipal nº 15.893/13.

que autorizou a aplicação da lei anterior para empreendimentos já protocolados na data de entrada em vigor da nova legislação. Dessa vez, porém, a aplicação da regra anterior poderia ser indeferida de ofício para casos em que houvesse modificação substancial do projeto.[583]

A reconstituição do processo de implementação das operações urbanas em São Paulo durante o período de vigência do plano diretor de 2002, permite concluir que as operações urbanas consorciadas, nos termos previstos pelo Estatuto da Cidade, foram aplicadas. Após a promulgação do plano diretor de 2002, as leis específicas das operações urbanas foram adaptadas às novas regras federais. O CEPAC foi regulamentado e aplicado na cidade e gerou a arrecadação de recursos significativos para a política urbana. O alto grau de execução dos recursos mostra que o instrumento é capaz de se constituir enquanto ferramenta de financiamento da política urbana e, de fato, possibilita a execução de intervenções territoriais em determinadas regiões da cidade, apesar do predomínio das obras de natureza viária.

A análise das operações urbanas consorciadas executadas durante os anos 2000 em São Paulo mostra um padrão de governança urbana que envolve exceções à regulação urbanística. Tais possibilidades de flexibilização da legislação urbanística foram estabelecidas pelo próprio Estatuto da Cidade, que incorpora também em seus dispositivos, contradições e ambiguidades, fruto de processo legislativo marcado pela disputa entre os diversos atores em jogo na construção do marco jurídico-urbanístico brasileiro.[584]

Nesse contexto, pode-se observar que as promessas do Estatuto da Cidade, de garantir que as operações urbanas consorciadas promovam também redução da desigualdade social e territorial, *não se* realizam. Apesar de avanços na legislação municipal — que passa, por exemplo, a prever e destinação de um valor percentual mínimo para HIS e aplicação na aquisição de terrenos nos perímetros das operações urbanas —, os planos de intervenção urbanística não são finalizados com prejuízo das obras voltadas à proteção dos direitos da população de baixa renda.

No âmbito municipal, o plano diretor confere amplos poderes as leis específicas e posterga para momento posterior os conflitos políticos e sociais relacionados às operações urbanas consorciadas. As novas

---

583 Art. 70, §4º, Lei Municipal nº 15.893/13.

584 Para uma análise detalhada da construção dos arranjos institucionais estabelecidos em nível federal no âmbito da política urbana, incluindo suas contradições, ambiguidades e tensões, *vide* capítulo 2.

operações urbanas previstas não são executadas e o processo de adaptação das leis específicas das operações existentes serão objeto de novas disputas e negociações. A criação e extinção das ZEIS em perímetros das operações urbanas, por exemplo, serão objeto de tensões permanentes durante o processo de elaboração das leis específicas.

Há que se reconhecer ainda, que as mudanças operadas pelo marco jurídico-urbanístico em nível federal passam a ser incorporadas aos poucos pelos atores estatais do sistema de justiça. O Tribunal de Justiça do Estado de São Paulo, do Ministério Público do Estado de São Paulo e da Defensoria Pública do Estado de São Paulo tiveram um papel relevante na implementação das operações urbanas consorciadas em São Paulo. Diversas são as decisões judiciais identificadas voltadas à garantia de permanência dos moradores de ZEIS localizadas em perímetros de operações urbanas; bloqueios de recursos das operações face ao descumprimento do plano de intervenção urbanístico original e suspensão de tramitação das leis específicas de operações por ausência de processo participativo.

Por fim, pode-se observar que parte dos limites e desafios envolvendo a implementação das operações urbanas relaciona-se também *à* própria natureza jurídica das normas de planejamento territorial.

Conforme já tratado no capítulo 2, embora as relações estabelecidas entre o planejamento econômico e o planejamento territorial sejam próximas — afinal, estão voltadas para a coordenação das ações estatais ao longo do tempo — ambas possuem regimes jurídicos bastante diferenciados.[585]

Tendo como seu principal instrumento o plano diretor — instrumento responsável por definir a função social da propriedade urbana — o planejamento das ações no espaço adquire natureza jurídica peculiar. As prescrições obrigatórias encontram maiores possibilidades em matéria de ordenamento territorial. No lugar da natureza indicativa, as diretrizes e ações previstas no planejamento territorial assumem caráter imperativo.[586]

---

[585] Cf. André de Laubedére. *Direito público econômico*. Coimbra: Livraria Almedina, 1985. p. 315.

[586] *Ibidem*. p. 314-315.

Note-se que, além de seu caráter vinculante para o setor público e privado,[587] o plano diretor possui validade limitada no tempo.[588] Tais limites temporais, combinados com os mecanismos que conferem amplos poderes às leis urbanísticas específicas bem como a ausência de clareza sobre os efeitos da sua não aprovação ou na demora de sua aprovação, podem gerar obstáculos na implementação do plano diretor. Tais gargalos jurídico-institucionais serão tratados a seguir.

4.2 Gargalos jurídico-institucionais na implementação do plano diretor de São Paulo

A pesquisa sobre o caso de São Paulo envolveu o levantamento de dados das mais diversas fontes: bibliografia especializada; textos, publicações e informações fornecidos pelos órgãos públicos; leis federais, estaduais e municipais; proposições legislativas, processos administrativos, decisões judiciais e notícias de jornal.

As múltiplas evidências, combinadas com a percepção dos entrevistados que viveram diretamente o processo de implementação do plano diretor, indicam que o direito é uma variável relevante para compreensão das transformações ocorridas durante os anos 2000 na cidade. Além das conquistas, foi possível identificar gargalos jurídico-institucionais, vale dizer, "as circunstâncias nas quais se pode atribuir, direta ou indiretamente, ao direito a responsabilidade por mitigar capacidades estatais técnicas ou políticas ou por de qualquer outra forma obstruir a implementação adequada e a efetividade de políticas públicas".[589]

O plano diretor de São Paulo e as normas posteriores cristalizaram, no nível local, as disputas ocorridas entre atores e interesses durante o processo legislativo. Assim, embora possa ser observada a transformação gradual e paulatina da política urbana municipal,[590] as

---

[587] SUNDFELD, Carlos Ari. O Estatuto da Cidade e suas diretrizes gerais. In: DALLARI, Adilson; FERRAZ, Sérgio (org.). *Estatuto da Cidade*: comentários à Lei Federal 10.257/2001. São Paulo: Malheiros Editores Ltda., 2002. p. 50; SILVA, José Afonso da. *Direito urbanístico brasileiro*. 4. ed. rev. e atual. São Paulo: Malheiros Editores Ltda, 2006. p. 147.

[588] O Estatuto da Cidade define o prazo de dez anos de vigência dos planos diretores. A ausência de revisão no prazo previsto é considerada causa de improbidade administrativa (art. 39, §3º; art. 51, VII).

[589] COUTINHO, Diogo. O direito econômico e a construção institucional do desenvolvimento econômico. *Revista de Estudos Institucionais*, v. 2, n. 1, p. 214-262, 2016. p. 248.

[590] Sobre os avanços e as conquistas na concretização do Estatuto da Cidade promovidos pelo plano diretor de 2002, *vide* item 4.1 da obra.

inovações trazidas pelas normas federais — em especial a Constituição Federal e o Estatuto da Cidade — e incorporadas pelo Município de São Paulo, foram acompanhadas também de uma série de obstáculos, os quais serão descritos e analisados a seguir.

Os gargalos jurídico-institucionais foram sistematizados em torno de dois eixos fundamentais. O primeiro trata da complexidade da legislação urbanística, representada pela enorme quantidade de dispositivos legais criados no período. O segundo eixo dos gargalos jurídicos institucionais sustenta-se nas regras secundárias criadas pelo plano diretor, vale dizer, nas regras que incidem sobre a produção de outras normas jurídicas.

Muitas vezes negligenciadas pelos estudos urbanos, as regras secundárias foram responsáveis pelo aprofundamento dos conflitos políticos e judiciais durante a implementação do plano diretor e foram subdivididas em: *(i)* regras de vigência e transição das normas urbanísticas; *(ii)* regras de alteração e revisão do plano diretor; *(iii)* regras para elaboração de leis específicas; e *(iv)* regras de competência legislativas e materiais no âmbito do planejamento territorial.

4.2.1 Complexidade da legislação

O primeiro gargalo jurídico-institucional identificado na implementação do plano diretor de São Paulo foi a complexidade da legislação. O plano diretor de São Paulo de 2002 possui um total de 308 artigos, dez mapas e 22 quadros. A Lei Municipal nº 13.885/04, por sua vez, que estabelece normas complementares ao plano diretor (Parte I), institui os planos regionais (Parte II), as regras de parcelamento, uso e ocupação do solo (Parte III) e possui 275 artigos. A parte I possui quatro quadros anexos e um mapa; a parte II possui 31 planos regionais como anexos e a parte III, possui dez quadros e um mapa anexo. Cada plano regional possui também estrutura complexa: cada um possui entre 28 a 95 artigos, 6 a 14 quadros, de 5 a 24 mapas.

Pode-se afirmar que a legislação básica sobre ordenamento territorial da cidade de São Paulo — composta pelo plano diretor, planos regionais e lei de uso e ocupação do solo — possuía mais de dois mil artigos, trezentos mapas e quadros anexos, além de todas as leis, decretos e portarias específicas.

Trata-se de uma quantidade gigantesca de dispositivos legais que dificultaram a compreensão da regulação urbanística da cidade não somente pelos cidadãos paulistanos como também pelos próprios integrantes da Prefeitura Municipal. A complexidade regulatória foi reconhecida em grande parte das entrevistas realizadas como um entrave na implementação do plano diretor:

> Período inicial logo depois de aprovado do plano diretor de 2002 e da lei de zoneamento de 2004? Como foi colocar em prática? Foi uma verdadeira loucura! *O DEURB teve que dar curso para o DEUSO para tentar ensinar para os técnicos de DEUSO como opera a lei. E não conseguiu esclarecer.* Eles ficaram ali numa loucura durante meses e meses e meses. Não sabiam o que fazer mesmo (Entrevista 1, prefeitura, grifo nosso).
> Um limite da implementação do plano diretor na cidade foi a questão das subprefeituras. Acho um problema. Isso travou a implementação na cidade inteira. *Esse negócio de ter cada subprefeitura com uma tabela, aliás várias tabelas. Muito burocrático.* Desvinculação com o todo (Entrevista 8, prefeitura, grifo nosso).
> Para o munícipe era muito difícil de entender. *Bem difícil entender essa legislação tão complexa desse jeito, tanta tabela.* "Complicômetro". Agora tem quatro quadros para tudo. Simplificou muito. De um lado foi importante. Teve que complicar para gente simplificar depois. Foi um processo. A gente queria tanto que descentralizasse. Que você chegasse na subprefeitura, respeitar o bairro, as questões culturais de cada região (Entrevista 8, prefeitura, grifo nosso).
> Outro avanço, mas que foi contraditório. A descentralização do zoneamento. (...). Teve um trabalho muito grande entre a SMDU com as subprefeituras para construir. Só que isso tem que ser um processo dialético. *Nao basta somente descentralizar. Não tinha relação das partes com a totalidade.* Tinha uma avenida aqui e o coeficiente era 4 aqui e ali era 1, 2. Por quê? Não teve essa relação (Entrevista 8, prefeitura, grifo nosso).
> Outro problema de 2002 e de 2004, para *cada subprefeitura tinha um quadro de parâmetro.* Então, se você estava em um ZM1 ou em uma ZM2 ou ZM3(...) qualquer zona na Sé era diferente da Vila Mariana, que era diferente de São Miguel e diferente de Pirituba. Antigamente e hoje, você sabia qual zona era o quê. Você tinha que olhar a todo momento em cada quadro, de cada subprefeitura. *Ninguém conseguia decorar.* Você começava a aprender(...). Óbvio que *na subprefeitura depois de dois anos, eles sabiam o dele, mas não do vizinho.* E eles aprovam até 1.500 m^2. O resto é aqui (Entrevista 8, prefeitura, grifo nosso).

A técnica legislativa utilizada na elaboração do plano diretor, lei de uso e ocupação do solo e planos regionais foi criticada nas entrevistas realizadas:

> Mas aí o que fica muito claro no ciclo de elaboração do plano é que *é uma disputa muito grande sobre a narrativa da cidade se sobrepondo às discussões sobre as regras jurídicas que estarão no plano.* Você lê o plano e

> é um negócio insuportável. De tanto princípio, um monte de adereço que não precisava estar lá. E, por outro lado, você tem uma série de regras de calibragem, de fórmula(...) Sabe aquela coisa(...) extenso no palavrório e descuidado no que tem resultado concreto, no que regula. Nossa briga maior era essa. Eu lembro que tinha texto que se repetia no começo e no final porque, enfim(...) nas reuniões diziam que era bom(...) as pessoas guardavam melhor(...) *uma ausência de técnica legislativa porque era muito em uma lógica de grandes narrativas sobre a cidade. O plano era uma grande narrativa sobre a cidade do futuro. Não era uma discussão jurídica.* (...). A discussão era muito tensa com os procuradores (Entrevista 7, prefeitura, grifo nosso).

Além da enorme quantidade de artigos, há que se reconhecer que as regras de transição, a possibilidade de alteração do plano diretor por leis específicas[591] ampliaram também as dificuldades de compreensão das normas urbanísticas da cidade:

> Passa muito pela *falta de compreensão da lei. O plano é muito complexo. Muito extenso. Ele não revoga as leis anteriores. Fica com muitos marcos regulatórios concorrentes. Há um número infinito de decretos que se aplicavam subsidiariamente.* Uma coisa que a gente aprendeu no plano de 2014. Revoga tudo. Tem proposta de trazer para dentro da lei? Então está fora. Então vai morrer (Entrevista 6, prefeitura, grifo nosso).

De acordo com Hoyler (2018), o modelo brasileiro de regulação urbanística é baseado em uma descrição detalhada do zoneamento e regras de cada parte da cidade, oferecendo de forma detalhada as condições sobre as quais as atividades imobiliárias devem ocorrer. Se de um lado, tais características minimizam o risco do empreendedor, a legislação não consegue descrever todas as situações que podem acontecer, ampliando a insegurança dos burocratas.[592]

Nesses casos, adota-se, em geral, diversas estratégias, tais como um exagerado detalhamento das regras combinado com a garantia da flexibilidade e espaços de negociação dentro do sistema. Ressalte-se que, quanto maior o detalhamento de regras de um determinado regime regulatório, maior a complexidade do processo de regulação e maiores também a chance de confusão, oposição e conflito.[593] Incorpora-se a

---

[591] Tais regras serão tratadas em detalhe no item 4.2.2.

[592] BOOTH, 2017 *apud* HOYLER, Telma. O cotidiano esquecido da regulação na produção habitacional privada. In: MARQUES, Eduardo (org.). *As políticas do urbano em São Paulo.* São Paulo: Editora UNESP; Centro de Estudos da Metrópole, 2018.

[593] CLARKE, 2000 *apud* HOYLER, Telma. O cotidiano esquecido da regulação na produção habitacional privada. In: MARQUES, Eduardo (org.). *As políticas do urbano em São Paulo.* São

incerteza no planejamento do território — o que acaba por criar muitas dificuldades no processo de implementação do plano diretor.

Vale notar que o Estatuto da Cidade estabeleceu como norma geral de direito urbanístico[594] a necessidade de simplificação da legislação de parcelamento, uso e ocupação do solo.[595] Tal diretriz foi incorporada também posteriormente pela Resolução nº 34 de 2005 do Conselho Nacional das Cidades, que sugere,[596] inclusive, que o próprio plano diretor consolide toda a legislação de uso e ocupação do solo, incluindo a definição de mapas e a descrição de perímetros na própria lei municipal.

O plano diretor de 2002 foi um dos primeiros aprovados no país após o Estatuto da Cidade. O esforço, de um lado, de promover a descentralização administrativa e aprofundamento do diálogo democrático na construção da legislação gerou, de outro, uma legislação extremamente difícil de compreensão e aplicação. Esse gargalo jurídico institucional pode ser considerado, em parte, como consequência da ausência de limites materiais e formais para regulamentação e alteração do plano diretor, o que será tratado em detalhe no item a seguir.

4.2.2 As regras sobre regras

Outra fonte de conflitos e dificuldades na aplicação da nova legislação urbanística da cidade, e muitas vezes negligenciada pelos estudos urbanísticos, são as normas estabelecidas pelo plano diretor que incidem sobre atividades relacionadas a outras normas urbanísticas.

Ao invés de estabelecer determinadas condutas a agentes públicos e privados, comandos de fazer ou não fazer, há regras que incidem sobre atividades relacionadas a outras normas, por exemplo, aquelas voltadas à produção legislativa, interpretação e julgamento. É o que Hart (2007) denomina de regras secundárias. Esse tipo de regra seria responsável por disciplinar a produção normativa posterior, as possibilidades de alteração e aplicação das regras vigentes e futuras.

Paulo: Editora UNESP; Centro de Estudos da Metrópole, 2018.

594 Sobre a força vinculante das diretrizes gerais do Estatuto da Cidade, *vide* Medauar (2005) e Sundfeld (2002).

595 Art. 2º, inciso XV, Estatuto da Cidade.

596 Sobre a força normativa das decisões do Conselho Nacional das Cidades, *vide* Fontes (2010, p. 44).

Vale lembrar que, nas palavras de Lowi,[597] as políticas públicas de tipo constitutivo, vale dizer, aquelas que estabelecem as próprias regras do jogo, envolvendo os próprios produtores de regras, são de caráter intensamente conflitivo, pois não se sabe quem poderá ganhar ou perder. No caso de São Paulo, foram justamente essas regras de vigência, elaboração de leis específicas, revisão e alteração do plano diretor, objeto das disputas política e judicial entre os diversos atores.

Durante a pesquisa empírica realizada, percebe-se que esse tipo de regras secundárias pode ser considerado como origem de parte dos entraves na implementação do plano diretor. Dentre elas, pode-se apontar: *(i)* as regras de vigência e transição para novo regime jurídico urbanístico da cidade, incluído aqui o "direito de protocolo"; *(ii)* as regras de alteração e revisão do plano diretor; *(iii)* as regras para elaboração de leis específicas; e *(iv)* as regras de distribuição de competências no âmbito do planejamento territorial.

Tais normas, tal como dispostas pelo plano diretor de São Paulo, constroem um emaranhado complexo de regras que dificultam a compreensão e a aplicação das normas que definem a função social da propriedade. Tais gargalos jurídico-institucionais podem ser considerados como obstáculos reais de implementação do plano diretor, aprofundando muitas vezes dilemas políticos, sociais e econômicos envolvidos na concretização da legislação urbanística na cidade.

O plano diretor de São Paulo estabeleceu uma série de regras de vigência, de transição, de modificação e revisão do plano diretor, sobre o "direito de protocolo", prazos e procedimentos para elaboração de normas específicas posteriores e sobre hierarquia entre o plano diretor e leis específicas posteriores. Esse emaranhado de regras dificulta a compreensão e aplicação do plano diretor, além de gerar uma série de conflitos no tempo e espaço.

Não se trata aqui de aprofundar o debate no âmbito da teoria do direito sobre a natureza das normas jurídicas, as meta-normas ou a distinção entre regras e princípios.[598] Trata-se apenas de reconhecer que existe um tipo de regra específico no âmbito do planejamento territorial que tem potencial de aprofundar conflitos políticos e sociais na fase de implementação do plano diretor, o qual será tratado a seguir.

---

[597] LOWI, Theodore J. American business, public policy, case studies and political theory. *World Politics*, v. 16, 1964; LOWI, Theodore J. Four systems of policy, politics and choice. *Public Administration Review*, v. 32, n. 4, p. 298-310, jul./aug. 1972.

[598] Sobre o tema, vale aprofundar os estudos sobre o sistema jurídico promovidos por autores como Hans Kelsen, Norberto Bobbio, Ronald Dworkin, Robert Alexy, entre outros.

4.2.2.1 Regras de vigência e transição das normas urbanísticas

A dimensão temporal das regras do planejamento territorial tem como finalidade garantir a necessária flexibilidade e abertura dos instrumentos de ordenamento do território para a realidade urbana.

O Estatuto da Cidade determina que a validade do plano diretor é de dez anos. O plano diretor, portanto, constitui-se enquanto norma de efeitos limitados no tempo. Não à toa. Se de um lado, o plano traz determinações de cunho obrigatório tanto para o setor público como para o setor privado, de outro, a segurança das negociações imobiliárias é garantida, reconhecendo o caráter dinâmico das cidades e protegendo a alternância democrática na gestão pública.

De acordo com Enterria e Alfonso,[599] as normas sobre a vigência dos planos urbanísticos produzem um duplo efeito: impõem, de um lado, deveres à Administração Pública sobre o desenvolvimento urbano das cidades e, de outro, definem limites temporais capazes de garantir certa estabilidade do ordenamento territorial, promovendo a segurança jurídica das atividades imobiliárias.

Vale notar, porém, que o prazo para elaboração e revisão de planos urbanísticos tem sido objeto de mudanças legislativas constantes. É o que se observa até mesmo na legislação federal.

Foi esse o caso, por exemplo, do prazo para elaboração e revisão dos planos diretores,[600] o prazo para elaboração dos planos de

---

599 ENTERRIA, Eduardo Garcia de; ALFONSO, Luciano Parejo. *Leciones de Derecho Urbanistico*. Madrid: Editorial Civitas S.A, 1981.

600 O prazo dos Municípios com obrigatoriedade de aprovação dos planos diretores sob pena de improbidade administrativa foi previsto para outubro de 2006, conforme redação original do art. 50 do Estatuto da Cidade. O prazo foi alterado para junho de 2008 (Lei Federal nº 11.763/08). Além disso, foi criado pela Lei Federal nº 12.608/12 um novo prazo específico para Municípios incluídos no cadastro nacional de cidades com áreas suscetíveis à ocorrência de deslizamentos de grande impacto, inundações bruscas ou processos geológicos ou hidrológicos correlatos: abril de 2017 (art. 42-A, §4º c/c art. 41, inciso IV, Estatuto da Cidade).

mobilidade[601] e dos planos de desenvolvimento urbano integrado.[602] Criam-se prazos de elaboração e revisão sob pena de improbidade administrativa ou de impedimento de repasses de recursos federais, os quais são alterados de forma recorrente. Tal lógica foi observada também na pesquisa empírica realizada e se relaciona justamente ao binômio flexibilidade/rigidez característico da natureza jurídica das normas de planejamento territorial.

Tais características intrínsecas às normas de planejamento urbanístico devem ser objeto de atenção especial. No caso de São Paulo, que manteve por décadas em vigor um zoneamento dos anos 1970, as regras de vigência e transição do plano diretor buscaram promover uma adaptação lenta e gradual das transformações jurídicas operadas pela Constituição Federal e pelo Estatuto da Cidade. Paradoxalmente, constituíram-se também como gargalos jurídico-institucionais na implementação do plano diretor.

No caso de São Paulo, o plano diretor municipal entrou em vigor em 2002 e deveria vigorar, em tese, até 2012. As regras gerais sobre coeficientes de aproveitamento entrariam em vigor em janeiro de 2003.[603]

Com exceção do coeficiente de aproveitamento básico, os parâmetros de uso e ocupação do solo — incluído aqui os coeficientes de aproveitamento mínimo e máximo,[604] recuos, gabaritos, taxa de

[601] A Lei Federal nº 12.587/12, que instituiu a Política Nacional de Mobilidade Urbana, previa originalmente um prazo de três anos para que os Municípios elaborassem seus planos de mobilidade sob pena de ficarem impedidos de receber recursos orçamentários federais destinados à mobilidade urbana (art. 24, §§3º e 4º). O prazo para elaboração dos planos de mobilidade foi alterado sucessivamente por diversas medidas provisórias e leis específicas: a Medida Provisoria nº 748/16; Lei Federal nº 13.406/16; a Medida Provisória nº 818/18 convertida na Lei Federal nº 13.683/18 e a Medida Provisória nº 906/19 atualmente em vigor. Atualmente, o prazo em vigor é 12 de abril de 2021 sob pena de o Município não receber recursos do Orçamento Geral da União consignados à Secretaria Nacional de Mobilidade e Serviços Urbanos do Ministério do Desenvolvimento Regional até que seja cumprida a exigência prevista nesta Lei, ressalvada a hipótese de instrumentos de repasse já celebrados (art. 24, §§4º, 8º, Lei Federal nº 12.587/12; Medida Provisória nº 906/19).

[602] O Estatuto da Metrópole previa originalmente o prazo para elaboração dos planos de desenvolvimento urbano integrado das regiões metropolitanas e aglomerações urbanas para janeiro de 2018 (art. 21, inciso I, alínea b c/c art. 10, Lei Federal nº 13.089/15). A Medida Provisória nº 818/18 alterou o dispositivo e estendeu o prazo para 31 de dezembro de 2021 (art. 1º). Ao ser convertida na Lei Federal nº 13.683/18, contudo, o art. 20 e 21 foram revogados, extinguindo, assim, não somente o prazo para elaboração dos planos de desenvolvimento urbano integrado como também a previsão expressa da pena de improbidade administrativa por seu não cumprimento.

[603] Art. 300 e 308, Lei Municipal nº 13.430/02.

[604] Art. 300, §1º, Lei Municipal nº 13.430/02.

ocupação, número de pavimentos etc.[605] — foram considerados como objeto de duas leis específicas a serem aprovadas posteriormente: a lei de uso e ocupação do solo e os planos regionais.

As novas regras do direito de construir na cidade seriam consolidadas de maneira integral, portanto, somente em agosto de 2004,[606] com a aprovação da Lei Municipal nº 13.885 de agosto de 2004 que entraria ela mesma em vigor somente quatro meses depois.[607]

Para além das regras de vigência, importante salientar que o plano diretor manteve também uma série de mecanismos de transição que possibilitou ainda por muitos anos a aplicação da legislação urbanística dos anos 1970 na cidade. Mais do que promover a necessária adaptação dos novos empreendimentos às mudanças regulatórias, os dispositivos acabaram por dificultar a aplicação dos instrumentos urbanísticos de forma plena durante os anos 2000 em São Paulo.

Conforme tratado no capítulo 4, o coeficiente de aproveitamento básico da cidade foi sendo reduzido aos poucos, ao longo dos primeiros três anos após aprovação do plano diretor.[608] Além dessa regra de transição, foi garantido o "direito de protocolo".

O "direito de protocolo", basicamente, autoriza que os processos protocolados em momento anterior à aprovação do plano diretor fossem regulados pela legislação anterior, incluído aqui o coeficiente de aproveitamento básico.[609]

Trata-se de dispositivo e repetido pela legislação de uso e ocupação do solo aprovada em 2004[610] — que possibilitou que, em pleno século XXI, fossem construídos empreendimentos com base em legislação dos anos 1970. Apesar de todas as mudanças ocorridas no ambiente regulatório do período democrático, continuaram a vigorar regras aprovadas durante o regime militar.[611] O que pode, em uma

---

605 Art. 161, §2º; 163, §1º; art. 165, §8º; art. 183; art. 190; art. 191, inciso VII, Lei Municipal nº 13.430/02.

606 Note-se que o plano diretor previa o prazo de abril de 2003 para envio do projeto de lei (art. 6º; art. 183, parágrafo único; art. 294 e 295; Lei Municipal nº 13430/02), o qual foi alterado para junho de 2003 (Lei Municipal nº 13.575/03). O Poder Executivo enviou o Projeto de lei nº 529/03 e o Projeto de lei nº 522/03 os quais foram unificados no Projeto de lei nº 139/04, que foi aprovado e deu origem à Lei Municipal nº 13.885/04.

607 Art. 275, Lei Municipal nº 13.430/02.

608 Art. 296 e quadro 19, Lei Municipal nº 13.430/02. Mais informações, *vide* item 4.1 da obra.

609 Arts. 302 e 303 Lei Municipal nº 13.430/02. Sobre o impacto do direito de protocolo na cobrança da outorga onerosa do direito de construir, *vide* item 4.1 da obra.

610 Art. 244, Lei Municipal nº 13.885/04.

611 Note-se que o próprio zoneamento dos anos 1970 previa também uma regra de protocolo (art. 48, Lei Municipal nº 8.001/73).

primeira leitura, parecer uma mera questão de direito intertemporal, cristaliza um regime jurídico da propriedade que traz em si a inovação e o atraso, permitindo a difícil convivência por muitos anos das novas normas com o regime jurídico anterior.

A convivência das novas normas com o regime jurídico anterior foi apontada em muitas entrevistas como entraves na implementação do plano diretor:

> Você tem uma *série de transições e questões intertemporais da lei no tempo*, de sobreposição da legislação que *vai minando a capacidade de implementação* do plano (Entrevista 7, prefeitura, grifo nosso).
> Porque isso aí é o tal do degelo. Um argumento que vem desde a Luiza Erundina. Transição entre uma lei velha e uma lei nova. *Tem que ter essa transição. Daí se cria uma série de subterfúgios*. Agora existem mil cidades em que não se faz isso. (...) *e chamar isso de direito! Isso que eu acho um absurdo!* (Entrevista 1, prefeitura, grifo nosso).

A regra de protocolo estava prevista não somente no plano diretor de 2002, mas também no Código de Obras e Edificações (Lei Municipal nº 11.228/92), que operou efeitos durante toda a implementação do plano diretor. As regras de protocolo previstas no Código de Obras e Edificações permitiam a aplicação de legislação anterior para projetos com pedidos de modificação e alteração.[612] O Código de Obras e Edificações de São Paulo vigente durante o plano diretor de 2002 foi revogado apenas em 2017, pelo novo Código de Obras e Edificações da cidade (Lei Municipal nº 16.642/17).

A combinação entre o "direito de protocolo" previsto no plano diretor de 2002 e as prescrições do Código de Obras e Edificações foi considerada também como um limite à efetividade do plano diretor:

> Isso deu uma certa inércia ao novo plano diretor e foi um obstáculo à sua efetivação. E chegou a se configurar um certo abuso, na minha opinião. Por causa de um outro instituto que existia na legislação anterior, o chamado projeto modificativo, que existe até hoje no Código de Obras, agora sujeito a limites. Pelo Código de Obras anterior, aquela Lei nº 11.228/92, que regulava a emissão dos alvarás e licenças. Tinha um alvará de aprovação e de execução. *Durante a vigência do alvará de execução, poderia existir um projeto modificativo, mas não havia nenhum limite quanto ao teor dessa modificação. Isso possibilitou um certo abuso do direito de protocolo*. A pessoa protocolava qualquer coisa, para ter um processo aberto sem estar

[612] Art. 14, incisos I e II, Lei Municipal nº 11.228/92.

vinculada necessariamente a um projeto e depois fazer qualquer alteração com base na legislação anterior porque, de fato, o Código de Obras permitia isso, *não era nenhuma ilegalidade* (Entrevista 4, prefeitura, grifo nosso).

Note-se que parte dos(as) entrevistados(as) apontaram aspectos importantes da existência desse tipo de regra de validade no tempo, desde que acompanhada de limites legais:

> O protocolo é uma coisa muito difícil de evitar aqui na Prefeitura com um licenciamento edilício de dois, três, quatro, cinco anos. *Você nunca vai ficar livre de ter alguma regra de protocolo.* Porque, na verdade, a Secretaria está trabalhando agora com o que foi protocolado há dois anos. O dia que disser que vai ter uma lei nova e vai começar a valer imediatamente. Tem que arquivar tudo da Secretaria e mandar todo mundo fazer projeto novo. Isso é na prática inviável. *O que a gente deveria tentar fazer é diminuir os sobressaltos na regulação. Se a regulação fica mais estável, o protocolo é algo menos problemático.* O protocolo é meio dramático porque mudamos a regra do zoneamento anterior de coeficiente 4 gratuito para 1 gratuito é uma mudança brutal (Entrevista 5, prefeitura, grifo nosso).
> *Não vejo o direito de protocolo só como problema. É necessário. Não dá fazer uma alteração legislativa, uma ruptura, e não prever uma regra de transição.* Não dá para não ter uma regra de transição para relações que iniciaram antes da mudança da lei. Que vai pegar esse período de mudança. *O que eu particularmente não vejo com muito bons olhos é o abuso desse direito.* Não dá para a gente extinguir o direito de protocolo. É necessário, mas tem que ter regras para que ele não seja mal utilizado (Entrevista 4, prefeitura, grifo nosso).
> *Esse regime do protocolo do plano diretor [de 2014] é muito melhor.* Praticamente impede que o projeto seja alterado e tal. É uma composição *mais na linha da boa-fé de quem pode ter protocolado há seis meses na lei antiga e não tem que refazer o projeto* (Entrevista 5, prefeitura, grifo nosso).

As regras de validade intertemporal das normas urbanísticas, incluindo aqui os conflitos relacionados à aplicação do "direito de protocolo" e das regras de transição do plano diretor e legislação de uso e ocupação do solo foram um dos principais temas objeto de controvérsia judicial durante a implementação do plano diretor.

O "direito de protocolo" se manteve, com alterações significativas, até mesmo no atual plano diretor da cidade (Lei Municipal nº 16.050/14). O "direito de protocolo" do plano diretor de 2014, atualmente em vigor na cidade de São Paulo, foi questionado recentemente em ação direta de inconstitucionalidade interposta pelo Ministério Público. A ação judicial foi apreciada pelo Tribunal de Justiça de São Paulo, que reconheceu sua legalidade apesar de decisões do Superior

Tribunal de Justiça[613] e do Supremo Tribunal Federal,[614] reconhecendo que o protocolo não gera *per se* direito adquirido.[615]

Tal decisão foi mencionada pelo(a) representante do mercado imobiliário:

> O caso do protocolo [do plano diretor de 2014]. *O Ministério Público entendeu que haveria um retrocesso ambiental nos casos de áreas que foram transformadas em ZEPAM.* Se existia uma área X, onde tinha o protocolo e se estava aprovando o empreendimento em uma zona mista. Alguma ONG pede ao vereador na elaboração do plano para transformar aquela área em ZEPAM, e aí criou-se o problema. Se não houver segurança jurídica, é difícil uma cidade ir para a frente. Daí vem o promotor público e fala em retrocesso ambiental. E entra com uma ação. *O relator ampliou isso para todos os casos e o Ministério Público entrou com uma nova petição e concordou. Parou tudo na cidade: cinco mil processos. Hospital, escola etc. Felizmente, para a cidade, o pleno do Tribunal de Justiça de São Paulo cassou a liminar, julgou o mérito e resolveu de vez essa questão* (Entrevista 9, mercado imobiliário, grifos nossos).
>
> *Você precisa ter, no plano, mecanismos que de alguma forma protejam os direitos do cidadão. No que diz respeito ao protocolo, o plano de 2014 traz essa segurança, que foi confirmada pelo Tribunal.* O plano para vigorar por 15 anos, para ser mais estável, precisa ter mecanismos que absorvam a dinâmica da cidade. Porque a cidade é um organismo vivo, que está em transformação. Não se pode fazer um plano para vigorar por 15 anos, principalmente em um momento como esse, que possa estagnar a cidade, sem uma regra que considere sua a dinâmica. Devem existir mecanismos que considerem essa dinâmica. O plano de 2014 tem um que eu acho interessante, a entrada automática em vigor dos parâmetros urbanísticos nos eixos previstos, quando do início de sua implantação (...). O conceito de adensar ao longo dos eixos de transporte é uma grande sacada. Vai muito alinhado. É o caminho (Entrevista 9, mercado imobiliário, grifo nosso).

A convivência ambígua das regras urbanísticas instituídas sob a égide da Constituição de 1988 e do Estatuto da Cidade com as regras

[613] STJ, Agravo em Recurso Especial nº 1.183.268 (SP), relator: Ministro Sérgio Kukina, data de julgamento: 27 de março de 2018; Recurso Ordinário em Mandado de Segurança 27.641, relator: Ministro Humberto Martins, data de julgamento: 02 de outubro de 2008.

[614] STF — Recurso Extraordinário nº 235.736-7 (MG), relator: Ministro Ilmar Galvão, Primeira Turma, julgado em 21 de março de 2000.

[615] Sobre o julgamento da Adin no Tribunal de Justiça de São Paulo, publiquei o texto *O direito de protocolo como obstáculo à inovação na gestão das cidades* no jornal digital Jota, em parceria com Mariana Chiesa e Fernando Bruno, disponível no seguinte endereço eletrônico: https://www.jota.info/opiniao-e-analise/artigos/o-direito-de-protocolo-como-obstaculo-a-inovacao-na-gestao-das-cidades-29042019. Acesso em 25 de março de 2020, às 17h.

do período militar se expressa também no resgate da denominada "fórmula de Adiron", cálculo de coeficiente de aproveitamento instituído no zoneamento paulistano nos anos 1970. A fórmula foi resgatada pelo plano diretor de 2002, tendo sido apontada em diversas entrevistas como uma das razões da baixa arrecadação da outorga onerosa do direito de construir durante o período.[616]

4.2.2.2 Regras de alteração e revisão do plano diretor

A regulação das normas de ordenamento territorial ao longo do tempo é estabelecida também pelas regras de alteração e revisão do plano diretor. Trata-se de preceitos próximos, mas distintos.

Como lembra Enterria e Alfonso,[617] há uma diferença fundamental entre as normas de revisão e as normas de modificação dos planos urbanísticos. De maneira simplificada, a revisão dos planos implica em um replanejamento global do território, traduzida muitas vezes em uma nova classificação do solo urbano, a eleição de um outro modelo territorial, o surgimento de novas circunstâncias demográficas ou econômicas ou ainda um esgotamento da capacidade do plano urbanístico vigente. As regras modificativas, por sua vez, se reduzem a uma alteração pontual e concreta do plano. Essas alterações deveriam se submeter aos mesmos procedimentos de elaboração do plano urbanístico, em atenção ao princípio da hierarquia do plano, de forma a garantir a coerência do ordenamento territorial.[618]

No caso do Brasil, o Estatuto da Cidade prevê a revisão a cada dez anos do plano diretor sob pena de improbidade administrativa.[619] Em São Paulo, porém, o plano previa duas "revisões" intermediárias e uma revisão global, a qual acabou sendo aprovada depois de doze anos de vigência do plano diretor. A Lei Orgânica de São Paulo também previa que o plano diretor poderia ser modificado uma vez ao ano por aprovação de 3/5 dos membros da Câmara de Municipal de São Paulo.[620]

A instituição de lei de uso, ocupação e parcelamento do solo e dos planos regionais foi considerada como uma primeira "revisão" do

---

[616] Mais detalhes, *vide* item 4.1 da obra.

[617] ENTERRIA, Eduardo Garcia de; ALFONSO, Luciano Parejo. *Leciones de Derecho Urbanistico*. Madrid: Editorial Civitas S.A, 1981.

[618] *Ibidem*, p. 372.

[619] Art. 40, §3º c/c art. 52, inciso VII, Lei Federal nº 10.257/01.

[620] Arts. 40, 41 e 46 da Lei Orgânica. Note-se que a Lei Orgânica prevê exceção a esse dispositivo legal. O plano diretor e o zoneamento poderiam também ser alterados por leis específicas mais do que uma vez ao ano, desde que aprovados por 2/3 dos vereadores.

plano diretor, de caráter meramente complementar,[621] no prazo inicial de 2003.[622] A outra revisão do plano diretor foi prevista para o ano de 2006 originalmente.[623] Ambos os processos foram objeto de uma série de conflitos judiciais que trouxeram consequências relevantes para o processo de implementação do plano diretor.

A primeira, embora tenha alterado alguns dispositivos do plano, tratava-se mais de regulamentação e detalhamento do plano do que uma revisão propriamente. O processo de elaboração dessas leis específicas foi suspenso temporariamente por ação judicial,[624] mas foi finalizado em 2004, com a aprovação da Lei Municipal nº 13.885/04.

A segunda, foi objeto de um amplo processo de revisão que envolveu várias reuniões e atividades internas da Prefeitura combinadas com audiências públicas realizadas em diversos bairros da cidade. Todavia, foi alvo de duro questionamento judicial, tendo sido, no final das contas, interrompida de forma definitiva.[625]

O que pode parecer, portanto, uma mera questão de técnica legislativa — as regras de revisão e alteração do plano diretor — influenciou diretamente os conflitos políticos e judiciais durante sua implementação, os quais são descritos em detalhe no item 4.1.

Revela-se, pois, a tensão permanente entre flexibilidade e rigidez própria das normas de planejamento territorial, as quais devem, de um lado, garantir um processo de elaboração e revisão que garanta legitimidade democrática de suas determinações e, de outro, ser capaz de efetivamente regular a propriedade urbana na cidade por um período determinado, trazendo segurança às transações imobiliárias e o cumprimento da função social dos imóveis.

Não fica claro pela legislação federal quais os limites materiais ou formais para se promover revisões ou alterações do plano diretor. Quais mecanismos de atualização devem estar previstos no plano diretor durante seu período de vigência? É possível estabelecer revisões intermediárias ou alterações pontuais ao plano diretor? Com qual

---

[621] Art. 294, Lei Municipal nº 13.430/02. Conforme tratado no item 4.1, essa legislação específica extrapola o caráter complementar, alterando perímetros de zonas, coeficientes mínimos e máximos, entre outros.

[622] Art. 271, Lei Municipal nº 13.430/02. Esse artigo foi alterado pela Lei Municipal nº 13.575/03 e prorrogou o prazo de 30 de abril de 2003 para 30 de junho de 2003.

[623] Art. 5º, incisos I e II, Lei Municipal nº 13.430/02.

[624] Processo nº 334.429-5/7-00, julgado em 13 de novembro de 2003, pelo Tribunal de Justiça de São Paulo.

[625] Para uma análise detalhada do processo, *vide* item 4.1.1.7 da obra.

frequência e extensão? As regras do processo participativo de elaboração do plano diretor devem incidir sobre qualquer tipo de alteração do plano durante seu período de vigência? Quais as distinções entre a revisão global do plano, obrigatória após dez anos da aprovação do plano e eventuais revisões intermediárias?

As soluções adotadas pelo Município de São Paulo em 2002 criaram uma engrenagem que permitia amplos poderes a leis específicas posteriores e à revisão intermediária do plano diretor, as quais poderiam incidir sobre o núcleo central do direito de propriedade, como, por exemplo, os coeficientes de aproveitamento, a quantidade de estoque construtivo por região bem como as regras de aplicação dos instrumentos da política urbana. Esse desenho regulatório aprofundou os conflitos políticos e judiciais durante seu processo de implementação.

4.2.2.3 Regras para elaboração de leis específicas

O plano diretor de São Paulo previu expressamente a necessidade de elaboração de uma série de normas posteriores, incluindo leis específicas, decretos ou atos do Poder Executivo. Não se trata aqui de aprofundar o vasto debate sobre a autoaplicabilidade das normas jurídicas, cuja solução, pelo menos no âmbito constitucional, está ainda longe de um consenso doutrinário.[626]

Apesar da autoaplicabilidade tão almejada pelos urbanistas[627] e sugerida posteriormente por materiais didáticos produzidos pelo

---

[626] Conforme já salientado em trabalhos anteriores: "(...) consolidou-se no Brasil uma crítica à doutrina norte-americana, a qual subdivide as normas constitucionais entre *self-executing* e *not self-executing*. Tal doutrina classifica as normas constitucionais, de um lado, como autoaplicáveis, executáveis, dotadas de plena eficácia jurídica e, de outro, as não autoaplicáveis, dependentes de legislação ordinária regulamentadora. Partindo-se do pressuposto de que toda norma constitucional possui algum grau de eficácia, a doutrina jurídica brasileira desenvolve uma série de tipologias de classificação das normas constitucionais em relação a sua eficácia e autoaplicabilidade. Como exemplo, pode-se citar as obras de José Afonso da Silva (2003), de Celso Ribeiro Bastos e Carlos Ayres Britto (1983) e de JH Meirelles Teixeira (1991). Atualmente, essas classificações têm sido objeto de intensa crítica, a ponto de Gilmar Mendes (2009) afirmar que 'não há critério objetivo que nos permita identificar com segurança quais dispositivos reputam-se autoaplicáveis e quais dependem de regulamentação'. Virgílio Afonso da Silva (2010) também critica as teorias sobre eficácia das normas constitucionais, tendo em vista que não levariam em consideração o pressuposto fundamental da distinção entre regras e princípios trazida pela doutrina constitucional contemporânea" (Fontes, 2010, p. 103).

[627] Diversos são os urbanistas que defendem a necessidade de planos diretores autoaplicáveis, já que tradicionalmente, no Brasil, foram instrumentos dotados de diretrizes genéricas e vagas. Essa nova geração de planos diretores foi considerada dotada de uma "regulação

Ministério das Cidades,[628] o plano diretor de São Paulo, conforme já tratado em profundidade no capítulo 4, previu mais de 20 hipóteses, nas quais seria necessária uma regulamentação posterior,[629] e cerca de 20 planos municipais futuros.[630] A relação entre o plano diretor e as

---

inadequada", com instrumentos que não seriam autoaplicáveis e que exigiriam muitas leis específicas posteriores para operacionalização de seus efeitos. Nesse sentido, *vide* Villaça (1999, 2005); Cymbalista e Santoro (2009, p. 23); Santos Junior e Montandon (2011, p. 35 e p. 44) e Bueno e Cymbalista (2007).

628 BRASIL. Ministério das Cidades. *Acesso à terra urbanizada*: implementação de planos diretores e regularização fundiária plena. Florianópolis: UFSC; Brasília: Ministério das Cidades, 2008. p. 136, p. 164 e p. 177.

629 O plano diretor de 2002 menciona expressamente diversas normas específicas tais como a lei de uso e ocupação do solo (arts. 93, inciso VII; art. 145; art. 161, §2º; art. 163, §§1º, 2º e 3º; art. 164, §1º; art. 166, §§1º e 2º; arts. 182 a 191; art. 221, §6º; art. 295); leis específicas das operações urbanas (arts. 162, §2º; art. 165, §9º; art. 201, §6º; arts. 225 a 234); leis específicas das áreas e projetos de intervenção urbana (arts. 162, §2º; art. 165, §9º, art. 221, §1º, art. 270, inciso IV); legislação de habitação de interesse social (art. 80, §3º; art. 175, inciso I); legislação de regularização fundiária (arts. 192 e 193); leis para desafetação de áreas públicas (art. 196, §1º); leis de revisão do plano diretor (arts. 293 e 294); Código de Posturas (art. 87, inciso I e VI; art. 270, inciso II); lei específica sobre utilização de passeios públicos e das vias de pedestres, incluindo mobiliário urbano (art. 116, parágrafo único); regulamentação de geração de viagens (art. 117, §§1º e 2º); regulamentação da circulação e presença de cargas perigosas (art. 118); lei de instalação, operação, reforma e ampliação de aeródromos e heliportos (art. 119); lei específica de transferência do potencial construtivo virtual na Macrozona de Proteção Ambiental (art. 150, §3º); regulamentação da notificação da utilização e parcelamentos compulsórios, do IPTU progressivo no tempo (arts. 201 a 203; art. 270, inciso XI); regulamentação da outorga onerosa (art. 209, parágrafo único; art. 270, inciso X); transferência do direito de construir (arts. 219, inciso V; art. 220, §3º); lei de zoneamento ambiental (art. 248, art. 249 e art. 270, inciso V); lei sobre atividades e empreendimentos sujeitos ao licenciamento ambiental (art. 256, §4º); Estudo de Impacto de Vizinhança (art. 257, §1º); regulamentação da notificação para áreas usucapidas (art. 270, inciso XII); regulamentação do termo de compromisso ambiental (art. 251, parágrafo único; art. 270, XIII); regulamentação dos procedimentos para avaliação ambiental estratégica (art. 270, inciso XIV); classificação de vias coletoras (art. 115, §1º); Conselho Municipal de Política Urbana (art. 284); Câmara Técnica de Legislação Urbana (art. 286, §5º); audiências públicas (art. 287, §5º), regulamentação das operações de Certificados de Potenciais Construtivos (art. 230, §6º), entre outras.

630 O plano diretor de 2002 prevê expressamente a necessidade de elaboração do plano municipal de habitação (art. 6º; art. 81, incisos III, IV e V; art. 161, §2º; art. 183, parágrafo único; art. 270, inciso VIII; art. 271); plano de circulação viária e transporte (art. 6º; art. 114; art. 270, inciso VII; art. 271); os planos regionais (art. 6º; art. 126, §2º, art. 128, parágrafo único; art. 145, parágrafo único; art. 149; art. 156, §3º; art. 161, §2º; art. 164, §1º; art. 167, §2º; art. 169; art. 181; art. 183, parágrafo único; art. 188; art. 191; art. 270, inciso III; art. 271, inciso IV); planos de bairro (art. 2º, §2º; art. 8º, inciso XIV; art. 156, §3º; art. 157, §3º; art. 198, inciso IV; art. 269, inciso II; art. 278); plano aeroportuário metropolitano (art. 16, inciso VII; art. 83, inciso X; art. 84, inciso XIX); plano municipal de turismo (art. 19, inciso XI); plano municipal de educação (art. 32, inciso II); plano municipal de saúde (art. 33, inciso VIII); plano municipal de assistência social (art. 36, inciso IV); plano municipal de cultura (art. 41, inciso I); plano de controle e redução de violência (art. 46, inciso III); plano diretor de drenagem (art. 69); plano diretor de resíduos sólidos (art. 72, incisos I e IV); planos de energia e iluminação pública (art. 75, inciso VII); planos de urbanização em ZEIS (art. 78, VIII; arts. 175 a 178);

normas específicas previstas merece um olhar cuidadoso, em especial as dificuldades trazidas pela aprovação da lei de uso e ocupação do solo e planos regionais.

Geralmente, pela própria natureza jurídica das regras de planejamento territorial,[631] os planos diretores estabelecem a necessidade de regulamentação posterior para realização de suas previsões. A sua extensão, os efeitos do não cumprimento e a incerteza gerada por essas características da regulação urbanística podem ser apontadas como uma das razões das muitas expectativas frustradas sobre os efeitos do plano diretor na cidade.

Para além de previsões genéricas sobre a necessidade de aprovação de uma série de leis específicas, há diversos dispositivos que criam regras para elaboração das regras futuras, tais como prazos para envio para Câmara Municipal, conteúdo do projeto de lei e amplos poderes para alterar o plano diretor.

Note-se que as leis específicas muitas vezes não são sequer enviadas pelo Poder Executivo, não são aprovadas na Câmara de Vereadores ou, então, entram em vigor somente no final do período de vigência do plano diretor. É o caso, por exemplo, dos instrumentos de parcelamento, utilização e edificação compulsórios, cuja lei específica foi aprovada somente em 2010[632] e as notificações dos proprietários dos imóveis não utilizados, subutilizados e não edificados realizadas somente em 2014, último ano de vigência do plano diretor.[633]

Mais do que isso, a previsão de leis específicas para aplicação dos instrumentos urbanísticos posterga para momento posterior parte dos conflitos envolvidos na regulação da propriedade imobiliária e da política urbana da cidade.

Trata-se na verdade de tendência prevista desde a Constituição de 1988 que, após uma série de negociações travadas durante a Assembleia Nacional Constituinte, determina que para desapropriar imóvel que não cumpre a sua função social é necessária a aprovação de lei federal, do plano diretor e lei municipal específica. A tripla exigência é aprofundada pelo Estatuto da Cidade, que prevê a necessidade de delimitação das áreas

plano de gestão de áreas públicas (art. 85, inciso II; art. 87, inciso II); plano de recuperação ambiental de cursos d'água e fundos de vale (art. 101, §1º; art. 270, inciso IX).

631 Sobre o tema, consultar o capítulo 2 da obra.

632 Lei Municipal nº 15.234/10 e o Decreto Municipal nº 51.970/10.

633 INSTITUTO DE PESQUISA ECONÔMICA APLICADA — IPEA. *Parcelamento, edificação ou utilização compulsórios e IPTU progressivo no tempo*: regulação e aplicação. Brasília: Ministério da Justiça, Secretaria de Assuntos Legislativos, 2015. (Série pensando o Direito, v. 56).

de aplicação de praticamente todos os instrumentos urbanísticos e, em grande parte deles, a necessidade de aprovação de lei específica posterior.

Tal estrutura normativa potencializa as tensões observadas ao longo do processo de implementação do plano diretor. Os conflitos — envolvendo ZEIS em áreas de operações urbanas, as Áreas de Intervenção Urbanística, o EIV, o direito de preempção, entre outros instrumentos urbanísticos não aplicados — devem-se, em alguma medida, ao perfil jurídico do plano diretor, considerado, em muitos casos, de baixa densidade normativa.[634]

Sobre a necessidade de regulamentação ou aprovação de leis específicas posteriores e a implementação do plano diretor, vale trazer algumas impressões dos entrevistados:

> Preempção ficou pendente. Precisava ter uma lei específica. Os planos diretores regionais identificaram os imóveis, mas *precisava ter uma lei específica para regulamentar*. Porque o plano diretor de 2002 não detalhou isso (Entrevista 1, prefeitura, grifo nosso).
>
> EIV [Estudo de Impacto de Vizinhança]. Existe um decreto assinado antes do Estatuto. (...). Até hoje esse decreto está vigente. *O Estatuto prevê uma lei municipal específica para o EIV. Existe um projeto de lei na Câmara.* Mas assim como São Paulo não tem ainda essa lei muitos Municípios também não (Entrevista 9, mercado imobiliário, grifo nosso).
>
> A PEUC [Parcelamento, Edificação e Utilização Compulsórios], *a lei específica que regulamentou é só de 2010. Não tinha legislação mesmo*. A novidade do plano diretor, dois anos depois, a lei de uso e ocupação do solo, até as pessoas se informarem do que estava em vigor, desviou a atenção e acabou não sendo aplicado (Entrevista 4, prefeitura, grifo nosso).
>
> *O principal problema da lei é a falta de regulamentação. Falta o Executivo trazer as leis complementares exigidas.* O plano diretor falava que tinha que ter uma lei para cumprimento da função social da propriedade. Só foi elaborada em 2011. Com o [nome de vereador(a)]. *E daí ele faz uma lei não aplicável. Essa é outra questão. Daí você tem um gap. Porque há uma coisa tão importante que é a função social da propriedade, mas eu nem mencionei como avanço aqui porque só foi regulamentada nove anos depois e de maneira não aplicável.* Porque a lei dizia que um órgão começa, o outro recebe, outro analisa(...) Nunca vai funcionar. Foi feito para não funcionar. Um bom discurso, mas na prática não ia funcionar (Entrevista 6, prefeitura, grifo nosso).
>
> *AIUS* não funcionaram pela forma que foram propostas no plano. *Não foram espacializadas.* Ela é verbal. Uma faixa de x metros ao longo do

634 Tais entraves foram identificados já na minha dissertação de mestrado, *Planos diretores no Brasil:* um estudo de caso (2010).

> parque linear. Uma vez tendo parque linear, aplicaria. Era uma descrição na letra da lei que não era em mapa, não era territorial. Então não tinha operacionalidade nenhuma ali. Previa também a cobrança de outorga onerosa. Não tinha como. *Ou tinha que ser regulamentado posteriormente, inclusive com detalhamento territorial* (Entrevista 1, prefeitura, grifo nosso).
> As áreas de intervenção urbanística e as operações urbanas consorciadas, enquanto *não tem lei específica,* o que vale é o zoneamento normal (Entrevista 5, prefeitura, grifo nosso).

Para além da aplicação dos instrumentos urbanísticos, o plano diretor criou regras que permitiam alterar no futuro os pactos originais em torno do direito de construir via leis específicas. Seja pela criação de espaços de exceção, como operações urbanas e áreas de intervenção urbanística, seja pelas possibilidades de anistia,[635] seja pelo escopo e extensão da lei de uso, ocupação e parcelamento do solo e planos regionais.

A regulamentação por lei específica dos parâmetros de uso, ocupação e parcelamento do solo urbano envolveu a criação de uma engrenagem jurídica, que permitiu, por um lado, o aprofundamento do diálogo participativo com os moradores da cidade, rumo à ampliação da legitimidade democrática da regulação urbanística, mas, por outro, criou um verdadeiro labirinto, caracterizado pelo vaivém de regras e consequentes dificuldades de aplicação do plano diretor pelo poder público.

Com efeito, o plano diretor determinou que a legislação de uso e ocupação do solo e os planos regionais poderiam estabelecer regras sobre uso e atividades, gabarito, parcelamento do solo, circulação viária, parâmetros de incomodidade, áreas *non edificandi,* permeabilidade do solo, entre outros parâmetros urbanísticos importantes. A futura legislação poderia inclusive alterar os coeficientes de aproveitamento mínimo e máximo estabelecidos pelo plano diretor, incluir novas áreas para aplicação dos instrumentos do Estatuto da Cidade, eleger prioridades orçamentárias das subprefeituras, além de instituir novas exceções à legislação urbanística ao delimitar áreas para fins especiais com parâmetros de uso e ocupação diferenciados[636].

No caso de São Paulo, o processo de discussão das normas de uso, ocupação e parcelamento do solo urbano durou no total mais de três anos e alterou regras do plano diretor. A revisão do plano diretor

---

[635] Logo depois de aprovado o plano diretor, foi aprovada uma lei específica que autorizava a anista de edificações irregulares via pagamento de outorga onerosa (Lei Municipal nº 13.558/03).

[636] Art. 300, §1º e art. 277; Lei Municipal nº 13.430/02.

inicia-se já em 2005, logo após a promulgação da Lei Municipal nº 13.885/04 e, após intensos conflitos, é interrompida[637].

O plano diretor autoriza mudanças legislativas posteriores na definição e aplicação da função social da propriedade urbana. Tal engrenagem regulatória é identificada nas entrevistas como um entrave no processo de implementação:

> No fundo é o seguinte: o processo de negociação política do plano diretor é cruel. Eu vivi. *Ele joga para frente o conflito* (Entrevista 6, prefeitura, grifo nosso).
>
> É difícil falar em implementação nesse período. *O plano foi aprovado em 2002. E praticamente 2003 e 2004 era mais apagar incêndio e discutir outros assuntos laterais à questão do urbanismo do que propriamente a implementação daquele plano.* Talvez isso seja meio frustrante, mas na administração eu não tive muita experiência com o plano que tinha acabado de ser aprovado (Entrevista 7, prefeitura, grifo nosso).
>
> Esse foi o maior gargalo na época. A falta de percepção da equipe do [Secretário(a) de Planejamento] na época é que eles tinham que trazer as coisas para prática com agilidade. *Eles ficaram tão absortos pelo zoneamento e planos regionais e daí acabou a gestão.* Então esse aí é o maior entrave (Entrevista 6, prefeitura, grifo nosso).
>
> O plano diretor de 2002 tinha aqueles prazos(...) de quatro anos para efetivar as ações estratégicas. Um planejamento engrenado. Um ano para a revisão da lei de uso e ocupação do solo. *Mas isso acaba fugindo um pouco ao controle. A lei de zoneamento não saiu no prazo previsto pelo PDE* (Entrevista 4, prefeitura, grifo nosso).

Há ainda que se reconhecer que a legislação de uso e ocupação do solo aprovada em 2004, embora tenha aprofundado de maneira significativa o diálogo democrático com os moradores de todos os bairros da cidade, instituiu um ambiente regulatório confuso. Os limites e extensão dos poderes das subprefeituras na definição do uso e ocupação do solo das diversas regiões causaram prejuízos também na coerência e clareza das regras urbanísticas do território da cidade conforme notado em muitas das entrevistas realizadas:

> A base territorial do zoneamento de 2004 eram os planos regionais. Que era muito confusa. Muito caótica. Cada plano diretor regional abrangia uma subprefeitura. *E quando foram feitos esses mapas do zoneamento, foi feito pelas subprefeituras e cada subprefeitura trabalhou de um jeito, com uma*

---

637 Sobre os conflitos ocorridos durante a revisão intermediária do plano diretor, *vide* item 4.1 da obra.

> *equipe*. Depois, a unificação, que era responsabilidade da SEMPLA, não foi bem-feita (Entrevista 1, prefeitura, grifo nosso).
>
> *O zoneamento não dialogou com as macroáreas* que, em tese, serviriam para dar alguma homogeneidade territorial, para dar diretrizes mais homogêneas (Entrevista 6, prefeitura, grifo nosso).
>
> Tem teses e dissertações mostrando que *nos limites entre subprefeituras, uma subprefeitura propunha um parque linear ao longo da avenida, e a outra propunha uma verticalização* (Entrevista 1, prefeitura, grifo nosso).
>
> E tem assim(...) muita confusão. A gente viu algumas. Eu vi algumas. *A lei de 2004 era muito confusa e tinha problemas*. Tinham efeitos na geração de ilegalidades do comércio principalmente. Daí eles não conseguiam aprovar o comércio e iam instalando nas periferias de maneira totalmente irregular. Tinha aquele problema do estoque construtivo, da hierarquização viária com base de implantação de atividades e equipamentos. Isso inviabilizava a implantação de creche em bairros da periferia. Tem uma série de problemas na lei de zoneamento de 2004, que precisou ser muito trabalhado (Entrevista 1, prefeitura, grifo nosso).

Além da falta de diálogo dos planos regionais entre si, foi apontado como gargalo jurídico-institucional na implementação do plano a possibilidade de alteração do próprio plano diretor promovida pela lei de uso e ocupação do solo e planos regionais, que acabaram estabelecendo novos perímetros e regras de zoneamento, gerando uma série de dificuldades na aplicação das regras urbanísticas:

> Centralidades de bairro propostas pelos planos diretores regionais avançaram pouquíssimo. Até porque ficaram a cargo das subprefeituras. E a lógica. *Os planos regionais detalham o plano e contradizem o plano*. Com verdadeiras aberrações, em minha opinião. Na época eu já achava ruim e com o tempo fui achando cada vez pior. Eu acho que tinha muito de um proselitismo de participação. Não uma participação efetiva (...) teve participação do movimento popular? Teve! Conseguiram inserir ZEIS? Sim. Mas você poderia ter isso sem abrir tanto outras discussões. *Foi um aprendizado que gente trouxe de 2002 e fez diferente em 2014* (Entrevista 6, prefeitura, grifo nosso).
>
> A lógica dos planos regionais era detalhar o plano diretor no território. Você revê o zoneamento. Cria ZEIS. Tem os mapas especiais. *A lei 2004 altera o plano. Porque podia alterar*. Mas foi de um jeito ruim. Uma visão segmentada de cidade. Então você tem uma mesma avenida, que de um lado pode prédio e de outro não. Porque era de uma subprefeitura diferente (Entrevista 6, prefeitura, grifo nosso).
>
> *Parelheiros, por exemplo, criou zoneamento novo*, como, por exemplo, *aquela Zona de Desenvolvimento Sustentável*. Invenção deles (Entrevista 1, prefeitura, grifo nosso).

A ausência de hierarquia entre plano diretor e lei de uso e ocupação do solo — que seria enfrentada muitos anos depois pelo Supremo Tribunal Federal (2015)[638] — gerou uma série de dificuldades de aplicação do plano diretor.

Em face de eventuais contradições entre normas de mesma hierarquia, tal como no caso do plano diretor e da lei de uso e ocupação do solo e planos regionais, há diversas interpretações possíveis para a solução da antinomia jurídica. O(a) representante do mercado imobiliário, durante sua entrevista, criticou o entendimento de parte dos integrantes da prefeitura e do sistema de justiça, que adotariam, muitas vezes, o entendimento de que diante da contradição, valeria a norma mais restritiva, em função da necessidade de proteção do meio ambiente:

> No plano anterior, você tinha a lei geral e os planos regionais. Eles se contrapunham. Existia a Zona Mista, coeficiente básico 1, máximo 2,5. Você ia lá no plano regional do Butantã, por exemplo, e era diferente a Zona Mista. O plano não explicitava o que valia. Se o geral ou o específico. Daí começa a insegurança jurídica. Aí vale o quê? *Falam do mais restritivo. Mas qual a lógica do plano? Se o plano quer que seja adensado, não faz sentido ser mais restritivo no regional.* Complicado isso (Entrevista 9, mercado imobiliário, grifo nosso).

A crítica do setor privado reverbera nos debates entre a doutrina jurídica ambiental e urbanística. A solução dos conflitos normativos de aplicar a norma mais restritiva, em geral, advém de entendimento que busca transplantar de maneira automática um princípio do direito ambiental para a interpretação das normas urbanísticas sem dialogar com os princípios e diretrizes gerais da política urbana previstas no Estatuto da Cidade. Restringir a ocupação em área dotada de infraestrutura e pouco adensada em cidades de grande porte com graves problemas de mobilidade urbana é assunto polêmico e controverso. A hierarquia do plano diretor em relação às leis específicas parece um caminho mais frutífero para solução desse tipo de conflito normativo.

A lei de uso e ocupação do solo e os planos regionais não somente complementaram o plano diretor, mas alteraram seus dispositivos. No caso das ZEIS, por exemplo, ampliou-se de maneira expressiva os perímetros delimitados.[639] A criação de novas Zonas Especiais ou

---

[638] STF, RE nº 607.940/DF, relator: Teori Savascki, julgamento em 29 de outubro de 2015.

[639] Sobre o tema, *vide* item 4.1 da obra.

alteração das existentes por lei específica foi autorizada expressamente pelo plano diretor.[640]

Os amplos poderes conferidos às leis específicas geraram sobreposições também entre as determinações dos planos diretores, planos regionais e leis específicas das operações urbanas. No caso das ZEIS 3, por exemplo, foi identificada uma série de sobreposições com as Zonas Especiais de Preservação Cultural (ZEPEC) durante o processo de implementação do plano diretor.[641]

Por fim, ainda sobre as contradições entre o plano diretor e o zoneamento da cidade, um conflito comum identificado relaciona-se com os anexos do plano diretor e lei de uso e ocupação do solo, em especial com os mapas e as descrições dos perímetros das zonas, cujos efeitos jurídicos geralmente são negligenciados pelos estudos do campo, tal como identificados pelos (as) entrevistados (as):

> *2014 não tem perímetro. Somente mapa.* E foi uma guerra com a Câmara de Vereadores. Por quê? Porque a emenda de plenário muda o texto e não o mapa. O mapa de 2002 era ruim. *Descrição de perímetro você altera no processo legislativo* (Entrevista 6, prefeitura, grifo nosso).
>
> *Começamos a adotar critérios. Na dúvida prevalece o texto. O mapa era muito impreciso.* 2004 não tinha técnico capacitado para usar mapa, mas falar que não tinha tecnologia na época??? A gente fazia tudo em georreferenciamento. A prefeitura não tinha isso? Talvez tivesse uma falta de capacidade dos técnicos. E coisas malfeitas. Muitas mudanças em cima da hora, sem clareza de fluxo de processo. E aí mudei aqui, mas não avisei lá. Mudei no texto, mas não avisei o cara do mapa. Daí começou a ter um monte de problema. Corre, corre, corre(...) tem que aprovar(...) (Entrevista 6, prefeitura, grifo nosso).
>
> O plano diretor já tinha tecnologia para trabalhar sem o descritivo de área. O plano tem o mapa pintado e na lei a descrição. *Qualquer incompatibilidade da descrição dos perímetros e com os mapas, e era comum, ia para CTLU.* Tinha que falar o que era (Entrevista 6, prefeitura, grifo nosso).
>
> Na época, existia um problema *de imprecisão gráfica na lei.* Em 2002, 2004. A Lei 13.885/04, ela tinha imprecisões. Foi feita com base no Geolog — acho que é esse o nome do sistema — que é algo impreciso cartograficamente. Uma série de problemas foram gerados. A lei optou

---

[640] Art. 167, §2º, Lei Municipal nº 13.430/02.

[641] GATTI, Simone. *Entre a permanência e o deslocamento*: ZEIS-3 como ferramenta de manutenção da população de baixa renda em áreas centrais. O caso da ZEIS-3 inserida no perímetro do Nova Luz. Tese (Doutorado) — Faculdade de Arquitetura e Urbanismo, Universidade de São Paulo, São Paulo, 2015. p. 44; CALDAS, Nisimar Martinez Pérez. *Os novos instrumentos da política urbana: alcance e limitações das ZEIS.* Tese (Doutorado) — Faculdade de Arquitetura e Urbanismo, Universidade de São Paulo, São Paulo, 2009. p. 108.

> por divisão de quadras em lotes. Não era mais somente quadra como na legislação anterior. A lei de zoneamento anterior era quadra. Tinha umas exceções para corredor, mas que eram muito claras. Era até 40 metros e resolvia(...)A lei de 2004 partiu para uma linha de dividir a quadra em lote. Só que daí para você dividir a quadra em lote, quais lotes ficam para cá, quais lotes ficam para lá? A mesma quadra poderia ter, dois zoneamentos, duas zonas de uso (Entrevista 5, prefeitura, grifo nosso). Hoje em dia, se você quiser fazer pela base do Mapa Digital da Cidade que foi feito como base da lei atual(...) O MDC foi a base cartográfica que ficou disponível no final de 2004, que acabou sendo fornecida para utilização interna depois de 2005. E o Mapa Digital é uma coisa excelente. Tem um levantamento aerofotogramétrico de qualidade, preciso. Uma coisa com a qual dá para trabalhar. *E quando fizeram a revisão do plano diretor e da lei de uso e ocupação do solo agora com o governo [Fernando] Haddad, eles utilizaram a base do mapa digital. Daí desenha como quiser. Eles fizeram uma redação — e eu insisti nesse texto, como tinha que ser feito — que tinha que dizer o que vale é o mapa. Tem um mapa, vetorizado, que é um elemento técnico de qualidade. Então, a gente pode colocar na lei que é assim. E acaba com aquele negócio de vale o mapa, vale o quadro, vale o escrito. Então(...) isso aí era a CTLU(...)* (Entrevista 5, prefeitura, grifo nosso).

Para enfrentar as dificuldades de operacionalizar o plano diretor, a Câmara Técnica de Legislação Urbanística assume um papel central e o Ministério Público passa acompanhar presencialmente suas reuniões:

> *A CTLU em si justificaria uma tese de doutorado* (...). Eu era representante da Secretaria lá. *Entender a natureza do trabalho que é feito lá. Os limites da discricionariedade técnica. Como que aquilo se enquadra no Estado de Direito, na separação dos poderes(...) E, ao mesmo tempo, é o que operacionalmente faz andar. Porque precisa andar.* Para fazer enquadramento de atividade, por exemplo. Tem uma atividade que não existia até o mês passado. Ela existe. E aí? Como é você vai fazer? (Entrevista 5, prefeitura, grifo nosso). Do ponto de vista da insegurança. *Dos conflitos que a lei trazia. O PDR [Plano Diretor Regional] fala uma coisa e o PDE fala outra. Essa insegurança gerava toda a sorte de infortúnios.* Isso é muito comum. *E acabava tudo na CTLU. Quando eu cheguei na CTLU os(as) [nome de organizações da sociedade civil] não queriam mais participar porque estavam todos sendo acionados pelo Ministério Público e diziam que não estavam ali para isso.* E eu fui conversar com o Ministério Público. Dr.(a) [nome do promotor(a)]! Ele(a) foi um(a) parceiro(a). Muita desconfiança no começo. Queriam estabelecer uma lógica de parlamento. De comissão de Câmara. Distribuir entre os integrantes, para fazerem os pareceres. Mas eu dizia. O pessoal não trabalha para a prefeitura. Está ali de graça. Não vai ficar fazendo parecer. Complexo. *Com muita responsabilidade.* (...). *O Ministério Público não participava, daí começou a acompanhar* (Entrevista 6, prefeitura, grifo nosso).

> E é um lugar de decisão a CTLU. Toma decisão colegiada. *E o mais importante é você ter os elementos técnicos para tomar a decisão. Ele decide na hora o zoneamento de áreas da cidade. O Conselho não decidia nada.* Grupo de amigos. Durante a revisão do plano teve três apresentações. Eu lia as atas (Entrevista 6, prefeitura, grifo nosso).
> A Lei de 2004 foi aprovada na calada da noite com emendas de plenário. O que leva a um processo tenso. Você tem vetos(...) Vila Mariana, por exemplo, vetos de vários quarteirões. *Você tem um zoneamento vetado. Uma área sem zoneamento. Que era pra CTLU definir* (Entrevista 6, prefeitura, grifo nosso).

A superioridade do plano diretor em relação às demais leis específicas foi garantida posteriormente pelo Supremo Tribunal Federal que proferiu decisão de repercussão geral em 2015 e consolidou o entendimento de que o plano deve ser considerado hierarquicamente superior, sendo certo que as leis municipais específicas de ordenamento do território devem obedecer às regras por ele estabelecidas.[642] A necessidade de o plano diretor consolidar todas as regras de uso, ocupação e parcelamento do solo urbano foi estabelecida também posteriormente pela Resolução nº 34/05 do Conselho Nacional das Cidades.

De qualquer maneira, a busca por uma suposta autoaplicabilidade não é simples. Se de um lado, pretende-se reduzir a complexidade da legislação e tornar o texto mais compreensível a todos, de outro, a Constituição Federal e o próprio Estatuto da Cidade preveem uma série de leis específicas como condição de aplicação dos instrumentos da política urbana.

Conforme se observou no caso de São Paulo, as regras sobre a elaboração de leis específicas posteriores previstas no plano diretor criaram um labirinto regulatório. A legislação aprovada durante o processo de implementação do plano diretor alterou suas determinações e criou muitas dificuldades de aplicação, com sobreposição de regras, mapas e perímetros; omissão no envio dos projetos de lei pelo Poder Executivo, não aprovação pela Câmara Municipal de São Paulo de projetos de lei enviados ou aprovação tardia de determinadas leis específicas. A incerteza dos limites formais — relacionados ao processo de elaboração dessas leis específicas (prazo para elaboração, extensão do processo participativo etc.) — e materiais — relacionados aos temas tratados e extensão de suas determinações — acabou aprofundando conflitos políticos e judiciais.

---

642 STF, RE nº 607.940/DF, relator: Teori Savascki, julgamento em 29 de outubro de 2015.

4.2.2.4 As regras de competências legislativas e materiais no âmbito do planejamento territorial

A Constituição Federal de 1988 cria também regras secundárias ao definir a distribuição de competências dos entes federativos no âmbito do planejamento do território. O texto constitucional busca equilibrar competências legislativas e materiais, definindo as atividades privativas, exclusivas, concorrentes, suplementares e comuns[643] da União Federal, Estados e Municípios. As características do sistema federativo brasileiro delineiam a atuação regulatória do poder público sobre o ordenamento territorial e sobre as possibilidades e limites na implementação da política urbana.

Trata-se de uma gama de regras que delimitam competências não somente no âmbito do planejamento territorial urbano,[644] mas também para as políticas ambientais, agrárias e de proteção ao patrimônio histórico e cultural.[645] O plano diretor, ao promover o planejamento territorial, regula as áreas urbanas, de expansão urbana e rurais, incidindo também sobre as terras indígenas, as áreas protegidas ambientalmente e os imóveis de interesse histórico e cultural. Determina, ainda, os limites e possibilidade de atuação no *âmbito das políticas setoriais, incluindo não somente a habitação, saneamento e transporte, mas também o acesso aos recursos hídricos, a proteção da flora, fauna e dos recursos naturais, entre outros.*

O desenho federativo estabelecido no texto constitucional, porém, criou gargalos jurídico-institucionais. A análise da implementação do plano diretor de São Paulo revelou que muitos dos entraves na concretização das normas de planejamento territorial relacionam-se justamente com sobreposições de normas em um mesmo território e dificuldades de coordenação federativa no âmbito das competências materiais e legislativas. Pode-se afirmar que os arranjos institucionais do planejamento territorial no Brasil apontam para maior autonomia municipal no que se refere ao planejamento e regulação do uso e ocupação do solo urbano.[646]

---

643 *Vide* em detalhe capítulo 2 e tabela integrante do apêndice A.

644 Sobre este item, *vide* capítulo 2.

645 Para um panorama geral da distribuição de competências estabelecidas pela Constituição Federal e que influenciam a implementação dos planos diretores municipais, vale conferir a tabela integrante do apêndice A.

646 Sobre os novos arranjos institucionais no planejamento territorial trazidos pela Constituição Federal de 1988 e o maior grau de *self rule* do Município no âmbito do uso e ocupação do solo, *vide* capítulo 2.

O primeiro deles tem a ver com os dilemas existentes na delimitação do papel do Município na regulação do uso do solo rural e a implementação de programas de apoio à produção agrícola e segurança alimentar nas cidades.[647]

Como se sabe, o Estatuto da Cidade prevê que o plano diretor deve englobar o território do Município como um todo,[648] garantindo a integração e complementariedade entre as atividades urbanas e rurais.[649] Paralelamente, legislar privativamente sobre o direito agrário[650] *é competência da União.*

O plano diretor de 2002 extinguiu a zona rural prevista no zoneamento anterior e criou uma Macrozona de Proteção Ambiental, o que gerou uma série de dificuldades aos produtores agrícolas situados na zona sul da cidade:

> O plano diretor vinha com isso de criar, trabalhar com as subprefeituras e de começar a construir os planos diretores regionais, considerando que *a cidade de São Paulo, são várias cidades.* E tive oportunidade de trabalhar com duas subprefeituras — Parelheiros e Capela do Socorro — que juntas totalizam quase 1/3 em área do território municipal. *Parelheiros é bem diversa: tem urbano, tem rural, tem índio, tem cratera, tem mananciais* (Entrevista 3, organização da sociedade civil, grifos nossos).
> Então com relação às áreas de mananciais há um segundo problema que eu gostaria de colocar. Porque o plano diretor de 2002 extinguiu as áreas rurais. Mas isso foi deliberado. Porque eles queriam converter a cobrança de ITR em IPTU. Teve um grupo de trabalho na Secretaria de Finanças para aprovar uma legislação. Mas eles perceberam mil problemas nessa conversão. Arrecadava pouco, valores irrisórios para o Município. Eles queriam cobrar mais. *Mas isso gerou muitos problemas para os produtores da zona sul. Isso já está bem relatado. Eles precisam estar numa zona rural para obter a DAP, a declaração de produtor, para acessar o PRONAF* (Entrevista 1, prefeitura, grifo nosso).
> *Não faz sentido tirar a zona rural.* Tem produção rural em SP (Entrevista 6, prefeitura, grifo nosso).

Outro gargalo jurídico-institucional relacionado aos arranjos federativos brasileiros tem a ver com as interfaces entre a política urbana e ambiental e ao planejamento metropolitano e regional.

---

647 Sobre os dilemas da regulação do uso do solo rural pelos Municípios, *vide* Pinheiro e Santoro (2004).

648 Art. 40, §2º, Estatuto da Cidade.

649 Art. 2º, inciso VII, Estatuto da Cidade.

650 Art. 22, inciso I, Constituição Federal.

A Macrozona de Proteção Ambiental, por exemplo, que inclui grande parte do território municipal, foi delimitada expressamente em função da legislação estadual de proteção dos mananciais.[651] O plano diretor definiu também que os parâmetros de parcelamento, uso e ocupação do solo das ZEIS 4, inclusive, deveriam observar as determinações da legislação estadual.[652]

As leis estaduais de proteção de mananciais, por exemplo, foram revistas justamente durante o período de implementação do plano diretor de São Paulo.[653] Grande parte do território da cidade acaba sendo regulada pelo Estado de São Paulo, que define parâmetros de uso e ocupação bastante específicos, tais como coeficiente de aproveitamento máximo, índice de permeabilidade e lote mínimo.

Vale trazer as considerações de integrantes de organizações da sociedade civil sobre as sobreposições criadas pelo nosso modelo de pacto federativo, ao possibilitar que o licenciamento ambiental e a outorga de uso da água caibam ao Estado, e, paralelamente, admitir como competência do município a regulação do uso, ocupação e parcelamento do solo:

> No caso específico do plano diretor de São Paulo tem a questão de uma *sobreposição com a lei estadual de mananciais. Porque a lei de mananciais na década de 70 avança sobre o uso e ocupação do solo, que vai sendo consolidada como municipal depois da Constituição. Mas isso continua sob domínio do Estado, do ponto de vista do licenciamento ambiental*. Sem a fiscalização. Sem a articulação, sem gestão compartilhada do território. Dependendo do Município ou do tamanho dos empreendimentos. Quando foram criadas as leis específicas. A nova lei de mananciais teve uma intenção de diretrizes. Mas ela talvez até por falta de amadurecimento(...) Não teve isso de conseguir construir de fato a responsabilidade compartilhada desses territórios que são de produção de água. A nova lei de mananciais é mais permissiva. Traz a recuperação e não só a prevenção da ocupação e ela cria esses instrumentos das leis especificas. Que, por sua vez, *o formato de lei específica, é um formato que nasce no início dos anos 2000* (Entrevista 3, organização da sociedade civil, grifos nossos).
>
> Mas o modelo, ele surge como(...) Na década de 1980 a Guarapiranga tem um grande *boom* de algas, e aí se desdobra para década de 1990, na mesma década da lei de concessões, Sabesp começa a virar empresa

[651] Art. 150, §1º, §2º, Lei Municipal nº 13.430/02.

[652] Art. 172, Lei Municipal nº 13.430/02.

[653] Durante o período foram instituídas a Lei Estadual nº 12.233/06, que regulamentou a área de proteção e recuperação dos mananciais da Bacia Hidrográfica da Guarapiranga, e a Lei Estadual nº 13.579/09, que regulamentou a área de proteção e recuperação dos mananciais da Bacia Hidrográfica da Billings.

> mista, tem os programas do Banco Mundial para saneamento e como condicionantes desses investimentos alguns marcos regulatórios. *Nesse modelo que o Estado está passando o limite do Município de uso e ocupação do solo. (...) É um modelo de pacto federativo que ainda tem muita sobreposição, muita aresta* (Entrevista 3, organização da sociedade civil, grifo nosso).
> Deveria compartilhar também a autorização para o uso da água. *A Constituição diz dominialidade dos rios é dos Estados e da União. Acaba com a dominialidade municipal.* A Política Nacional de Recursos Hídricos cria bacia hidrográfica como unidade e não o rio. (...). Daí tem sobreposição de comitês [federais em um trecho do rio, estaduais em outros]. O Sistema de Recursos Hídricos tem instrumentos e atores. A questão da dominialidade bota os Municípios sem protagonismo. A dominialidade define quem dá a outorga. É o instrumento de quem pode usar a água naquela bacia. Na medida que o Município não é emissor da outorga (Entrevista 3, organização da sociedade civil).
> *Não tem gestão compartilhada de saneamento. Há praticamente a hegemonia da Sabesp.* Ela agora conseguiu Guarulhos. Muito pouco discutido com os Municípios as prioridades, *apesar da Lei de Saneamento dizer que o Município é o titular* (Entrevista 3, organização da sociedade civil, grifos nossos).
> *Teve a revisão das leis específicas dos mananciais.* Coordenamos um processo que foi um desdobramento dos planos regionais. Foi articulado com o subcomitê de Bacias. Foram mais de duzentas pessoas imersas no solo sagrado lá de Parelheiros. Isso gerou um plano de ação da Guarapiranga (Entrevista 3, organização da sociedade civil, grifo nosso).

Depois da elaboração dos planos regionais em 2004, os integrantes da Prefeitura de São Paulo participaram da elaboração das leis estaduais dos mananciais via comitê de bacias. A legislação estadual, porém, acaba por detalhar parâmetros urbanísticos já delimitados pelas leis municipais, tais como coeficiente de aproveitamento máximo, lote mínimo, taxa de permeabilidade, entre outros, conforme relatado nas entrevistas:

> A Lei específica da Guarapiranga ela avançou em um formato. 2002 e 2003 rolam os planos regionais. A primeira lei específica resultante do Programa Guarapiranga que tem uma meta que é muito mais reduzir a poluição do que controlar o uso e ocupação do território. Nessa lei específica, teve um papel da Prefeitura de São Paulo (...) que eram *as pessoas que estavam no front nos Comitês de Bacias. E elas eram da área de habitação.* Vieram muito com aquilo(...) Além do modelo de correlação de carga e fossa, vamos entrar com os coeficientes urbanísticos também. Daí começou a entrar na lei específica essa relação do uso do solo com a qualidade da água com um modelo matemático (Entrevista 3, organização da sociedade civil, grifo nosso).
> Daí começa entrar de novo no cálculo dos índices e *chega em um detalhamento de índices urbanísticos que é prerrogativa municipal e não lei estadual.*

> Acho que a lei específica, agora olhando em perspectiva. As leis específicas foram em sentido contrário. *Não construíram capacidade municipal, criou duplicação, porque o que está nas leis especificas não necessariamente estão no plano diretor* (Entrevista 3, organização da sociedade civil, grifo nosso).
>
> Para olhar esse território de mananciais não tem gestão compartilhada. *A leis estaduais de mananciais e de recursos hídricos vieram com essa tentativa. Esse avanço que se deu em pensar as leis específicas. Mas as leis específicas ingerindo em algo que é exclusivo dos Municípios que é a lei de uso e ocupação do solo é talvez aí que a gente desgovernou de vez* (Entrevista 3, organização da sociedade civil, grifo nosso).
>
> A *Lei de Mananciais prevê vários parâmetros urbanísticos* porque vários Municípios da Região Metropolitana não tinham regulação urbanística. Daí você faz algo para segurar (Entrevista 6, prefeitura, grifo nosso).
>
> [Sobre os mananciais] As leis estaduais falam que as leis municipais serão aplicáveis se forem mais restritivas. E tem subprefeitura com leis mais restritivas. *Já existiam os comitês gestores de bacias e as prefeituras geralmente participam,* não é minha especialidade. Mas geralmente as ocupações de mananciais são feitas na informalidade (Entrevista 4, prefeitura, grifo nosso).
>
> Levam em consideração os parâmetros, mas mudam as ZEIS no Município e não mudam as leis estaduais específicas. A Lei de Mananciais, no caso do Município de São Paulo, as leis estaduais seguem, mas e os outros? E o de Itapecerica? Embu? Tinha uma questão das bordas, que tinha que equalizar. Quando a lei específica avança sobre esses parâmetros(...) Os Subcomitês funcionavam como arenas de resoluções desses conflitos. (...) E fica um imbróglio jurídico (Entrevista 3, organização da sociedade civil).

Outra dificuldade na implementação do plano diretor de São Paulo, que tem como origem o próprio pacto federativo brasileiro, diz respeito às unidades de conservação estaduais da cidade, que possuem seus próprios planos de manejo, com regras específicas de uso e ocupação do solo. Como exemplo de unidades de conservação estadual na cidade de São Paulo, tem-se o Parque Estadual da Cantareira, Parque Estadual do Jaraguá, APA Parque e Fazenda do Carmo, entre outras:

> Mas tem um problema regulatório lá também. *O pessoal da Secretaria do Verde ficava meio sem saber o que fazer para agir nessa área de franja.* Não só na Zona Sul, mas também na Zona Norte, ali na Serra da Cantareira, na Zona Leste no entorno da Cidade Tiradentes. *Isso foi um problema de formulação, de construção jurídica, que gerou uma série de problemas na implementação* (Entrevista 1, prefeitura, grifo nosso).

Por fim, outra dimensão do pacto federativo que influenciou de maneira direta a implementação do plano diretor na cidade foram as interfaces do planejamento territorial municipal e os programas federais e estaduais.

O Programa Minha Casa Minha Vida, por exemplo, criado em 2009 pelo governo federal, define em grande parte as possibilidades de implementação das ZEIS, especialmente no que se refere aos objetivos relacionados à construção de novas unidades habitacionais. É o que se observa nas entrevistas realizadas.

O representante do mercado imobiliário relata em detalhe o papel do SECOVI na formulação do programa, o impacto de sua criação na produção habitacional do período na cidade e as interfaces das ZEIS com os programas de subsídio direto para população:

> *O Programa Minha Casa Minha Vida foi estruturado dentro do SECOVI.* O [Luís Inácio Lula da Silva] Lula disse ao mercado que queria. O mercado se reuniu no SECOVI e começou assim a estruturar o programa (Entrevista 9, mercado imobiliário, grifo nosso).
>
> Você veja, o *Minha Casa Minha Vida construiu 4 milhões de unidades. Quando coloca a iniciativa privada para construir, a coisa anda* (Entrevista 9, mercado imobiliário, grifo nosso).
>
> *Portanto esse modelo começou funcionar em 2009, 2010.* Começou a sair habitação de interesse social em São Paulo. Em ZEIS e fora de ZEIS também (Entrevista 9, mercado imobiliário, grifo nosso).

A influência dos programas federais, bem como das leis federais que regulam o mercado imobiliário no planejamento territorial da cidade, também foi destacada por integrantes da Prefeitura:

> Dificuldade de isolar as variáveis e estabelecer a relação de causalidade daquilo que acontece na cidade e o que estava previsto no plano diretor. O crédito tem às vezes um papel mais importante que a própria regra urbanística. *O Programa Minha Casa Minha Vida tem um impacto na política habitacional na cidade que é muito mais importante do que algumas regras indutoras do plano.* É muito difícil isolar as variáveis para avaliar a implementação do plano diretor. *Teve uma mudança no crédito que há muito tempo não se via no Brasil.* A Caixa Econômica Federal o que era no governo FHC e vira no governo Lula. Com a criação do Ministério das Cidades. A abertura do capital das empresas, criação dos fundos imobiliários, novas figuras(...) (Entrevista 7, prefeitura, grifo nosso).
>
> O plano diretor abriu oportunidades para que a cidade entrasse no circuito de captação de recursos para o mercado imobiliário. *Há uma reestruturação acontecendo no país e o plano diretor se abre para isso.* Não dá para dizer que é por causa do plano diretor, mas o plano diretor tem um papel para recepcionar esses investimentos. Via operações urbanas na Faria Lima e Água Espraiada (Entrevista 7, prefeitura, grifo nosso).

Outros programas e obras estaduais também foram destacados pelo material analisado como capazes de influenciar a execução das determinações do plano diretor, tais como o Rodoanel, o Programa Mananciais, entre outros.

A análise dos gargalos jurídico-institucionais — incluindo a complexidade da legislação e as regras secundárias — mostra que o direito se constitui como variável explicativa relevante para compreensão da efetividade dos planos diretores.

Os avanços e limites no processo de implementação do plano diretor revelaram que o direito desempenhou papeis contraditórios. De um lado, a nova legislação urbanística aprovada com o fim do regime militar impulsionou transformações profundas na gestão municipal; de outro, foi responsável pela criação de uma série de obstáculos para a concretização do direito à cidade e para as políticas urbanas voltadas à superação da segregação social e territorial.

Não se trata aqui de restringir a análise da implementação do plano diretor apenas aos problemas de concretização da legislação,[654] nem tampouco de ignorar os múltiplos fatores que levam à efetividade (ou não) do planejamento territorial. Trata-se, porém, de explorar os mecanismos jurídicos que trouxeram consequências sobre as capacidades do poder público de executar a política urbana.

Os avanços e limites no processo de implementação do plano diretor examinados neste capítulo evidenciam a importância de se aprofundar as reflexões sobre a natureza jurídica do planejamento territorial, com destaque para o perfil jurídico do plano diretor. Apontam, ainda, para o desafio permanente de se promover a simplificação da legislação urbanística[655] e, sobretudo, de se aprofundar o debate sobre qualidade e impacto da regulação urbanística brasileira.[656] Revela, por fim, a importância de se examinar a atuação das instituições que integram o sistema de justiça na implementação da política urbana, por exemplo, a Procuradoria Municipal, o Ministério Público, a Defensoria Pública e o próprio Poder Judiciário.

---

[654] Sobre a crítica aos estudos jurídicos que focam apenas nos problemas envolvidos na implementação das políticas públicas, *vide* Clune (1993).

[655] A simplificação da legislação urbanística é considerada diretriz geral do Estatuto da Cidade (art. 2º, XV).

[656] Sobre a avaliação legislativa e a relevância de se investigar a qualidade e impacto das normas jurídicas, incluindo os estudos tanto sobre o processo de elaboração como o de implementação da legislação, *vide* Haber (2011) e Paula (2016). Sobre a importância da Ciência da Legística ou Ciência da Legislação nas análises que privilegiam a perspectiva do direito e das políticas públicas, *vide* Bucci (2019).

CONSIDERAÇÕES FINAIS

Esta obra revela que o plano diretor, ferramenta central da política urbana, deixa as gavetas e prateleiras da prefeitura e é incorporado no dia a dia da gestão pública de forma complexa, em um processo permeado por avanços e retrocessos nos quais o direito desempenha papéis contraditórios.

Mostra ainda que, ao contrário da idéia de "plano-discurso", "plano-mito", "plano-mágico", composto por "meras declarações de princípios gerais" e "diretrizes genéricas" — tão criticado pelos estudos sobre planejamento do território —, as novas regras urbanísticas do país, ainda assim, trazem conquistas relevantes para a gestão territorial das cidades brasileiras.

O regime jurídico da propriedade urbana foi alterado após a promulgação da Constituição Federal de 1988 e a conexão estabelecida entre planejamento territorial e propriedade imobiliária no nível constitucional trouxe transformações cruciais para a política urbana no país. No lugar de uma reconfiguração radical, porém, as mudanças ocorreram paulatinamente. Novos arranjos institucionais da política urbana induziram transformações de forma incremental em meio às tensões, limites e contradições observadas no período.

A partir da promulgação da Constituição Federal de 1988 inaugura-se um novo regime da propriedade urbana, que impulsiona políticas públicas nas décadas seguintes. Desde as experiências municipais dos anos 1990, passando pela promulgação do Estatuto da Cidade, pela criação do Ministério das Cidades, pela aprovação das leis urbanísticas setoriais até o surgimento de uma nova geração de planos diretores municipais no país.

É sobre essa experiência no nível municipal que se volta a pesquisa empírica realizada. Tais inovações regulatórias no campo urbanístico foram observadas a partir de processos e dinâmicas reais ocorridos na gestão pública municipal após a aprovação do plano diretor de São Paulo de 2002 (Lei municipal nº 13.430/02).

A utilização do método do estudo de caso mostrou que conceitos abstratos, como a propriedade urbana e o planejamento territorial, podem ser investigados a partir da observação empírica. O estudo de caso do plano diretor paulistano permitiu compreender eventos contemporâneos e, sobretudo, analisar como se desenvolveu o processo de implementação da política urbana na realidade concreta.

Ademais, as múltiplas fontes de evidência permitiram estabelecer as interfaces entre direito e política urbana para além da visão estabelecida puramente pela doutrina jurídica. A análise dos documentos e processos administrativos da prefeitura, das notícias de jornal do período, das leis, decretos, projetos de lei e decisões judiciais revela as recentes transformações na política urbana e sobre o direito de propriedade. Destaque-se aqui as inúmeras possibilidades garantidas pela Lei de Acesso a Informações (Lei Federal nº 12.527/11), que possibilitou o acesso a dados fundamentais para a investigação realizada.

As entrevistas foram também uma frente importante da coleta de dados sobre o processo de implementação do plano diretor. A percepção dessas pessoas, baseada em suas experiências profissionais, foi utilizada em conjunto com as fontes documentais, permitindo, assim, a reconstrução de forma dinâmica da maneira pela qual o poder público buscou promover a implementação do plano diretor de 2002.

A pesquisa traça ainda um retrato do papel desempenhado pelo sistema de justiça na concretização da nova legislação urbanística na cidade de São Paulo. O levantamento jurisprudencial incluiu a análise de mais de 200 decisões judiciais e revelou o gradual reconhecimento dos atores estatais do sistema de justiça dos instrumentos trazidos pelo Estatuto da Cidade, tais como as ZEIS, a outorga onerosa do direito de construir e as operações urbanas, entre outros, bem como os principais gargalos jurídico-institucionais na implementação do plano diretor de 2002.

Foi possível perceber que as decisões do tribunal são capazes de influenciar — especialmente no caso das ações judiciais de efeitos *erga omnes*, como as ações diretas de inconstitucionalidade e ações civis públicas — a implementação da política urbana na cidade e determinar os efeitos que serão produzidos (ou não) pelo plano diretor. Como exemplo, pode-se citar a decisão que suspendeu a revisão intermediária do plano diretor ou, ainda, a que suspendeu a operação urbana consorciada Vila Sônia.

Os métodos de pesquisa empírica em direito possibilitaram sobretudo a realização de investigação voltada ao processo de implementação da política urbana. Este livro dialoga, assim, com o debate sobre a efetividade da legislação, investigando o espaço existente entre a norma jurídica aprovada e a sua concretização. Nesse sentido, o estudo da regulamentação e aplicação de normas urbanísticas em nível local revelou-se promissor, indicando possíveis caminhos para delimitar o papel do direito nos estudos de implementação em pesquisas futuras.

O estudo sobre o plano diretor de São Paulo foi elaborado a partir das regras formais por ele instituídas, bem como por aquelas promulgadas após sua aprovação. Esse tecido normativo se desdobrou em interpretações, práticas e estratégias executadas após a aprovação do plano por meio de outras leis específicas, decretos, portarias, pareceres técnicos e decisões judiciais.

Os resultados confirmam as mudanças institucionais ocorridas durante os anos 2000: novas regras para a construção do espaço urbano foram criadas e aplicadas pelo poder público em São Paulo, gerando efeitos cruciais sobre a propriedade urbana.

As mudanças foram graduais e podem ser classificadas como do tipo *layering*, tal como proposto por Mahoney e Thelen:[657] novas regras são instituídas, mas convivem com regras antigas. Apesar das sobreposições, as pequenas mudanças acumulam-se, levando a grandes transformações no longo prazo. No lugar de uma ruptura abrupta, novos elementos são introduzidos de forma sutil e as instituições modificam-se de forma incremental. Esse padrão de mudança institucional, porém, subsiste em um contexto marcado por ambiguidades e contradições.

A conexão criada entre planejamento e propriedade estabelecida pelo texto constitucional alterou as regras do jogo do mercado imobiliário e as possibilidades de indução do desenvolvimento urbano pelo poder público. Ampliaram-se, ainda, os mecanismos de financiamento e execução da política urbana.

As mudanças nas regras do jogo de construir na cidade de São Paulo não são triviais. Depois de décadas,[658] a legislação urbanística da cidade foi finalmente substituída. Foram criados coeficientes mínimos, básicos e máximos, definiu-se um estoque de potencial construtivo, foram instituídos a outorga onerosa do direito de construir e um fundo de desenvolvimento urbano. Trata-se de conquistas relevantes para a

---

[657] MAHONEY, James; THELEN, Kathleen. A theory of gradual institutional change. In: MAHONEY, James; THELEN, Kathleen. *Explaining institutional change*: ambiguity, agency, and power. Cambridge: Cambridge University Press, 2010.

[658] Em 2001, ano de promulgação do Estatuto da Cidade, o plano diretor de São Paulo vigente era ainda aquele aprovado na gestão do Prefeito Jânio Quadros (1986-1988): a Lei Municipal nº 10.676/88. Um plano composto essencialmente por princípios e diretrizes gerais. As principais regras de uso e ocupação da cidade permaneciam aquelas aprovadas sob a égide da ditadura militar pelas leis municipais nº 7.805/72 e nº 8.001/73 e suas alterações posteriores.

gestão do território na cidade de São Paulo. A regulação de empreendimentos imobiliários em São Paulo implica em estabelecer normas para atividade econômica central para cidade e que produz o equivalente a 2,1 milhões de m² de construções verticais privadas, no valor de R$9,9 bilhões anuais.[659]

A regulação dos coeficientes de aproveitamento, da quantidade de estoque construtivo por região bem como as regras de aplicação dos instrumentos da política urbana instituídas pelo plano diretor de São Paulo de 2002 incidiram no núcleo central da propriedade urbana e sobre o funcionamento das atividades imobiliárias da cidade.

O plano diretor de 2002 instituiu os coeficientes básico um e dois para a cidade e a necessidade de pagamento de outorga onerosa para aquisição de potencial construtivo adicional. Apesar das resistências internas da própria Prefeitura e das entidades representativas do mercado imobiliário, a "revolução" se consolida na cidade, gerando efeitos cumulativos ao longo do tempo sendo incorporada pelas gestões de prefeitos de partidos políticos de diferentes matizes.

O plano diretor em vigor atualmente na cidade de São Paulo (Lei municipal nº 16.050/14), por exemplo, incorpora, de maneira definitiva, o coeficiente básico um para a cidade toda, o pagamento da outorga onerosa do direito de construir e existência de um fundo municipal de desenvolvimento urbano. As resistências contrárias à instituição do coeficiente único um para a cidade toda vão diminuindo ao longo do tempo.

Além da instituição do coeficiente básico para a cidade, o plano diretor de 2002 buscou também aprofundar a regulação urbanística da propriedade imobiliária ao regular o estoque construtivo para as diversas regiões da cidade.

A lei de uso, ocupação do solo e planos regionais aprovada nos anos seguintes à promulgação do plano diretor estabeleceu a quantidade de metros quadrados possível de ser utilizada em cada um dos 96 distritos de São Paulo. O controle de fluxo e estoque construtivo por subprefeitura ampliou a regulação estatal sobre o mercado, delimitando as possibilidades e limites dos investimentos privados nos diversos bairros da cidade.

Apesar da extinção do estoque pelo plano diretor seguinte (Lei Municipal nº 16.050/14), a experiência pode ser considerada como uma

[659] Dados do Centro de Estudos da Metrópole da Faculdade de Filosofia, Letras e Ciências Humanas da Universidade de São Paulo (USP) e do Centro Brasileiro de Análise e Planejamento (CEBRAP) *apud* MARQUES, Eduardo (org.). *As políticas do urbano em São Paulo.* São Paulo: Editora UNESP; Centro de Estudos da Metrópole, 2018.

inovação regulatória importante do período e que indica caminhos possíveis para se aprofundar a regulação urbanística dos empreendimentos imobiliários a partir das regras de uso e ocupação do solo estabelecidas pelos planos diretores municipais.

Além da dimensão regulatória introduzida pelos parâmetros de uso e ocupação do solo do plano diretor, merece destaque também as conquistas relacionadas aos novos instrumentos da política urbana instituídos pelo Estatuto da Cidade e aplicados na cidade de São Paulo: a outorga onerosa do direito de construir, as ZEIS e as operações urbanas.

A captação de recursos para execução da política urbana via outorga onerosa do direito de construir e a criação do Fundo Municipal de Desenvolvimento Urbano foram novidades trazidas pelo Estatuto da Cidade e colocadas em prática pela gestão pública municipal.

A outorga onerosa do direito de construir foi efetivamente aplicada e arrecadou, durante a vigência do plano diretor de São Paulo, um valor total de R$1,7 bilhão. Os recursos arrecadados para o Fundo Municipal de Desenvolvimento Urbano são vinculados à execução da política urbana e representaram em média 7% do investimento da Prefeitura.

Além de regular a construção de empreendimentos imobiliários nas diversas regiões da cidade, o plano diretor de 2002 avançou no reconhecimento e proteção dos direitos dos moradores de assentamentos informais de baixa renda tais como favelas, loteamentos irregulares e clandestinos, cortiços entre outros.

A previsão das ZEIS no plano diretor consolidou as mudanças institucionais na gestão das favelas da cidade. É necessário reconhecer as conquistas fundamentais do período representadas especialmente pelo mapeamento das favelas, pela delimitação e aplicação das Zonas Especiais de Interesse Social, bem como pela realização de programas voltados à segurança da posse e da moradia, que envolveram a aplicação da concessão especial para fins de moradia, a concessão de direito real de uso e a autorização de uso.

No total, foram delimitados em São Paulo 964 perímetros de ZEIS localizadas em área que corresponde a um total de 139.451.518,94 m^2.

As políticas de combate à precariedade habitacional, incluindo aqui a regularização fundiária e urbanística de assentamentos informais de baixa renda, se consolidaram durante o período de vigência do plano diretor. O programa de regularização fundiária, por exemplo, executado por diversas gestões municipais, foi responsável pela concessão de cerca 60 mil títulos de concessão especial para fins de moradia e concessão de direito real de uso em áreas públicas municipais ocupadas por favelas.

As conquistas na implementação das ZEIS em São Paulo não podem ser compreendidas sem um olhar sobre os programas e normas federais criados no período. O Programa de Aceleração de Crescimento (Lei Federal nº 11.578/07), o Programa Minha Casa Minha Vida (Lei Federal nº 11.977/09) incidiram sobre a execução dos programas habitacionais municipais.

O PAC ampliou não somente os recursos disponíveis para urbanização de favelas, mas, sobretudo, a escala e velocidade das intervenções.[660] Destaque-se também mudança no cenário de produção habitacional em São Paulo após o Programa Minha Casa Minha Vida: a maioria dos novos empreendimentos habitacionais de HIS passam a ser construídos em locais delimitados como ZEIS e não fora delas.[661]

Foram institucionalizados instrumentos e ferramentas de gestão democrática como os conselhos e conferências. Ampliaram-se, assim, as capacidades estatais de gestão democrática do território de forma a incluir a proteção dos direitos dos moradores de assentamentos informais de baixa renda. Foram criados conselhos gestores de ZEIS e a participação popular nos planos de urbanização tornou-se obrigatória. A ausência de participação popular na elaboração do plano de urbanização das ZEIS-3, por exemplo, suspendeu o Projeto Nova Luz na região central da cidade em ação civil pública proposta pela Defensoria Pública do Estado de São Paulo.

As ZEIS foram incorporadas também nas proposições legislativas que tramitaram pela Câmara Municipal e pelos atores estatais do sistema de justiça. A remoção de parte dos moradores do Jardim Edith, por exemplo, situado no perímetro da Operação Urbana Água Espraiada, foi suspensa por decisão judicial proferida em ação civil pública proposta pela Defensoria Pública do Estado de São Paulo.

Finalmente, as operações urbanas consorciadas foram também aplicadas em São Paulo durante os anos 2000. Após a promulgação do Estatuto da Cidade e do plano diretor de 2002, as leis específicas das operações urbanas foram alteradas e instituíram novas condições e desenhos institucionais para sua execução.

---

[660] AKAISHI, Ana Gabriela *et al.* O Programa de Aceleração do Crescimento no contexto das urbanizações de favelas em São Paulo. In: CARDOSO, Adauto Lucio; DENALDI, Rosane (org.). *Urbanização de favelas no Brasil*: um balanço preliminar do PAC. Rio de Janeiro: Letra Capital, 2018.

[661] ROLNIK, Raquel; SANTORO, Paula F. *Zonas Especiales de Interés Social (ZEIS) em ciudades brasileñas*: trayectoria de implementación de um instrumento de política de suelo. Massachusetts, EUA: Lincoln Institute of Land Policy, 2014.

O CEPAC foi regulamentado e aplicado na cidade e gerou arrecadação de recursos significativos para a política urbana: mais de 6 bilhões de reais. O alto grau de execução dos recursos mostra que o instrumento é capaz de se constituir enquanto ferramenta de financiamento da política urbana e, de fato, possibilita a execução de intervenções territoriais com recursos públicos e privados em determinadas regiões da cidade, apesar do predomínio de obras de natureza viária.

As inovações regulatórias em âmbito municipal — que passam, por exemplo, a prever a destinação de um valor percentual mínimo para HIS e para aquisição de terrenos para esse fim, como no caso da Operação Urbana Água Branca — não são suficientes, porém, para garantir que as operações urbanas consorciadas promovessem também redução da desigualdade social e territorial. Os planos de intervenção urbanística não foram finalizados e, em geral, com prejuízo das obras voltadas à proteção dos direitos da população de baixa renda.[662]

O Estatuto da Cidade saiu do papel. Uma nova geração de planos diretores municipais foi produzida no país e modificou as ações governamentais no âmbito da política urbana. O direito aparece como variável explicativa relevante: as mudanças nas regras urbanísticas federais, combinadas com a criação de órgãos e programas específicos voltados ao planejamento territorial municipal, ampliaram as capacidades estatais municipais no âmbito da regulação urbanística da propriedade e da gestão democrática das cidades.

É evidente que a efetividade (ou não) do planejamento territorial deve-se a múltiplos fatores históricos, econômicos, políticos e sociais. É fundamental, porém, explorar os mecanismos jurídicos que trouxeram consequências positivas e negativas sobre as capacidades do poder público de executar a política urbana.

Conforme enfatizado ao longo do trabalho, o direito é incorporado de maneira contraditória. O foco nas regras formais identificou obstáculos e dificuldades de implementação do plano diretor pelo poder público — o que é por vezes subestimado nos estudos sobre planejamento territorial no Brasil. O direito, nesse sentido, aparece também como responsável pela criação de gargalos jurídico-institucionais capazes de reduzir capacidades estatais e obstruir a implementação adequada e a efetividade de política urbana.

O plano diretor instituiu novas regras para o mercado imobiliário, mas garantiu, ao mesmo tempo, a convivência com o zoneamento

662 Nesse sentido, Santos (2016) e Sarue e Pagin (2018).

dos anos 1970. As mudanças institucionais acontecem, mas de maneira ambígua. As novas regras são criadas, embora as regras antigas continuem sendo aplicadas. A reedição da "fórmula de Adiron" combinada com as regras de vigência e transição do plano diretor, dificultam a substituição integral das regras originais.

As normas de aplicação da nova legislação urbanística ao longo do tempo — com destaque aqui para as regras de redução gradual do coeficiente de aproveitamento e do "direito de protocolo"—, embora imprescindíveis para a garantia um sistema de transição para o novo regime jurídico da propriedade urbana, acabam permitindo a convivência da nova legislação urbanística brasileira com dispositivos legais instituídos sob a égide da ditadura militar.

O plano diretor de 2002 confere ainda amplos poderes às leis específicas posteriores e à revisão intermediária do plano diretor as quais poderiam incidir sobre o núcleo central do direito de propriedade, como, por exemplo, os coeficientes de aproveitamento, a quantidade de estoque construtivo por região bem como as regras de aplicação dos instrumentos da política urbana.

De um lado, aprofunda-se o diálogo participativo com a população, ampliando a legitimidade democrática das regras sobre a propriedade urbana, tal como observado na elaboração da lei de uso e ocupação do solo e planos regionais em 2004.

Cria-se, por outro lado, uma engrenagem jurídica complexa: um labirinto regulatório caracterizado pelo alto grau de incerteza, marcado por um vaivém de leis específicas posteriores que regulamentam e alteram o plano diretor, o que acaba por gerar uma série de obstáculos no processo de implementação do plano diretor.

Esse desenho regulatório aprofunda os conflitos políticos e judiciais durante o processo de implementação conforme observado na revisão frustrada do plano diretor; nas disputas em torno das garagens e do cálculo da área computável para fins de coeficiente aproveitamento; nas tentativas de criação e supressão de ZEIS; e nos percentuais da produção habitacional exigida para as ZEIS, entre outros episódios descritos ao longo desta obra.

Os gargalos jurídico-institucionais foram sistematizados e analisados em torno de dois eixos: a complexidade da legislação e as regras sobre a produção de outras regras.

A legislação básica sobre ordenamento territorial da cidade de São Paulo — composta pelo plano diretor, planos regionais e lei de uso e ocupação do solo — possuía mais de dois mil artigos, 300 mapas e quadros anexos, além de muitas leis, decretos e portarias específicas.

Essa quantidade gigantesca de dispositivos legais dificultou a compreensão da regulação urbanística não somente pelos cidadãos paulistanos como também pelos próprios integrantes da Prefeitura Municipal.

Além da problemática complexidade regulatória, grande parte dos entraves na implementação do plano diretor devem-se à existência das regras secundárias, vale dizer, aquelas voltadas à produção e aplicação de outras regras. Nesse sentido, pode-se apontar: *(i)* as regras de vigência e transição para novo regime jurídico urbanístico da cidade, incluído aqui o direito de protocolo; *(ii)* as regras de alteração e revisão do plano diretor; *(iii)* as regras para elaboração de leis específicas; e *(iv)* as regras de distribuição de competências no âmbito do planejamento territorial.

Assim, ao se aproximar do emaranhado de regras formais — incluindo o estudo de centenas de leis e decretos municipais —, dos projetos de lei e decisões judiciais, a obra permite iluminar novas dimensões do debate sobre a efetividade do plano diretor e o cumprimento da função social da propriedade no Brasil.

Os gargalos jurídico-institucionais do plano diretor ampliam a lente de investigação sobre o papel do direito na concretização da política urbana. Muito além do debate sobre o caráter autoaplicável ou não das regras do plano diretor, os dados indicam que as regras para a produção de outras regras influenciaram os conflitos durante a implementação do plano diretor. Os limites materiais e formais de alteração e revisão do plano diretor; a hierarquia do plano diretor e das leis posteriores; as sobreposições de competências no âmbito da política urbana e ambiental dos diversos entes federativos e no âmbito do planejamento metropolitano foram determinantes na concretização do Estatuto da Cidade durante o período.

O poder público — entendido aqui como o poder judiciário, executivo e legislativo — empreendeu esforços para concretização do plano diretor e do Estatuto da Cidade em São Paulo e buscou garantir conquistas apesar dos limites enfrentados no combate à segregação social e territorial das cidades brasileiras.

É preciso reconhecer, portanto, que parte dos desafios enfrentados no âmbito da política urbana passa pelo estudo da legislação e, principalmente, pela aplicação e interpretação das regras formais pelo poder público, incluindo os integrantes das prefeituras, das câmaras de vereadores e dos agentes estatais do sistema de justiça.

A garantia do direito à cidade e do direito à moradia depende, em última instância, da execução de ações governamentais. Nesse sentido, o estudo do Estado e suas instituições revelou a maneira pela qual ocorreram as transformações do direito e da política urbana ao longo dos anos 2000. Aponta, sobretudo, para agendas de pesquisa futuras no campo do direito e da política urbana.

Não se trata aqui de ignorar ou minimizar as tensões, ambiguidades e contradições inerentes à regulação urbanística da propriedade ou a segregação social e territorial que caracterizam até os dias de hoje as cidades brasileiras. Trata-se, porém, de superar o debate sobre a inefetividade da legislação urbanística de forma abstrata e aproximar o olhar para os processos e dinâmica reais, com seus atores e interesses próprios e, principalmente, para os resultados das inovações legislativas sobre o funcionamento do Estado brasileiro.

Por fim, impossível concluir sem tecer algumas considerações sobre o contexto mais recente do país, muito embora este período não tenha sido o objeto da investigação deste livro. Os arranjos institucionais da política urbana construídos desde o fim do regime militar têm sido colocados em xeque nos últimos anos no Brasil.

O período democrático representou avanços substanciais no âmbito do direito e da política urbana. A expansão do aparato regulatório e institucional no nível federal repercutiu na melhoria das condições de vida nas cidades brasileiras no longo prazo, tais como o abastecimento de água, redes de esgoto, coleta de lixo e fornecimento de energia elétrica, apesar da permanência das desigualdades entre grupos sociais e regiões distintas.[663]

Em que pese os limites das ações governamentais e dos resultados insuficientes para reverter a profunda desigualdade social e territorial do país, pode-se observar movimentos recentes voltados à desconstrução dos avanços institucionais e normativos e que podem trazer consequências drásticas para a concretização dos direitos nas cidades.

Uma das primeiras iniciativas do governo de Michel Temer foi a revogação da Lei federal de regularização fundiária de assentamentos informais de baixa renda (Lei Federal nº 11.977/09) além da aprovação do teto dos gastos públicos.

Jair Bolsonaro segue nessa linha: extinguiu o Ministério das Cidades e alterou, substancialmente, a Lei da Política Nacional de Saneamento (Lei Federal nº 14.026/20). Instituiu, ainda a Lei da Liberdade Econômica (Lei federal nº 13.974/19), cujas consequências sobre a regulação urbanística das atividades econômicas permanecem

[663] MARQUES, Eduardo. Transformações, avanços e impasses nas políticas urbanas brasileiras recentes. In: ARRETCHE, Marta; MARQUES, Eduardo; FARIA, Carlos Aurélio Pimenta de. *As políticas da política*. Desigualdades e inclusão nos governos do PSDB e do PT. São Paulo: Editora Unesp, 2019.

incertas. O Conselho Nacional de Desenvolvimento Urbano, após as tentativas frustradas de extinção, também não está funcionando.

Muitas são também as proposições legislativas em andamento, as quais podem aprofundar o desmonte e impactar na redução dos direitos da população mais vulnerável do país e no papel do plano diretor na regulação das atividades econômicas imobiliárias. Tramitam, atualmente, duas proposições legislativas no Congresso Nacional que visam excluir o papel do plano diretor na definição da função social da propriedade urbana: a PEC nº 80/2019 e Projeto de Lei nº 413/2020. Este último submete todos os instrumentos do Estatuto da Cidade à Lei da Liberdade Econômica e autoriza explicitamente que leis específicas municipais possam alterar o plano diretor.

É fundamental, nesse sentido, reconhecer as transformações do direito e da política urbana durante o período democrático. Trata-se de garantir as conquistas alcançadas, combater os retrocessos e, sobretudo, indicar caminhos futuros para ampliação de seu impacto na redução das desigualdades e na promoção de um desenvolvimento urbano mais justo das cidades do país.

REFERÊNCIAS

ABRUCIO, Fernando; COSTA, Valeriano Mendes. *Reforma do Estado e o Contexto Federativo Brasileiro*. São Paulo: Fundação Konrad Adenauer Stiftung, 1999.

AKAISHI, Ana Gabriela; SARAIVA, Camila Pereira; CARDOSO, Luciana Coube; SILVA, Patrícia Cezario. O Programa de Aceleração do Crescimento no contexto das urbanizações de favelas em São Paulo. In: CARDOSO, Adauto Lucio; DENALDI, Rosane. (org.). *Urbanização de favelas no Brasil*: um balanço preliminar do PAC. Rio de Janeiro: Letra Capital, 2018. p. 49-75.

ALFONSIN, Betânia; FERNANDES, Edesio. *Direito à Moradia e Segurança da Posse no Estatuto da Cidade*. Belo Horizonte: Editora Fórum, 2006.

ALFONSIN, Betânia; FERNANDES, Edesio. O significado do Estatuto da Cidade para os processos de regularização fundiária no Brasil. In: ROLNIK, Raquel *et al*. *Regularização fundiária plena*: referências conceituais. Brasília: Ministério das Cidades, 2007. p. 68-100.

ALFONSIN, Betânia; ROCHA, Aline; GOLDENFUM, Fernanda; Amin Luísa; PEREIRA, Pedro; BERTHOLD, Stéfanie; CORTESE, Vicente. A ordem jurídico-urbanística nas trincheiras do Poder Judiciário. *Revista Direito e Práxis*, Rio de Janeiro, v. 7, n. 14, p. 421-453, 2016.

ALFONSIN, Betânia; BERNI, Paulo Eduardo de Oliveira; PEREIRA, Pedro. A política urbana que nós amávamos tanto. In: SOUSA JUNIOR, Geraldo *et al*. (org.). *O direito achado na rua*. Introdução crítica ao direito urbanístico. Brasília: Editora Universidade de Brasília, 2019. 9 v. p. 359-366.

ALMEIDA, Fernanda Dias Menezes de. *Competências na Constituição de 1988*. São Paulo: Atlas, 2013.

ALMEIDA, Maria Hermínia Tavares de. Recentralizando a Federação? *Revista de Sociologia e Política*, v. 24, p. 29-40, 2005.

ANCONA, Ana Lucia. *Direito ambiental, direito de quem?* Políticas públicas do meio ambiente na metrópole paulista. 2002. Tese (Doutorado) — Faculdade de Arquitetura e Urbanismo, Universidade de São Paulo, São Paulo, 2002.

ANNENBERG, Flávia. *Direito e políticas públicas*: uma análise crítica de abordagens tradicionais do direito administrativo a partir de um estudo de caso do Bolsa Família. 2014. Dissertação (Mestrado) — Faculdade de Direito, Universidade de São Paulo, São Paulo, 2014.

ARAÚJO, Alexandra Fuchs de. *Participação democrática na administração*: o procedimento da reforma do plano diretor da cidade de São Paulo nas gestões Kassab (2006-2012) e Haddad (2013-2016). 2016. Dissertação (Mestrado) — Faculdade de Direito, Universidade de São Paulo, São Paulo, 2016.

ARGUELHES, Diego Werneck; FALCÃO, Joaquim; SCHUARTZ, Luis Fernando. Jurisdição, Incerteza e Estado de Direito. *Revista de Direito Administrativo*, Rio de Janeiro, v. 243, p. 79-112, jan. 2006.

ARRETCHE, Marta. Continuidades e Descontinuidades da Federação Brasileira: de como 1988 facilitou 1995. *Dados*, v. 52, n. 2, p. 377-423, 2009.

ARRETCHE, Marta. Federalismo e Igualdade Territorial: Uma Contradição em Termos? *Dados*, v. 53, n. 3, p. 587-620, 2010.

ARRETCHE, Marta (coord.). *Capacidades administrativas dos municípios brasileiros para a política habitacional*. Brasília: Ministério das Cidades; CEM, 2012.

ARRETCHE, Marta. *Trajetórias das desigualdades*: como o Brasil mudou nos últimos 50 anos. São Paulo: Editora Unesp/CEM, 2015.

AVRITZER, Leonardo. Instituições participativas e desenho institucional: algumas considerações sobre a variação da participação no Brasil democrático. *Opinião Pública*, v. 14, n. 1, p. 43-64, 2008.

AVRITZER, Leonardo. O Estatuto da Cidade e a democratização das políticas urbanas. *Revista Crítica de Ciências Sociais*, v. 91, p. 205-221, 2010.

BACHRACH, Peter; BARATZ, Morton. Decisions and non-decisions: an analytical framework. *American Political Science Review*, v. 57, 1963.

BALBIM, Renato; CAMPAGNER, Larissa. Operações urbanas e transformação do território nas cidades. O caso de São Paulo. *Boletim Regional, Urbano e Ambiental do Instituto de Pesquisa Econômica e Aplicada*, v. 6, dez. 2011.

BASSUL, Roberto. *Estatuto da Cidade*: Quem ganhou? Quem perdeu? Brasília: Senado Federal; Subsecretaria de Edições Técnicas, 2005.

BASTOS, Celso Ribeiro; BRITTO, Carlos Ayres. *Interpretação e aplicação das normas constitucionais*. São Paulo: Saraiva, 1983.

BAUER, Raymond A. *American business and public policy*. Nova York: Atherton Press, 1963.

BIDERMAN, Ciro; SANDRONI, Paulo. *Avaliação do impacto das grandes intervenções urbanas nos preços dos imóveis do entorno*: o caso da operação urbana Faria Lima. Brasília: ANPAD, 2005. p. 1-16.

BERNARDINI, Sidney Piochi. Relatório estudo de caso sobre o plano diretor de São Paulo. In: SANTOS, Orlando Alves dos; MONTANDON, Daniel Todtmann (org.). *Os planos diretores municipais pós Estatuto da Cidade*: balanço crítico e perspectivas. Rio de Janeiro: Letra Capital: Observatório das Cidades: IPPUR/UFRJ, 2011. n. p. (CD-ROM).

BONDUKI, Nabil. *Origens da Habitação Social no Brasil*. São Paulo: Estação Liberdade, 1998.

BONDUKI, Nabil. Plano Diretor Estratégico de São Paulo. In: BUENO, Laura; CYMBALISTA, Renato (org.). *O município em ação*: elaboração e aplicabilidade de planos diretores. São Paulo: Anna Blume, 2007. p. 215-245.

BONDUKI, Nabil. *Estudo 28*: Gestão, organização e financiamento do solo urbano. Projeto perspectivas de investimentos sociais no Brasil. Belo Horizonte: Cedeplar; UFMG, 2010.

BONDUKI, Nabil. *A luta pela reforma urbana no Brasil*. Do Seminário de Habitação e Reforma Urbana ao plano diretor de São Paulo. São Paulo: Instituto da Cidade, 2018.

BUCCI, Maria Paula Dallari. *Direito administrativo e políticas públicas*. São Paulo: Saraiva, 2002.

BUCCI, Maria Paula Dallari. *Fundamentos para uma teoria jurídica das políticas públicas*. São Paulo: Saraiva, 2013.

BUCCI, Maria Paula Dallari. Método e Aplicações da Abordagem Direito e Políticas Públicas. *Revista de Estudos Institucionais*, v. 5, n. 3, p. 791-832, set./dez. 2019.

BUCCI, Maria Paula Dallari; SOUZA, Matheus Silveira de. O estado da arte na abordagem direito e políticas públicas em âmbito internacional: primeiras aproximações. *Revista Estudos Institucionais*, v. 5, n. 3, p. 833-855, set./dez. 2019.

BUCCI, Maria Paula Dallari. *Fundamentos para uma teoria jurídica das políticas públicas*. São Paulo: Saraiva, 2013.

BUCCI, Maria Paula Dallari. Método e Aplicações da Abordagem Direito e Políticas Públicas. *Revista de Estudos Institucionais*, v. 5, n. 3, p. 791-832, set./dez. 2019.

BUCCI, Maria Paula Dallari; COUTINHO, Diogo. Arranjos jurídico-institucionais da política de inovação tecnológica: uma análise baseada na abordagem de direito e políticas públicas. In: COUTINHO, Diogo; FOSS, Maria Carolina; MOUALLEM, Pedro Salomon (org.). *Inovação no Brasil*: avanços e desafios jurídicos e institucionais. São Paulo: Blucher, 2017. p. 313-339.

BUENO, Laura; CYMBALISTA, Renato (org.). *O município em ação*: elaboração e aplicabilidade de planos diretores. São Paulo: Anna Blume, 2007.

BRASIL. Ministério das Cidades. Secretaria Nacional de Programas Urbanos. Planejamento territorial e urbano e política fundiária. *Cadernos Ministério das Cidades*, Brasília, v. 3, p. 15-32, 2004.

BRASIL. Ministério das Cidades. *Acesso à terra urbanizada*: implementação de planos diretores e regularização fundiária plena. Florianópolis: UFSC; Brasília: Ministério das Cidades, 2008.

BRASIL. Ministério das Cidades. *Conferência das Cidades*. Brasília, 19 nov. 2014. Disponível em: https://www.mdr.gov.br/conselho-das-cidades/secretaria-executiva. Acesso em: 29 de março de 2020.

BRASIL. Ministério das Cidades. *Cartilha da 6ª Conferência Nacional das Cidades*. Brasília, 11 nov. 2015a. Disponível em: https://www.mdr.gov.br/conselho-das-cidades/secretaria-executiva/108-conselho-das-cidades/conferencia-das-cidades/3944-6-conferencia-das-cidades. Acesso em: 29 mar. 2020.

BRASIL. Ministério das Cidades. *6ª Conferência das Cidades*. Brasília, 11 nov. 2015b. Disponível em: https://www.mdr.gov.br/conselho-das-cidades/secretaria-executiva/108-conselho-das-cidades/conferencia-das-cidades/3944-6-conferencia-das-cidades. Acesso em: 29 mar. 2020.

BRASIL. Presidência da República. *Planalto*. Brasília, DF, 2018. Disponível em: www.planalto.gov.br. Acesso em: 21 jul. 2018.

CALDAS, Nisimar Martinez Pérez. *Os novos instrumentos da política urbana*: alcance e limitações das ZEIS. 2009. Tese (Doutorado) — Faculdade de Arquitetura e Urbanismo, Universidade de São Paulo, São Paulo, 2009.

CALDEIRA, Teresa; HOLSTON, James. Participatory Urban Planning in Brazil. *Urban Studies*, v. 52, n. 11, p. 2001-2017, 2015.

CARDOSO, Adauto Lucio; DENALDI, Rosane (org.). *Urbanização de favelas no Brasil*: um balanço preliminar do PAC. Rio de Janeiro: Letra Capital, 2018.

CARDOSO, Luís Reynaldo Azevedo. Evolução do déficit habitacional no Brasil pós-2000. In: SIMPÓSIO NACIONAL DE GESTÃO E ENGENHARIA URBANA — SINGEURB, 2., 2019, São Paulo. *Anais*... Porto Alegre: ANTAC, 2019.

CARDOSO, Patrícia de Menezes. *Democratização do acesso à propriedade pública no Brasil*: função social e regularização fundiária. Dissertação (Mestrado) — Faculdade de Direito, Pontifícia Universidade Católica de São Paulo, São Paulo, 2010.

CASTRO, Henrique A. The Legal Construction of Power in Deliberative Governance. *Law and Social Inquiry*, 29 oct. 2019.

CASTRO, Luiz Guilherme Rivera. *Operações urbanas em São Paulo*: interesse público ou construção especulativa de lugar. 2006. Tese (Doutorado) — Faculdade de Arquitetura e Urbanismo, Universidade de São Paulo, São Paulo, 2006.

CINGOLANI, Luciana. The state of State capacity: a review of concepts, evidence and measures. Maastricht: UNO-MERIT *Working Paper Series n. 53*, 2013.

CHATTERJEE, Partha. *The politics of the governed*: reflections on popular politics in most of the world. New York: Columbia University Press, 2004.

CHATTERJEE, Partha. Três caminhos para a democracia radical. *Lua Nova: Revista de Cultura e Política*, São Paulo, v. 89, p. 169-189, 2013.

CHILVARQUER, Marcelo. Aplicando o quadro de referência para análise jurídica de políticas públicas: a implementação do Programa Minha Casa Minha Vida Faixa 1 no Município de São Paulo. *Revista Estudos Institucionais*, v. 5, n. 3, p. 1116-1141, set./dez. 2019.

CLUNE, William H. Law and Public Policy: Map of an Area. *Southern California Interdisciplinary Law Journal*, Los Angeles, v. 2, p. 1-39, 1993.

COUTINHO, Diogo R. Capacidades estatais no Programa Bolsa Família: o desafio da consolidação do Sistema Único de Assistência Social. In: *Texto para discussão n. 1852*. Brasília, Rio de Janeiro: IPEA, 2013a. p. 7-43.

COUTINHO, Diogo R. O direito nas políticas públicas. In: MARQUES, Eduardo; FARIA, Carlos Aurélio Pimenta de Faria (org.). *A política pública como campo multidisciplinar*. São Paulo: UNESP; Rio de Janeiro: Fiocruz, 2013b. p. 181-200.

COUTINHO, Diogo R. O direito econômico e a construção institucional do desenvolvimento econômico. *Revista de Estudos Institucionais*, v. 2, n. 1, p. 214-262, 2016.

COUTINHO, Diogo R. Direito e institucionalismo econômico: apontamentos sobre uma fértil agenda de pesquisa. *Brazilian Journal of Political Economy*, v. 37, n. 3, p. 565-586, 2017.

COUTINHO, Diogo R.; MOUALLEM, Pedro S. B. Gargalos jurídico-institucionais à inovação no Brasil. *In*: COUTINHO, Diogo R.; ROCHA, Jean Paul Veiga da.; SCHAPIRO, Mário G (org.). *Direito econômico atual*. São Paulo: Método, 2015. p. 85-119.

CORREIA, Fernando Alves. *O plano urbanístico e o princípio da igualdade*. Coimbra: Almedina, 1990.

COSTA, Bruno; BRONZO, Carla. Intersetorialidade no enfrentamento da pobreza: o papel da implementação e da gestão. In: FARIA, Carlos Aurélio Pimenta de (org.). *Implementação de políticas públicas*: teoria e prática. Belo Horizonte: Ed. PUC Minas, 2012.

CYMBALISTA, Renato. *Políticas públicas para o Centro*: controle social do financiamento do BID à Prefeitura Municipal de São Paulo. São Paulo: Instituto Polis, 2008.

CYMBALISTA, Renato; SANTORO, Paula (org.). *Planos diretores*: processos e aprendizados. São Paulo: Instituto Pólis, 2009.

CYMBALISTA, Renato *et al*. A Outorga Onerosa do Direito de Construir após o Estatuto da Cidade: um panorama de implementação nos municípios brasileiros. *Revista Brasileira de Estudos Urbanos e Regionais*, v. 9, n. 2, p. 73, 2007.

DAVIES, Jonathan S.; TROUNSTINE, Jessica. Urban Politics and the New Institutionalism. In: JOHN, Peter; MOSSBERGER, Karen; CLARKE, Susan (Ed.). *The Oxford Handbook of Urban Politics*. New York: Oxford University Press, 2012. p. 1-23.

DEÁK, Csaba; SCHIFFER, Sueli Terezinha Ramos (org.). *O processo de urbanização no Brasil*. São Paulo: Editora da Universidade de São Paulo, 1999.

DI PIETRO, Maria Sylvia Zanella. *Direito administrativo*. 23. ed. São Paulo: Atlas, 2010.

DROR, Yehezkel. *Public Policymaking Reexamined*. 2. nd ed. New Brunswick, NJ: Transaction Publishers, 1989.

EASTON, David. An approach to the analysis of political systems. *World Politics*, v. 9, n. 3, p. 383-400, 1957.

ELAZAR, Daniel. *Exploring federalism*. Tuscaloosa: The University of Alabama Press, 1987.

ENTERRIA, Eduardo Garcia de; ALFONSO, Luciano Parejo. *Leciones de Derecho Urbanistico*. Madrid: Editorial Civitas S.A, 1981.

FAINSTEIN, Susan; FAINSTEIN, Norman. National Policy and Urban Development. *Social Problems*, v. 26, n. 2, p. 125-146, 2012.

FARIA, Carlos Aurélio Pimenta de. *Implementação e políticas públicas*: teoria e prática. Belo Horizonte: Ed. Puc Minas, 2012.

FELDMAN, Sarah. Avanços e limites na historiografia da legislação urbanística no Brasil. *Revista Brasileira de Estudos Urbanos e Regionais*, n. 4, p. 33, p. 33-37, 2001.

FELDMAN, Sarah. *Planejamento e zoneamento*: São Paulo (1947-1972). São Paulo: Editora da Universidade de São Paulo, 2005a.

FELDMAN, Sarah. O arranjo SERFHAU: assistência técnica aos Municípios/órgãos de planejamento/empresas de engenharia. In: ENCONTRO NACIONAL DA ASSOCIAÇÃO NACIONAL DE PÓS-GRADUAÇÃO E PESQUISA EM PLANEJAMENTO URBANO E REGIONAL (ANPUR), 11., 2005, Salvador. *Anais*... Salvador: ANPUR, 2005b.

FELDMAN, Sarah. O Serviço Federal de Habitação e Urbanismo (SERFHAU): avanços, limites e ambiguidades (1964 -1975). In: ENCONTRO NACIONAL DA ASSOCIAÇÃO NACIONAL DE PESQUISA E PÓS-GRADUAÇÃO EM ARQUITETURA E URBANISMO (ENANPARQ), 1., 2010, Rio de Janeiro. *Anais*... Rio de Janeiro: ANPARQ, 2010.

FELDMAN, Sarah. Do Primer Congreso Panamericano de la Vivienda Popular (1939) ao Seminário de Habitação e Reforma Urbana (1963): planejamento e habitação na perspectiva da metrópole latino-americana: *Urbana: Revista Eletrônica do Centro Interdisciplinar de Estudos sobre a Cidade*, v. 6, n. 1, p. 129-143, 2014.

FERNANDES, Edésio. A nova ordem jurídico-urbanística no Brasil. In: ALFONSIN, Betânia; FERNANDES, Edésio (org.). *Direito urbanístico*: estudos brasileiros e internacionais. Belo Horizonte: Del Rey, 2006. p. 3-23.

FERNANDES, Edésio. Constructing the "right to the city" in Brazil. *Social Legal Studies*, v. 16, n. 2, p. 201-219, 2007.

FERRARA, Luciana Nicolau; SANTORO, Paula Freire; WHATELY, Marussia (org.). *Mananciais*: diagnóstico e políticas habitacionais. São Paulo: Instituto Socioambiental, 2009.

FERREIRA, Paulo Emilio Buarque. *O filé e a sobra*. As favelas no caminho do capital imobiliário. 2017. Tese (Doutorado) — Faculdade de Arquitetura e Urbanismo, Universidade de São Paulo, São Paulo, 2017.

FIX, Mariana. *Parceiros da Exclusão*: duas histórias de construção de uma "nova cidade" em São Paulo: Faria Lima e Água Espraiada. São Paulo: Boitempo, 2001.

FIX, Mariana. A fórmula mágica da parceria público-privada: Operações Urbanas em São Paulo. *In*: SCHICCHI, Maria Cristina; BENFATTI, Dênio (org.). *Urbanismo*: dossiê São Paulo-Rio de Janeiro. Campinas: PUCCAMP/PROURB, 2004. p. 185-198.

FIX, Mariana. Uma ponte para especulação — ou a arte da renda na montagem de uma "cidade global. *Caderno CRH*, Salvador, v. 22, n. 55, jan./abr. 2009.

FONTES, Mariana Levy Piza. *Planos diretores no Brasil*: um estudo de caso. 2010. Dissertação (Mestrado) — Faculdade de Direito, Pontifícia Universidade Católica de São Paulo, São Paulo, 2010.

FONTES, Mariana Levy Piza. O plano diretor na Assembleia Nacional Constituinte. *Revista de Direito Urbano e Ambiental*, Belo Horizonte, ano 11, n. 66, p. 93-98, nov./dez. 2012.

FONTES, Mariana Levy Piza. *A implementação do Estatuto da Metrópole na Região Metropolitana de São Paulo*. Brasília: IPEA, 2017. (Relatório de Pesquisa).

FONTES, Mariana Levy Piza. O plano diretor e a legislação brasileira: avanços, retrocessos e desafios. *In*: SOUSA JUNIOR, José Geraldo *et al.* (org.). *O direito achado na rua*: Introdução crítica ao direito urbanístico. Brasília: Editora Universidade de Brasília, 2019. p. 367-375. 9 v.

FONTES, Mariana Levy Piza. Em busca da efetividade das ZEIS: a experiência de São Paulo (2002-2014). In: VIEIRA, Bruno Soeiro; VIEIRA, Iracema de Lourdes Teixeira (org.). *Instrumentos urbanístico e sua (in)efetividade*. Londrina: Editora Toth, 2021. II v.

FONTES, Mariana Levy Piza. Direito e implementação de políticas públicas: caminhos para uma agenda de pesquisa. *Revista Direito GV*, v. 19, p. 232-256, 2023.

FONTES, Mariana Levy Piza. Planejamento Territorial e a Propriedade em Disputa: A Regulação do Direito de Construir na Cidade de São Paulo (2002-2014). In: *Propriedades em Transformação 2*: Expandindo a agenda de pesquisa. São Paulo: Editora Blucher, 2021. 2 v. p. 230-255.

FONTES, Mariana Levy Piza. Cambios incrementales de la política urbana brasileña: el caso del plan director de São Paulo. In: Oliver Meza; Emilio Moya (ed.). *Procesos de políticas públicas en gobiernos subnacionales*. Casos de México, Brasil y Chile. Guadalajara: Tirant lo Blanch, 2023. p. 93-115.

FONTES, Mariana Levy Piza; CYMBALISTA, Renato; SANTORO, Paula. Estatuto da Cidade: uma leitura sob a perspectiva da recuperação da valorização fundiária. In: BUENO, Laura; CYMBALISTA, Renato (org.). *O município em ação*: elaboração e aplicabilidade de planos diretores. São Paulo: Anna Blume, 2007. p. 59-89.

FONTES, Mariana Levy Piza; NASCIMENTO, Mariana Chiesa Gouveia; BRUNO FILHO, Fernando G. O direito de protocolo como obstáculo à inovação na gestão das cidades. *Jornal Jota*, São Paulo, 29 abr. 2019. Disponível em: https://www.jota.info/paywall?redirect_to=//www.jota.info/opiniao-e-analise/artigos/o-direito-de-protocolo-como-obstaculo-a-inovacao-na-gestao-das-cidades-29042019. Acesso em: 20 jun. 2020.

FONTES, Mariana Levy Piza. Arranjos jurídico-institucionais da política urbana e o plano diretor. *Revista de Direito da Cidade*, v. 15, n. 3, p. 1070-1106, 2023.

FÓRUM CENTRO VIVO. *Violações dos direitos humanos no centro de São Paulo*: propostas e reivindicações para políticas públicas. São Paulo: Fórum Centro Vivo (mimeo), 2006. (Dossiê de denúncia).

FUNDAÇÃO SEADE. São Paulo, 2014.

GASPAR, Ricardo Carlos. *Economia, política e território*: o plano diretor de São Paulo. 2005. Tese (Doutorado) — Pontifícia Universidade Católica de São Paulo, São Paulo, 2005.

GATTI, Simone. *Entre a permanência e o deslocamento*: ZEIS-3 como ferramenta de manutenção da população de baixa renda em áreas centrais. O caso da ZEIS-3 inserida no perímetro do Nova Luz. 2015. Tese (Doutorado) — Faculdade de Arquitetura e Urbanismo, Universidade de São Paulo, São Paulo, 2015.

GOMES, Aline Viotto. *Direito e financiamento*: as transformações regulatórias na passagem do sistema financeiro de habitação para o sistema de financiamento imobiliário. 2015. Dissertação (Mestrado) — Faculdade de Direito, Universidade de São Paulo, São Paulo, 2015.

GOMIDE, Alexandre; PIRES, Roberto. *Capacidades Estatais e Democracia*: arranjos Institucionais de Políticas Públicas. Brasília: Instituto de Pesquisa Econômica Aplicada, 2014.

GRAU, Eros Roberto. *Planejamento econômico e regra jurídica*. São Paulo: Editora Revista dos Tribunais, 1978.

GRAZIA, Grazia de. Estatuto da Cidade: uma longa história com vitórias e derrotas. In: OSÓRIO, Letícia Marques (org.). *Estatuto da Cidade e reforma urbana*: novas perspectivas para as cidades brasileiras. Porto Alegre: Sergio Antonio Fabris, 2002. p. 15-37.

GRAZIA, Grazia de. Reforma urbana e Estatuto da Cidade. In: RIBEIRO, Luiz Cesar de Queiroz; CARDOSO, Adauto Lucio (org.). *Reforma urbana e gestão democrática*: promessas e desafios do Estatuto da Cidade. Rio de Janeiro: Revan, 2003. p. 53-70.

HABER, Carolina. *A relação entre direito e política no processo legislativo penal*. 2011. Tese (Doutorado) — Faculdade de Direito, Universidade de São Paulo, São Paulo, 2011.

HALL, Peter; TAYLOR, Rosemary. As três versões do neoinstitucionalismo. *Lua Nova: Revista de Cultura e Política*, n. 58, p. 193-223, 2005.

HAM, Chirstopher; HILL, Michael. *The policy process in the modern capitalist state*. Londres: Harvester Wheatsheaf, 1993.

HECLO, Hugh. Issue network and the executive stablishment. In: KING, Anthony (Ed.). *The new American political system*. Washington: American Institute for Public Policy Research, 1978.

HILL, Michael; HUPE, Peter. *Implementing public policy*. London: Sage Publication, 2009.

HIRATA, Márcia Saeko; PEREIRA, Paulo Cesar Xavier. A participação na revisão do plano diretor estratégico de São Paulo. Apropriação e consumo na produção do espaço urbano. *Scripta Nova: Revista Electrónica de Geografía y Ciencias Sociales*, v. 14, n. 331, ago. 2010.

HOGWOOD, Brian; GUNN, Lewis. *Policy Analysis for the Real World*. Oxford: Oxford University Press, 1984.

HOOGHE, Liesbet; MARKS, Gary; SCHAKEL, Arjan H. *The rise of regional authority*: a comparative study of 42 democracies. London: Routledge, 2010.

HOYLER, Telma. O cotidiano esquecido da regulação na produção habitacional privada. In: MARQUES, Eduardo (org.). *As políticas do urbano em São Paulo*. São Paulo: Editora UNESP; Centro de Estudos da Metrópole, 2018.

HORTA, Ricardo de Lins e; ALMEIDA, Vera Ribeiro; CHILVARQUER, Marcelo. Avaliando o desenvolvimento da pesquisa empírica no Brasil: o caso do projeto pensando o direito. *Revista de Estudo Empíricos em Direito*, v. 1, n. 2, p. 162-183, jul. 2014.

IMMERGUT, Ellen. The rules of the game: The logic of health policymaking in France, Switzerland and Sweden. In: STEINMO, Sven; THELEN, Kathleen; LONGSTRETH, Frank. *Structuring Politics*. Historical Institutionalism in Comparative Analysis. Cambridge: University Press, 1992. p. 57-89.

INSTITUTO BRASILEIRO DE GEOGRAFIA E ESTATÍSTICA — IBGE. *Censo demográfico 2010*. Brasília: IBGE, 2010.

INSTITUTO BRASILEIRO DE GEOGRAFIA E ESTATÍSTICA — IBGE. *Pesquisa de Informações Básicas Municipais 2013*. Brasília: IBGE, 2013.

INSTITUTO BRASILEIRO DE GEOGRAFIA E ESTATÍSTICA — IBGE. *Pesquisa de Informações Básicas Municipais*: perfil dos Municípios brasileiros: 2017. Rio de Janeiro: IBGE, 2017.

INSTITUTO BRASILEIRO DE GEOGRAFIA E ESTATÍSTICA — IBGE. *Pesquisa de Informações Básicas Municipais*: perfil dos Municípios brasileiros 2018. Rio de Janeiro: IBGE, 2019.

INSTITUTO DE PESQUISA ECONÔMICA APLICADA — IPEA. *Parcelamento, edificação ou utilização compulsórios e IPTU progressivo no tempo*: regulação e aplicação. Brasília: Ministério da Justiça, Secretaria de Assuntos Legislativos, 2015. 56 v. (Série pensando o Direito).

INSTITUTO DE PESQUISA ECONÔMICA APLICADA — IPEA. *Relatório brasileiro para o Habitat III*. Brasília: Concidades, IPEA, 2016.

JACOBS, Jane. *Morte e vida de grandes cidades*. São Paulo: Martins Fontes, 2011.

JENKINS, William. Policy Analysis: *A Political and Organizational Perspective*. London: Martin Robertson, 1978.

JOBERT, Bruno; MULLER, Pierre. 1987. *L'État en action*: politiques publiques et corporatismes. Paris: PUF, 1987.

KAGAN, Robert. Regulators and Regulatory Processes. In: KAGAN, Robert. *The Blackwell Companion to Law and Society*. Oxford: Blackwell Publishing Ltda., 2007.

KLINTOWITZ, Danielle Cavalcanti. *Entre a reforma urbana e a reforma imobiliária*: a coordenação de interesses na política habitacional brasileira nos anos 2000. 2015. Tese (Doutorado) — Fundação Getúlio Vargas, São Paulo, 2015.

KNOKE, D. Networks of elite structure and decision making. In: GALASKIEWICZ, Joseph; WASSERMAN, Stanley (org.). *Advances in social network analysis*. New York: Cambridge University Press, 1992. p. 274-295.

LASCOUMES, Pierre; LE GALÈS, Patrick. Introduction: understanding public policy through its instruments — from nature of instruments to the sociology of public policy instrumentation. *Governance*: *An International Journal of Policy*, Administration and Institution, v. 20, n. 1, p. 1-21, 2007.

LASSWELL, Harold. *The Decision Process*: Seven Categories of Functional Analysis. College Park: University of Maryland, 1956.

LAUBEDÉRE, Andre de. *Direito público econômico*. Coimbra: Livraria Almedina, 1985.

LE GALÈS, Patrick. Urban policies in Europe: what is governed? In: BRIDGE, Gary; WATSON, Sophie (Ed.). *The New Blackwell Companion to the City*. Oxford: Blackwell, 2011.

LEITE, Luis Felipe Tegon Cerqueira; MENCIO, Mariana (coord.). *Regularização fundiária urbana*: desafios e perspectivas para a aplicação da Lei nº 13.465/17. São Paulo: Letras Jurídicas, 2019.

LEVIN, Alexandre. *Operação urbana consorciada*: concertação público-privada para a justa de distribuição dos benefícios decorrentes da atividade urbanística. 2014. Tese (Doutorado) — Faculdade de Direito, Pontifícia Universidade Católica de São Paulo, São Paulo, 2014.

LIEBERMAN, Evan. Causal inference in historical institucional analysis: a specification of periodization strategies. *Comparative Political Studies*, v. 34, n. 9, p. 1011-1035, 2001.

LIBÓRIO, Daniela Campos; FROTA, Henrique Botelho; CARDOSO, Patrícia de Menezes; GUIMARÃES, Irene Maestro. *Direito Urbanístico em juízo*: estudo de acórdãos do Tribunal de Justiça do Estado de São Paulo. São Paulo: IBDU, 2016.

LIMA, Márcia. "Raça" e pobreza em contextos metropolitanos. *Tempo Social — Revista de Sociologia da USP*, v. 24, n. 2, p. 233-254, 2012.

LIPSKY, Michael. *Street-level bureaucracy*: dilemas of the individual in public services. New York: Russel Sage Foundation, 1980.

LIMA NETO, Vicente Correia; FURTADO, Bernardo Alves; KRAUSE, Cleandro. *Estimativas do Déficit Habitacional brasileiro (PNAD 2007-2012)*. Nota técnica nº 5, Brasília: IPEA, 2013.

LIMA NETO, Vicente Correia; KRAUSE, Cleandro Henrique; BALBIM, Renato Nunes. *Instrumentos urbanísticos à luz dos planos diretores:* uma análise a partir de um circuito completo de intervenção. Rio de Janeiro: Ipea, 2014.

LOMAR, Paulo José Vilella. *A concessão urbanística*. 2001. Dissertação (Mestrado) - Faculdade de Direito, Pontifícia Universidade Católica de São Paulo. São Paulo, 2001.

LOMAR, Paulo José Vilella. Concessão urbanística. In: DALLARI, Adilson; FERRAZ, Sérgio (org.). *Estatuto da Cidade*: comentários à Lei Federal 10.257/2001. São Paulo: Malheiros Editores Ltda., 2002.

LOTTA, Gabriela. *Agentes de implementação*: um olhar sobre as políticas públicas. Campinas: Associação Brasileira de Ciência Política, 2008.

LOTTA, Gabriela. Agentes de implementação: um olhar sobre as políticas públicas. *Cadernos Gestão Pública e Cidadania*, São Paulo, v. 19, n. 65, jul./dez. 2014.

LOTTA, Gabriela; PIRES, Roberto; OLIVEIRA, Vanessa. Burocratas de médio escalão: novos olhares sobre velhos atores da produção de políticas públicas. *Revista do Serviço Público*, Brasília, v. 65, n. 4, p. 463-492, out./dez. 2014.

LOTTA, Gabriela; SANTIAGO, Ariadne. Autonomia e Discricionariedade: Matizando Conceitos-Chave Para o Estudo de Burocracia. *Revista Brasileira de Informação Bibliográfica em Ciências Sociais*, v. 83, n. 1, p. 21-42, 2017.

LOUREIRO, Carlos; SAULE JUNIOR, Nelson; BEDESCHI, Luciana; ROMEIRO; MARQUES, Sabrina. São Vito, socorrei um coração aflito. Defensoria Pública e assessorias jurídicas populares na defesa da ordem urbanística. In: FERNANDES, Edésio; ALFONSIN, Betânia (coord.). *Direito à Moradia Adequada*: o que é, para que serve, como defender e efetivar. Belo Horizonte: Fórum, 2014. p. 183-207.

LOWI, Theodore J. American business, public policy, case studies and political theory. *World Politics*, v. 16, 1964.

LOWI, Theodore J. Four systems of policy, politics and choice. *Public Administration Review*, v. 32, n. 4, p. 298-310, jul./aug. 1972.

LOWNDES, Vivien. Rescuing Aunt Sally: Taking institutional theory seriously in urban politics. *Urban Studies*, v. 38, n. 11, p. 1953-1971, 2001.

LUCCHESE, Maria Cecília; ROSSETTO, Rossella. A política urbana no governo militar (1964-1985). In: BONDUKI, Nabil. *A luta pela reforma urbana no Brasil*. Do Seminário de Habitação e Reforma Urbana ao plano diretor de São Paulo. São Paulo: Instituto da Cidade, 2018. p. 35-81.

LUND, Christian. Of what is this a case? Analytical movements in qualitative Social Science Research. *Human Organization*, v. 73, n. 3, 2014.

MACHADO, Maíra. O estudo de caso na pesquisa em direito. *In*: MACHADO, Maíra (org.). *Pesquisar empiricamente o Direito*. São Paulo: Rede de Estudos Empíricos em Direito, 2017. p. 356-390.

MACK, Ruth. *Planning and Uncertainty*. New York: John Wiley, 1971.

MAHONEY, James; THELEN, Kathleen. A theory of gradual institutional change. In: MAHONEY, James; THELEN, Kathleen. *Explaining institutional change*: ambiguity, agency, and power. Cambridge: Cambridge University Press, 2010. p. 1-38.

MARICATO, Ermínia. *Metrópole na periferia do capitalismo*: desigualdade, ilegalidade e violência. São Paulo: Hucitec, 1996.

MARICATO, Ermínia. As ideias fora do lugar e o lugar fora das ideias. Planejamento urbano no Brasil. In: ARANTES, Otília; VAINER, Carlos; MARICATO, Ermínia (org.). *A cidade do pensamento único*: desmanchando consensos. 3. ed. Petrópolis: Vozes, 2000. p. 121-192.

MARICATO, Ermínia. *Brasil, cidades*: alternativas para a crise urbana. Petrópolis: Editora Vozes, 2001.

MARICATO, Ermínia. Nunca fomos tão participativos. *Revista Sem Terra*, ano X, n. 43, 17-20 jan./fev. 2008.

MARICATO, Ermínia. *O impasse da política urbana no Brasil*. Petrópolis: Editora Vozes, 2011.

MARICATO, Ermínia; FERREIRA, João Sette Whitaker. Operação urbana consorciada: diversificação urbanística participativa ou aprofundamento da desigualdade? In: OSORIO, Letícia Marques (org.). *Estatuto da cidade e reforma urbana*: novas perspectivas para cidades brasileiras. Porto Alegre: Sergio Antonio Fabris, 2002.

MARQUES, Eduardo. Notas críticas a literatura sobre Estado, políticas estatais e atores políticos. *Revista Brasileira de Informação Bibliográfica em Ciências Sociais*, n. 43, p. 67-102, 1997.

MARQUES, Eduardo. State institutions, power, and social networks in brazilian urban policies. *Latin American Research Review*, v. 47, n. 2, p. 27-50, 2012a.

MARQUES, Eduardo. *Redes sociais no Brasil*: sociabilidade, organizações civis e políticas públicas. Belo Horizonte: Ed. Fino Traço, 2012b.

MARQUES, Eduardo. As políticas públicas na ciência política. In: MARQUES, Eduardo; FARIA, Carlos Aurélio Pimenta de (org.). *A política pública como campo multidisciplinar*. São Paulo: Ed. Unesp; CEM, 2013.

MARQUES, Eduardo. Government, political actors and governance in urban policies in Brazil and São Paulo: concepts for a future research agenda. *Brazilian Political Science Review*, v. 7, n. 3, p. 8-35, 2014.

MARQUES, Eduardo. Notas sobre a política e as políticas do urbano no Brasil. *Texto para discussão nº 18/2016*. São Paulo: Centro de Estudos da Metrópole, 2016.

MARQUES, Eduardo. Em busca de um objeto esquecido: a política e as políticas do urbano no Brasil. *Revista Brasileira de Ciências Sociais*, v. 32, n. 95, p. 1, 2017.

MARQUES, Eduardo (org.). *As políticas do urbano em São Paulo*. São Paulo: Editora UNESP; Centro de Estudos da Metrópole, 2018.

MARQUES, Eduardo. Transformações, avanços e impasses nas políticas urbanas brasileiras recentes. *In*: ARRETCHE, Marta; MARQUES, Eduardo; FARIA, Carlos Aurélio Pimenta de (org.). *As políticas da política*. Desigualdades e inclusão nos governos do PSDB e do PT. São Paulo: Editora Unesp, 2019.

MARQUES, Eduardo; FARIA, Carlos Aurélio Pimenta de (org.). *A Política Pública como campo multidisciplinar*. São Paulo: Ed. Unesp/CEM, 2013.

MARQUES, Eduardo; PULHEZ, Magaly; PAGIN, Stefano. Produção pública da habitação. *In*: MARQUES, Eduardo (org.). *As políticas do urbano em São Paulo*. São Paulo: Editora UNESP; Centro de Estudos da Metrópole, 2018.

MARQUES, Eduardo; SARAIVA, Camila Saraiva. Favelas e periferias nos anos 2000. In: KOWARICK, Lúcio; MARQUES, Eduardo (org.). *São Paulo*: novos percursos e atores (sociedade, cultura e política). São Paulo: Ed. 34; Centro de Estudos da Metrópole, 2011.

MARQUES, Eduardo; TORRES Haroldo; SARAIVA, Camila. Favelas no município de São Paulo: estimativas de população para os anos de 1991, 1996 e 2000. *Revista Brasileira de Estudos Urbanos e Regionais*, v. 5, n. 1, p. 15, 2003.

MASSONETTO, Luís Fernando. Operações urbanas consorciadas: a regulação urbana em questão. *Revista da Procuradoria Geral do Município de Porto Alegre*, n. 17, 2003.

MASSONETTO, Luís Fernando; BERCOVICI, Gilberto. Limites da regulação: esboço para uma nova crítica metodológica do novo direito público na economia. *Revista de Direito Público da Economia*. Belo Horizonte, ano 7, n. 25, p. 137-147, jan./mar. 2009.

MARTINS, Maria Lucia Refinetti. São Paulo: além do plano diretor. *Revista de Estudos Avançados da Universidade de São Paulo*, v. 17, n. 47, p. 167-186, jan./abr. 2003.

MARTINS, Maria Lucia Refinetti. *Moradia e Mananciais*: tensão e diálogo na metrópole. São Paulo: FAUUSP, LABHAB, 2006.

MEDAUAR, Odete. A força vinculante das diretrizes gerais da política urbana. In: FINK, Daniel Roberto (org.). *Temas de direito urbanístico — 4*. São Paulo: Imprensa Oficial do Estado: Ministério Público do Estado de São Paulo, 2005.

MEIRELLES, Hely Lopes. *Direito administrativo brasileiro*. 36. ed. São Paulo: Malheiros, 2010.

MELLO, Celso Antônio Bandeira de. *Curso de direito administrativo*. 26. ed. São Paulo: Malheiros, 2009.

MELLO, Celso Antônio Bandeira de. *Discricionariedade e controle jurisdicional*. 2. ed. São Paulo: Malheiros, 2010.

MENDES, Gilmar Ferreira; COELHO, Inocêncio Mártires; BRANCO, Paulo Gustavo Gonet. *Curso de direito constitucional*. 4. ed. rev. atual. São Paulo: Saraiva, 2009.

MENEGON, Natasha Mincoff. *Planejamento, território e indústria*: as operações urbanas em São Paulo. 2008. Dissertação (Mestrado) — Faculdade de Arquitetura e Urbanismo, Universidade de São Paulo, São Paulo, 2008.

MILANO, Giovanna Bonilha. Conflitos fundiários urbanos no poder judiciário: estratégias discursivas no fundamento das decisões. *Revista de Direito da Cidade*, v. 9, n. 4, p. 2047-2071, 2017.

MIRANDA, João. *A dinâmica jurídica do planejamento territorial*: a alteração, a revisão e a suspensão dos planos. Coimbra: Coimbra Ed., 2002.

MONTANDON, Daniel. A implementação do Estatuto da Cidade na escala local: a experiência de São Paulo. In: ROSSBACH, Ana Cláudia (org.). *Estatuto da Cidade:* a velha e a nova agenda urbana: uma análise de 15 anos da lei. São Paulo: Citties Alliance: Publisher Brasil, 2016. p. 69-91.

MOYA, Maria Encarnación. Os estudos sobre a cidade: quarenta anos de mudança nos olhares sobre a cidade e o social. In: KOWARICK, Lúcio; MARQUES, Eduardo (org.). *São Paulo*: novos percursos e atores (sociedade, cultura e política). São Paulo: Ed. 34; Centro de Estudos da Metrópole, 2011. p. 25-52.

MÜLLER, Frank; SEGURA, Ramiro. The uses of informality. Urban development and social distinction in Mexico City. *Latin America Perspectives*, v. 44, n. 3, p. 158-175, maio 2017.

NASCIMENTO, Mariana Chiesa Gouveia. *Regularização fundiária urbana de interesse social no direito brasileiro*. 2013. Dissertação (Mestrado) — Faculdade de Direito, Universidade de São Paulo, São Paulo, 2013.

NASCIMENTO, Mariana Chiesa Gouveia. *Novas formas de exercício da função administrativa na regulação urbanística*. 2017. Tese (doutorado) — Faculdade de Direito, Universidade de São Paulo, São Paulo, 2017.

NOBRE, Eduardo. Recuperação da valorização imobiliária para financiamento da transformação urbana. In: BALBIM, Renato; KRAUSE, Cleandro (orgs.). *Eixos de Estruturação da Transformação Urbana*: Inovação e Avaliação em São Paulo. Brasília: IPEA, 2016. p. 161-215.

NOBRE, Marcos. *et al*. (org.). *O que é pesquisa em direito?* São Paulo: Quartier Latin, 2005.

PAIM, Débora Gambetta. *A instrumentalização da política urbana no Município de São Paulo*: uma análise do Fundo Municipal de Desenvolvimento Urbano. 2019. Dissertação (Mestrado) — Universidade de São Paulo, São Paulo, 2019.

PAIVA, Grazielle de Albuquerque Moura; FROTA, Henrique Botelho; OLIVEIRA, Thiago Mendes (org.). *Instituto Brasileiro de Direito Urbanístico, 10 anos*: uma nova agenda para o direito. São Paulo: IBDU, 2015.

PAULA, Felipe de. *Avaliação Legislativa no Brasil*: limites e possibilidades. 2016. Tese (Doutorado) — Faculdade de Direito, Universidade de São Paulo, São Paulo, 2016.

PIMENTA, Raquel de Mattos. Reformas anticorrupção e arranjos institucionais: o caso dos acordos de leniência. 2019. Tese (Doutorado) — Faculdade de Direito, Universidade de São Paulo, São Paulo, 2019.

PINHEIRO, Edie; SANTORO, Paula (org.). *O planejamento do município e o território rural*. São Paulo: Instituto Polis, 2004. (Caderno Polis 8).

PIRES, Roberto. A implementação de políticas públicas nos encontros entre burocratas e destinatários: contribuições da sociologia do guichê. In: ENCONTRO ANUAL DA ANPOCS, 40., 2016, Caxambu. *Anais*... Caxambu, MG: ANPOCS, 2016.

PÓLIS, Instituto. *Regularização fundiária em áreas públicas municipais ocupadas por população de baixa renda*. São Paulo: Secretaria de Habitação e Desenvolvimento Urbano; Superintendência de Habitação Popular, 2002. Disponível em: https://www.mdr.gov.

br//images/stories/ArquivosSNPU/Biblioteca/RegularizacaoFundiaria/Parecer_Juridico_Baixa_Renda.pdf. Acesso em: 06 fev. 2020.

POUND, Roscoe. Law in Books and Law in Action. *American Law Review*, v. 44, p. 15, 1910.

PRESSMAN, Jeffrey; WILDAVSKY, Aaron. *Implementation*: how great expectations in Washington are dashed in Oakland; or why it's amazing that federal programs work at all. Los Angeles: University of California Press, 1973.

REZENDE, Vera F. *et al.* A outorga onerosa do direito de construir e o solo criado: uma necessária avaliação das matrizes conceituais. *Revista Brasileira de Estudos Urbanos e Regionais*, v. 11, n. 2, p. 51-71, nov. 2009.

REZENDE, Vera F. *et al.* Revisão bibliográfica comentada dos fundamentos da outorga onerosa do direito de construir. *Revista Direito à Cidade*, v. 3, n. 2, p. 156-205, 2011.

RIBEIRO, César Ivan. Políticas públicas e teorias do Estado: o papel das teorias de médio alcance. *Revista Estudos Institucionais*, v. 5, n. 3, p. 856-877, set./dez. 2019.

RIBEIRO, Luiz César de Queiroz; CARDOSO, Adauto Lucio. Plano Diretor e Gestão Democrática da cidade. In: GRAZIA de Grazia (org.). *Plano Diretor*. Instrumento de Reforma Urbana. Rio de Janeiro: Federação de Órgãos para Assistência Social e Educacional – FASE, 1990.

ROLNIK, Raquel. *A cidade e a lei*: legislação, política urbana e territórios na cidade de São Paulo. São Paulo: Studio Nobel/Fapesp, 1995.

ROLNIK, Raquel. Planejamento urbano nos anos 90: novas perspectivas para velhos temas. *In*: RIBEIRO, Luis César Ribeiro; JÚNIOR, Orlando (org.). *Globalização, Fragmentação e Reforma Urbana*: O futuro das cidades brasileiras na crise, Rio de Janeiro: Civilização Brasileira, 1997. p. 351-360.

ROLNIK, Raquel. Plano diretor e o Estatuto da Cidade: instrumento para as cidades que sonham crescer com justiça e beleza. *Revista de Direito Imobiliário*, São Paulo, v. 25, n. 52, p. 15, jan./jun. 2002.

ROLNIK, Raquel. A construção de uma política fundiária e de planejamento urbano para o país: avanços e desafios. In: BUENO, Laura; CYMBALISTA, Renato (org.). *O município em ação*: elaboração e aplicabilidade de planos diretores. São Paulo: Anna Blume, 2007. p. 271-283.

ROLNIK, Raquel. Democracy on the Edge: Limits and Possibilities in the Implementation of an Urban Reform Agenda in Brazil. *International Journal of Urban and Regional Research*, v. 35, n. 2, p. 239-255, 2011.

ROLNIK, Raquel. *A guerra dos lugares*. A colonização da terra e da moradia na era das finanças. São Paulo: Editora Boitempo, 2015.

ROLNIK, Raquel. *Territórios em conflito*. São Paulo: espaço, história e política. São Paulo: Três estrelas, 2017.

ROLNIK, Raquel; SAULE JÚNIOR, Nelson (org.). *Estatuto da cidade*: guia para implementação pelos municípios e cidadãos: Lei nº 10.257, de 10 de julho de 2001 que estabelece diretrizes gerais da política urbana. 2. ed. Brasília: Câmara dos Deputados, Coordenação de Publicações, 2002.

ROLNIK, Raquel; NAKANO, Kazuo; CYMBALISTA, Renato. Urban Land and Social Housing in Brazil: the issue of land in Participatory Master Plans. In: Cymbalista, Renato; Paulics,

Veronika (coord.). *The Challenges of Democratic Management in Brazil*: the right to the city. São Paulo: Instituto Pólis; Fundação Ford, 2008. p. 83-113.

ROLNIK, Raquel; SANTORO, Paula F. *Zonas Especiales de Interés Social (ZEIS) em ciudades brasileñas*: trayectoria de implementación de um instrumento de política de suelo. Massachusetts, EUA: Lincoln Institute of Land Policy, 2014.

ROMEIRO, Paulo Somlanyi. *Zonas especiais de interesse social*: materialização de um novo paradigma no tratamento de assentamentos informais ocupados por população de baixa renda. 2010. Dissertação (Mestrado) — Faculdade de Direito. Pontifícia Universidade Católica de São Paulo, São Paulo, 2010.

ROMEIRO, Paulo Somlanyi; FROTA, Henrique Botelho (org.). *Megaprojetos de impacto urbano e ambiental*: violação de direitos, resistência e possibilidades de defesa das comunidades impactadas. São Paulo: IBDU, 2015.

ROSE, Richard. Comparing public policy: an overview. *European Journal of Political Research*, v. 1, n. 1, p. 67-94, 1973.

ROYER, Luciana. *Financiamento da política habitacional*: limites e perspectivas. 2009. Tese (Doutorado) — Faculdade de Arquitetura e Urbanismo, Universidade de São Paulo, São Paulo, 2009.

SANDRONI, Paulo. *O Cepac (Certificado de Potencial Adicional de Construção) como Instrumento de Captação de Mais Valias Urbanas e Financiamento de Grandes Projetos Urbanos*. Relatório de pesquisa — Fundação Getúlio Vargas, São Paulo, 2008. Disponível em: https://bibliotecadigital.fgv.br/dspace/handle/10438/13354. Acesso em: 20 jun. 2020.

SANDRONI, Paulo. *Os Certificados de Potencial Adicional de Construção (CEPACs) como instrumento para o financiamento do Desenvolvimento Urbano*. Massachusetts, EUA: Lincoln Institute of Land Policy, 2013. Disponível em: https://www.lincolninst.edu/sites/default/files/pubfiles/sandroni-wp14ps1po-full_0.pdf. Acesso em: 20 jun. 2020.

SANTO AMORE, Caio. *Entre o nó e o fato consumado, o lugar dos pobres na cidade*: um estudo sobre as ZEIS e os impasses da reforma urbana na atualidade. 2013. Tese (Doutorado) — Faculdade de Arquitetura e Urbanismo, Universidade de São Paulo, São Paulo, 2013.

SANTORO, Paula. Planejar a expansão urbana: dilemas e perspectivas. 2012. Tese (Doutorado) — Faculdade de Arquitetura e Urbanismo, Universidade de São Paulo, São Paulo, 2012.

SANTORO, Paula; LOPES, Mathews; LEMOS, Letícia. Para onde vão os recursos do Fundurb? *ObservaSP*, São Paulo, 2016. Disponível em: https://observasp.wordpress.com/2016/07/28/para-onde-vao-os-recursos-do-fundurb/. Acesso em: 10 nov. 2019.

SANTOS, Álvaro Luís Pereira dos. *Intervenções em centros urbanos e conflitos distributivos*: modelos regulatórios, circuitos de valorização e estratégias discursivas. 2016. Tese (Doutorado) — Faculdade de Direito, Universidade de São Paulo, São Paulo, 2016.

SANTOS JUNIOR, Orlando Alves dos; MONTANDON, Daniel Todtmann (org.). *Os planos diretores municipais pós Estatuto da Cidade:* balanço crítico e perspectivas. Rio de Janeiro: Letra Capital: Observatório das Cidades: IPPUR/UFRJ, 2011a. (CD-ROM).

SANTOS JUNIOR, Orlando Alves dos; MONTANDON, Daniel Todtmann. Síntese, Desafios e Recomendações. In: SANTOS JUNIOR, Orlando Alves dos; MONTANDON, Daniel Todtmann (org.). *Os planos diretores municipais pós Estatuto da Cidade*: balanço crítico e perspectivas. Rio de Janeiro: Letra Capital: Observatório das Cidades: IPPUR/UFRJ, 2011b. p. 78-84.

SÃO PAULO. Câmara Municipal de São Paulo. *Relatório final da Comissão Parlamentar de inquérito para apurar as Operações interligadas (Leis nº 10.209/86 e nº 11.426/93) realizadas no município de São Paulo desde a promulgação da lei nº 10.209/86*. São Paulo, 2001. Disponível em: http://documentacao.saopaulo.sp.leg.br/iah/fulltext/relatoriocomis/RELFINRDP08-0111-2001.pdf. Acesso em: 20 jan. 2020.

SÃO PAULO. Secretaria Municipal de Desenvolvimento Urbano. *PDE 10 anos*: Plano Diretor Estratégico da Cidade de São Paulo. São Paulo: SMDU, 2012.

SÃO PAULO. Secretaria Municipal de Desenvolvimento Urbano; Secretaria Municipal de Habitação. *Revisão do plano diretor estratégico*: habitação. São Paulo, 2013. Disponível em: http://gestaourbana.prefeitura.sp.gov.br/. Acesso em: 23 jun. 2020.

SÃO PAULO. Secretaria de Desenvolvimento Urbano; Secretaria de Habitação. *Avaliação do plano diretor*: Habitação. São Paulo, 2013. (Apresentação em *power point*). Disponível em: https://gestaourbana.prefeitura.sp.gov.br/arquivos/GT_HABITACAO_PDE_-_APRESENTACAO_-_04maio2013_-_v09_05.pdf. Acesso em: 06 fev. 2020.

SÃO PAULO. *Câmara Municipal de São Paulo*. São Paulo, 2018a. Disponível em: http://www.camara.sp.gov.br. Acesso em: 21 jul. 2018.

SÃO PAULO. *Prefeitura de São Paulo*. São Paulo, 2018b. Disponível em: http://www.prefeitura.sp.gov.br. Acesso em: 21 jul. 2018.

SÃO PAULO. *Prefeitura de São Paulo*. Gestão Urbana SP. São Paulo, 2018c. Disponível em: http://gestaourbana.prefeitura.sp.gov.br/. Acesso em: 21 jul. 2018.

SÃO PAULO. *Tribunal de Justiça Estado de São Paulo*. São Paulo, 2018d. Disponível em: http://www.tjsp.jus.br/. Acesso em: 21 jul. 2018.

SÃO PAULO. Departamento Intersindical de Estatística e Estudos Socioeconômicos (DIEESE). *Pesquisa nacional da Cesta Básica de Alimentos*. s.l., 2020. Disponível em: https://www.dieese.org.br/analisecestabasica/salarioMinimo.html. Acesso em: 18 de mar. 2020.

SARUE, Betina; PAGIN, Stefano. Política de renovação urbana: conflitos, instrumentos e gradualismo. *In*: MARQUES, Eduardo (org.). *As políticas do urbano em São Paulo*. São Paulo: Editora UNESP; Centro de Estudos da Metrópole, 2018. p. 313-345.

SAULE JUNIOR, Nelson. *Novas perspectivas do direito urbanístico brasileiro*: ordenamento constitucional da política urbana: aplicação e eficácia do plano diretor. Porto Alegre: S.A. Fabris Editora, 1997.

SAULE JUNIOR, Nelson. *A proteção jurídica da moradia nos assentamentos irregulares*. Porto Alegre: S.A. Fabris Editora, 2004a.

SAULE JUNIOR, Nelson. A competência do município para disciplinar o território rural. In: PINHEIRO, Edie; SANTORO, Paula (org.). *O planejamento do município e o território rural*. São Paulo: Instituto Polis, 2004b. p. 41-52. (Caderno Polis 8).

SAULE JUNIOR, Nelson. *A Perspectiva do Direito à Cidade e da Reforma Urbana na Revisão da Lei de Parcelamento do Solo*. São Paulo: Instituto Pólis, 2008.

SAULE JUNIOR, Nelson; CHUEIRI, Thais de Ricardo; VALLE, Raul Silva Telles. Plano diretor do Município de São Gabriel da Cachoeira. Aspectos relevantes da leitura jurídica. In: SAULE JUNIOR, Nelson Saule (org.). *Direito urbanístico*: vias jurídicas das políticas urbanas. Porto Alegre: Sergio Antonio Fabris Editor, 2007. p. 135-273.

SCHNEIDER, Mark *et al*. Building consensual institutions: Networks and the National Estuary Program. *American Journal of Political Science*, v. 47, n. 1, p. 143-158, 2003.

SHAPIRO, Martin. Law and Politics: The Problem of Boundaries. In: WHITTINGTON, Keith; KELEMEN, Daniel; CALDEIRA, Gregory (Ed.). *The Oxford Handbook of Law and Politics*. Oxford: University Press, 2008. n. p.

SILBEY, Susan; SARAT, Austin. Critical Traditions in Law and Society Research. *Law & Society Review*, v. 21, n. 1, p. 165-174, 1987.

SILVA, Ana Amélia; SAULE JUNIOR, Nelson (org.). *A cidade faz sua Constituição*. São Paulo: Instituto Polis, 1993.

SILVA, Fábio de Sá e. Vetores, desafios e apostas possíveis na pesquisa empírica em direito no Brasil. *Revista de Estudos Empíricos em Direito*, v. 3, n. 1, p. 24-53, jan. 2016.

SILVA, José Afonso da. *Aplicabilidade das normas constitucionais*. 6. ed. São Paulo: Malheiros Editores Ltda., 2003.

SILVA, José Afonso da. *Direito urbanístico brasileiro*. 4. ed. São Paulo: Malheiros Editores. 2006.

SILVA, Virgílio Afonso da. *Direitos fundamentais*: conteúdo essencial, restrições e eficácia. 2. ed. São Paulo: Malheiros Editores Ltda, 2010.

SIMON, Herbert. *Administrative Behavior*. New York: The Free Press, 1945.

SKOCPOL, Theda. Bringing the state back in: strategies of analysis in current research. In: EVANS, Peter; RUESSCHMEYER, Dietrich; SKOCPOL, Theda (org.). *Bringing the state back*. Cambridge: University Press, 1985. p. 3-37.

SMITH, Rogers. Historical Institutionalism and the Study of Law. In: WHITTINGTON, Keith; KELEMEN, Daniel; CALDEIRA, Gregory (Ed.). *The Oxford Handbook of Law and Politics*. Oxford: University Press, 2008. n. p.

STEINMO, Sven; THELEN, Kathleen. Historic institutionalism in comparative politics. In: STEINMO, Sven; THELEN, Kathleen; LONGSTRETH, Frank. *Structuring Politics*: historical Institutionalism in Comparative Analysis. Cambridge: University Press, 1992. p. 1-32.

SOUSA JUNIOR, José Geraldo de. *et al.* (org.). *O direito achado na rua*: introdução crítica ao direito urbanístico. Brasília: Editora Universidade de Brasília, 2019. 9 v.

SOUZA, Felipe Francisco de. *A batalha pelo centro de São Paulo*: Santa Ifigênia, concessão urbanística e o Projeto Nova Luz. São Paulo: Paulo's Editora, 2011.

SOUZA, Marcelo Lopes de. *Mudar a Cidade*: uma introdução crítica ao planejamento e à gestão urbanos. 2. ed. Rio de Janeiro: Bertrand Brasil, 2003.

STOKER, Gerry. Governance as theory: five propositions. *International Social Science Journal*, v. 50, n. 155, p. 17-28, 1998.

STONE, Clarence. Urban regimes and the capacity to govern: a political economy approach. *Journal of Urban Affairs*, v. 15, n. 1, p. 1-28, 1993.

STREECK, Wolfgang; THELEN, Kathleen. Introduction: institucional change in advanced political economies. In: STREECK, Wolfgang; THELEN, Kathleen (org.). *Beyond Continuity*: institucional change in advanced political economies. New York: Oxford University Press, 2005. p. 1-40.

SUNDFELD, Carlos Ari. O Estatuto da Cidade e suas diretrizes gerais. In: DALLARI, Adilson; FERRAZ, Sérgio (org.). *Estatuto da Cidade*: comentários à Lei Federal 10.257/2001. São Paulo: Malheiros Editores Ltda., 2002. p. 44-60.

SUNDFELD, Carlos Ari. *Direito administrativo para céticos*. São Paulo: Malheiros Editores Ltda., 2013.

SUTTI, Weber. O Ministério das Cidades e o ciclo de planos diretores do século XXI. In: BONDUKI, Nabil. *A luta pela reforma urbana no Brasil*. Do Seminário de Habitação e Reforma Urbana ao plano diretor de São Paulo. São Paulo: Instituto da Cidade, 2018. p. 139-179.

TEIXEIRA, J. H. Meirelles. *Curso de direito constitucional*. Rio de Janeiro: Forense Universitária, 1991.

THEODORO, Mário. A implementação de uma agenda racial de políticas públicas: a experiência brasileira. In: ARRETCHE, Marta; MARQUES, Eduardo; FARIA, Carlos Aurélio Pimenta de. *As políticas da política*. Desigualdades e inclusão nos governos do PSDB e do PT. São Paulo: Editora Unesp, 2019.

TOLEDO, José Carlos José Teixeira. O neoinstitucionalismo histórico como método de análise jurídica das políticas públicas: o estudo da trajetória da política de carreira docente. *Revista Estudos Institucionais*, v. 5, n. 3, p. 977-1002, set./dez. 2019.

TORFING, Jacob. Path Dependent Danish Welfare Reforms: the contribution of the new institutionalisms to understanding evolutionary change. *Scandinavian Political Studies*, v. 24, n. 4, p. 277-309, 2001.

TRUBEK, David M.; COUTINHO, Diogo R.; SCHAPIRO, Mario Gomes. New state activism in Brazil and the challenge for law. *Law and the new developmental state*: the Brazilian experience in Latin American context. [S.l: s.n.], 2013. p. 28-62.

VILLAÇA, Flávio. Plano diretor hoje. *Revista Cepam*, ano I, n. 2, p. 21-24, abr./jun. 1990.

VILLAÇA, Flávio. Uma contribuição para a história do planejamento urbano no Brasil. In: DEÁK, Csaba; SCHIFFER, Sueli Ramos (org.). *O processo de urbanização no Brasil*. São Paulo: Editora da Universidade de São Paulo, 1999.

VILLAÇA, Flávio. *As ilusões do plano diretor*. São Paulo: Edição do autor, 2005.

UNGARETTI, Débora *et al*. (org.). *Propriedades em transformação*: abordagens multidisciplinares sobre a propriedade no Brasil. São Paulo: Blucher, 2018.

WILDERODE, Daniel Julien van. Operações Interligadas: engessando a perna de pau. Instrumentos urbanísticos contra a exclusão social. *Revista Pólis*, São Paulo, n. 29, 1997.

WISSENBACH, Tomás. *Gasto público no território e o território do gasto na política pública (2014-2017)*. São Paulo: Fundação Tide Setubal, 2018.

XAVIER, José Roberto Franco. Algumas notas sobre a entrevista qualitativa de pesquisa. In: MACHADO, Maíra (org.). *Pesquisar empiricamente o Direito*. São Paulo: Rede de Estudos Empíricos em Direito, 2017.

YIN, Robert K. *Estudo de caso*: planejamento e métodos. 3. ed. Porto Alegre: Editora Bookman, 2001.

APÊNDICE A – LINHAS DO TEMPO DA REGULAMENTAÇÃO DO PLANO DIRETOR E INSTRUMENTOS URBANÍSTICOS (2002-2014)

regulação do uso e ocupação do solo

2001
gestão marta suplicy (pt) 2001-2004

Início da elaboração do plano diretor pela Prefeitura

2002

Lei municipal n° 13.430/02
Aprovação plano diretor

2003

Lei municipal n° 13.575/2003
Alteração do prazo para a revisão

PL municipal n° 522/03
Projeto de lei que instituía a lei de uso e ocupação do solo

PL municipal n° 529/03
Projeto de lei que instituía os planos regionais

PL n° 139/04
Projeto de lei que instituía a lei de uso e ocupação do solo e os planos regionais

2004

Lei municipal n° 13.885/04
Aprovação lei de uso e ocupação do solo e planos regionais

Fim das regras de transição do coeficiente aproveitamento do plano diretor

2005
gestão josé serra (psdb) 2005-2006

Lei municipal n° 14.044/05
exclui as garagens do cálculo do coeficiente de aproveitamento

Portaria n° 2395/05
Grupo de trabalho intersecretarial para elaboração do projeto de revisão do plano diretor prevista para 2006

2006
gestão gilberto kassab (pfl/dem/psd) 2006 a 2012

Lei municipal n° 14.253/06
Prorrogação do prazo para a revisão do plano diretor para 2007

2007

PL n° 671/07
Projeto de lei de revisão do plano diretor

2010

Sentença judicial que invalidou a revisão do plano diretor

2013

Retirada pelo Poder Executivo do projeto de lei n° 671/07

2014

Lei municipal n° 16.050/14
Aprova o plano diretor

outorga onerosa e fundurb*

2002

gestão marta suplicy (pt) 2001-2004

Lei municipal n° 13.430/02
Plano diretor

2003

Decreto municipal n° 43.232/03
regulamenta a outorga onerosa de potencial construtivo adicional (1)

Lei municipal n° 13.558/03
dispõe sobre a regularização de edificações e regras de pagamento da outorga onerosa

Decreto municipal n° 43.231/03
Regulamenta o Fundo de Desenvolvimento Urbano

2004

Lei municipal n° 13.885/04
uso e ocupação do solo e planos regionais

Decreto municipal n°44.703/04
regulamenta a outorga onerosa de potencial construtivo adicional e revoga os decretos anteriores

Decreto municipal n° 45.324/04
dispõe sobre a regularização de edificações

Lei municipal n° 13.740/04
estabelece fator de redução para o cálculo da outorga onerosa e isenção de taxa especifica

gestão josé serra (psdb) 2005-2006

2006

gestão gilberto kassab (pfl/dem/psd) 2006 a 2012

Lei municipal n° 14.242/06
dispõe sobre a concessão de incentivos à implantacão de hospitais (2)

Decreto municipal n° 47.661/06
regulamenta o Fundo de Desenvolvimento Urbano – FUNDURB, e revoga o Decreto n° 43.231, de 22 de maio de 2003 (3)

2012

Lei municipal n° 15.526/12
dispõe sobre a concessão de incentivos à implantação de escolas

Decreto municipal n° 53.061/12
regulamenta os incentivos à implantação de escolas

gestão fernando haddad (pt) 2013-2016

***outorga onerosa do direito de construir e fundo municipal de desnvolvimento urbano**

1. Alterado em 2003
2. Alterado em 2011 e 2012
3. Alterado em 2006, 2008, 2010

zonas especiais de interesse social

1999

Lei federal nº 9.785/99
alterou a Lei Federal nº 6.766/79, que dispõe sobre o parcelamento do solo urbano

2001

governo municipal marta suplicy (pt) 2001-2004

Lei federal nº 10.257/01
Institui o Estatuto da Cidade

2002

Lei municipal nº 13.430/02
Plano diretor

Lei municipal nº 13.433/02
serviço de assessoria técnica em Habitação de Interesse Social (HIS)

Lei municipal 13.259/02
dação em pagamento para extinção de dívida tributária

Decreto municipal nº 42.095/02
dação em pagamento para extinção de dívida tributária

Lei municipal 13.476/02
isenção de ISS para obras de Habitação de Interesse Social

Decreto municipal 41.864/02
Institui a Comissão de Análise Integrada de Projetos de Edificações e de Parcelamento do Solo (CAIEPS), e da outras providencias.

Lei municipal nº 13.425/02
institui o Conselho Municipal de Habitação

2003

Lei municipal nº 13.430/02
Plano diretor de São Paulo

Lei municipal nº 13.513/03
Programa municipal de Regularização Fundiária em Áreas Públicas Municipais (1ª fase)

Decreto municipal nº 43.474/03
regulamenta o Programa municipal de Regularização Fundiária em Areas Públicas Municipais (1ª fase)

Lei municipal nº 13.657/03
isenção de IPTU para imóveis da COHAB; isenção de taxas para projetos de HIS

2004

Resolução nº 34 do Conselho Nacional das Cidades
conteúdo mínimo do plano diretor

Lei municipal nº 13.885/04
Lei de uso e ocupação do solo e planos regionais

Decreto municipal nº 46.677/04
regulamenta as ZEIS e os planos de urbanização; dispõe sobre normas específicas para a produção de Empreendimentos de Habitacão de Interesse Social (EHIS), Habitação de Interesse Social (HIS) e Habitação do Mercado Popular (HMP)

Lei municipal nº 13.736/04
incentivos tributários para aquisição de imóveis destinados a programas habitacionais

2005

governo municipal josé serra (psdb) 2005-2006

Lei Federal nº 11.124/05
instituem o Sistema Nacional de Habitação de Interesse Social e preveem regras e diretrizes para os planos municipais de habitação

Lei municipal nº 14.062/05
Programa Municipal Paraisópolis

2006

gestão gilberto kassab (pfl/dem/psd) 2006 a 2012

Decreto municipal nº 47.824/06
dispõe sobre as competências da Comissão de Análise Integrada de Projetos de Edificacões e de Parcelamento do Solo - CAIEPS

Decreto federal nº 5.796/06
regulamenta o Sistema Nacional de Habitação de Interesse Social

Resolução CONAMA nº 369/06
possibilidades de intervenção ou supressão de áreas de preservação permanente para fins de regularização fundiária sustentável em área urbana

Lei estadual nº 12.233/06
Proteção e recuperação dos mananciais da Guarapiranga

zonas especiais de interesse social

2007

Programa Federal de Aceleração do Crescimento - PAC

2008

Lei municipal n° 14.665/08
Programa municipal de regularização fundiária em áreas públicas municipais (2° fase)

Decreto municipal n° 49.498/08
regulamenta o programa municipal de regularização fundiária em áreas públicas municipais

Decreto municipal n° 14.665/08
regulamenta o programa municipal de regularização fundiária em áreas públicas municipais

Lei federal n° 11.888/08
assistência técnica pública e gratuita para famílias de baixa renda para projeto e a construção de habitação de interesse social

2009

Lei Federal n° 11.977/09
Programa federal Minha Casa Minha Vida e regularização fundiária de assentamentos urbanos informais

Lei estadual n° 13.579/09
Proteção e recuperação dos mananciais da Billings

2011

2013

governo municipal fernando haddad (pt) 2013-2016

2014

Lei municipal n° 16.050/14
Plano diretor de São Paulo

operações urbanas

1986

Lei municipal nº 10.209/86
Lei do Desfavelamento

1988

Lei municipal nº 10.676/88
Plano diretor

1991

Lei municipal nº 11.090/1991
Criação Operação Urbana Anhangabaú

1992

Lei Orgânica Municipal

1995

Lei municipal nº 11.732/95
Criação da Operação Urbana Faria Lima

Lei municipal nº 11.774/95
cria Operação Urbana Água Branca

Lei municipal nº 11.773/95
Operações interligadas

Lei municipal nº 12.349/97
cria Operação Urbana Centro (substitui a Anhangabaú)

2001

gestão marta suplicy (pt) 2001-2004

Lei federal nº 10.257/01
Estatuto da Cidade

Lei municipal nº 13.260/01
Operação Urbana Água Espraiada

Decreto municipal nº 41.257/01
regulamenta Lei nº 11.732/95, que aprova a Operação Urbana Faria Lima

2002

Lei municipal nº 13430/02
institui o plano diretor de São Paulo

2003

Resolução da Comissão de Valores Mobiliários 401/03
registro e negociação do CEPAC

Decreto municipal nº 42.898/03
regulamenta a Operação Urbana Água Espraiada

2004

Lei municipal nº 13.885/04
institui a lei de uso e ocupação do solo e planos regionais

Lei municipal nº 13.872/04
institui Operação Urbana Rio Verde Jacu

Decreto municipal nº 45.082/04
regulamenta Operação Rio Verde Jacu

Decreto municipal nº 44.845/04
regulamenta Operação Urbana Água Espraiada

Lei municipal nº 13.769/04
regulamenta Operação Urbana Faria Lima (revoga a Lei municipal nº 11.732/95)

Lei municipal nº 13.871/04
regulamenta Operação Urbana Faria Lima

Decreto municipal nº 45.213/04
Regulamenta Operação Urbana Faria Lima

2005

gestão josé serra (psdb) 2005-2006
gestão gilberto kassab (pfl/dem/psd) 2006 a 2012

2011

Lei municipal nº 15.416/11
altera o Programa de Investimento da Operação Urbana Água Espraiada

Lei municipal 15.519/11
altera o Programa de Investimento da Operação Urbana Faria Lima e desvinculação do CEPAC na Água Espraiada

Decreto nº 53.094/2012
Regulamenta Lei da Água Espraiada

2012

gestão fernando haddad (pt) 2013-2016

Decreto municipal nº 53.364/12
Regulamenta a Operação Urbana Água Espraiada

Decreto municipal nº 53.094/12
Regulamenta a Operação Urbana Faria Lima

2013

Lei municipal nº 15.893/13
novas diretrizes para Operação Urbana Água Branca (revoga a Lei municipal nº 11.774/95)

2014

Decretos municipais nº 54.911/14, 55.392/14, 55.762/14, 55.810/14
Regulamentam a Operação Urbana Água Branca

Esta obra foi composta em fonte Palatino Linotype, corpo 10 e
impressa em papel Offset 75g (miolo) e Supremo 250g (capa)
pela Gráfica Formato.